現代 マーケティング・リサーチ ［新版］

市場を読み解くデータ分析　　　照井伸彦・佐藤忠彦 著

Modern Marketing Research:

Data Analysis for
Marketing Decisions, New edition

有斐閣

新版はしがき

　本書の初版が出版されて9年が経過した。この間，データを駆使した意思決定およびその方法としてのデータサイエンスの認知が，社会の多くの分野でいっそう進展してきた。社会的背景としては，わが国の科学技術基本計画のなかでSociety 5.0という名のもとに第4次産業革命を展開することがうたわれ，そこではデータ分析を中心に据えて，通信ネットワークやセンサーなどデータ収集機器を通じたビッグデータを活用して経験と勘からデータ分析による科学的な意思決定によるデータ駆動型社会を目指すものとしている。これに対応して，データサイエンス人材の育成が急務となっており，データサイエンスおよびAI（人工知能）・数理教育を入学初年度から文系理系を問わずに実施する取り組みが多くの大学で行われるようになった。

　また機械学習手法の進化と応用が広範囲に進展し，マーケティングでもこれらを積極的に取り入れることが必要な時代になってきた。新版化にあたっては，初版で展開したマーケティング・リサーチの基本的枠組みを引き継ぎながら情報を更新し，さらに新しいリサーチ手法として，テキスト解析およびカウントデータ分析の2つの章を追加した。

　テキスト解析の章では，消費者や企業の意思決定に大きな影響を与えているSNSやTwitterなどユーザーが発信するWeb上のコミュニケーション情報をマーケティングに活用する手法について，テキストデータの取得と前処理，テキスト情報の可視化，トピック（話題）の抽出と製品評価への応用について解説している。カウントデータの分析の章では，顧客の商品購買個数や来店回数など，本来，整数（計数）値をとる目的変数について，連続値の正規分布を仮定したモデルではなく，離散値の分布を用いて精密なモデル化を行う手法としてポアソン回帰および負の二項回帰を解説している。

　また，本書で解説する分析の追体験を可能とするソフトウェアであるRコマンダーおよびRのバージョンアップも行われたため，これに対応した。RやRコマンダーの実行環境構築について，初版ではWindows版を中心に解説していたが，新版では，macOS版のRコマンダーの実行環境の構築法について重要な点に限定して解説を追加している。

　本書は，分析の追体験のみならず，読者が課題を設定して自身で解決する
アクティブ・ラーニングの教材としても適切である。これまで同様，各章で利
用するデータおよび R コードは本書のウェブサポートページ（`http://www.`
`yuhikaku.co.jp/books/detail/9784641166080`）からダウンロードできる。
マーケティング分野のデータサイエンスの入門書としての活用も期待したい。

　　　2022 年 9 月

照井　伸彦

佐藤　忠彦

=== **ウェブサポートページのご案内** ===

　以下のページで，本書で利用するデータ，R のコードなどを提供しています。
ぜひダウンロードしてご利用ください。

`http://www.yuhikaku.co.jp/books/detail/9784641166080`

初版はしがき

　われわれは IT 社会に生活している。そこでは，通信技術の発展により各種センサーを通じ，データがネットワークを経由して収集・アーカイブされることにより，データの量と種類が爆発的に増加している。最近では「ビッグデータ」の名のもとにその活用と展開がさまざまな分野で期待されている。またこれに先立ち，先進諸国に見られる経済のサービス化の進展に伴い，これらの情報を分析して新たなサービスを開発したり，生産性を高めたりしてイノベーションを創発する取り組みが，わが国においても政策的課題とされている。ビッグデータやサービス・イノベーションの対象は社会全体に及ぶが，とりわけビジネス分野，なかでもマーケティングの領域に大きな期待が寄せられている。

　マーケティングにおいては，会員顧客の購買行動をトラッキングした顧客データベースのみならず Web サービスやクラウドの発展によって，ビッグデータがあらゆるところに生み出されており，消費者を理解するための豊富な情報が蓄積されている。さらに，製品・サービスに関する口コミや消費者自身の評価など，消費者と企業あるいは消費者間のコミュニケーションの情報もある。また，市場調査も従来の調査員による人海戦術からネット上で低コストで行える状況にもなっている。そして，膨大な市場に関するデータの存在とそのビジネスでの活用を背景として，これまで以上にビジネスにおいてデータを分析するスキルが必須であるという考え方が浸透してきた。具体的には，「データ・サイエンティスト」と言われる職種が今後 10 年間で最も必要とされる人材像として先進諸国で取り上げられている。そこでは，課題をみつけ，その解決のために必要なデータを見分ける能力，データを理解する能力，データを処理する能力，データから価値を取り出す能力，データを視覚化する能力，処理結果を人に伝える能力などが求められる。これはマーケティングの分野では，まさしく，本書で解説するマーケティング・リサーチを適切に行える能力と言える。

　本書は，このような IT がもたらしているマーケティングを取り巻く環境の激変のなかで求められる現代のマーケティング・リサーチを鳥瞰し，これを学ぼうとする学生，会社や実際の調査に関わる実務家に向けて，現代に求められるリサーチの考え方や手法を学ぶための教科書として書かれた。現代では，市

場調査の結果を単純集計する分析は時代遅れであり前世紀のリサーチ手法であるとも言われ，より高度な情報抽出が求められている。その背景にある現代社会のもう1つの特徴として，データを分析するツールが身近なものとなり，自分のパソコンを用いて高度な分析が誰でも手元で行えることがあげられる。これについては，フリーで入手できる統計分析パッケージの「R」の普及が大きな貢献を果たしている。ただし，R はプログラミングの知識を前提にしており，文系出身者にはやや敷居が高い。これを克服するためのツールとして，分析するデータをシートの形で読み込ませ，その後はシート上で利用するデータの範囲を指定して分析ツールを画面上で選択するだけで結果が得られる分析パッケージ「R コマンダー」がある。本書では，この R コマンダーを利用して，実際の分析を読者自身のパソコンでプログラミング等の知識なしに実行できるように解説している。ただし，当然ながら，画面上で結果が得られるといってもマーケティング分析は完全自動では行うことはできない。正しい結論を得るためには，手元のデータや課題に適した手法の選択とその細かなチューニングなど各種の検討が求められる。したがって，本書では，マニュアル的記述は可能な限り避け，これらの検討ができるようになるための統計学の知識も学習できるよう配慮した。

　本書で利用するさまざまなデータは，有斐閣書籍編集第2部ブログ内にある本書のサポート Web サイト，

http://yuhikaku-nibu.txt-nifty.com/blog/2013/09/post-8330.html

（「付加データ　現代マーケティング・リサーチ」で検索）
※新版のウェブサポートページについては「新版はしがき」を参照してください。

からダウンロードできるようにしている。読者には，本書を通じてビッグデータ時代に求められる現代のマーケティング・リサーチの考え方を理解するとともに，サンプルデータをダウンロードし，これを自分で分析して実際にリサーチを体験してもらうことを意識してもらいたい。

　本書は，「調査編」「分析編」「発展編」の3部から構成される。「調査編」では，マーケティング・リサーチで典型的に使われるデータの取得について学ぶ。具体的には，データの分類と取得方法，調査対象の選び方（サンプリング），調査表のつくり方が説明される。

「分析編」では，取得したデータをマーケティングの各段階での目的に応じて使われるリサーチ手法の考え方を学ぶ。そこではデータ分析手法の技術的（数学的）側面の説明は最小限に抑え，具体的なデータを用いて R コマンダーを用いて分析する手順と得られた分析結果の解釈に重点が置かれている。

さらに「発展編」では，より高度な手法を説明する。上で述べたような現代の環境においては，たとえば 10 年前では専門的技術者でも容易でなかった高度な分析手法が手軽に自分のパソコンで実行できる。ここでは R コマンダーには組み込まれていない分析も含まれるため，R の環境でプログラミングをしながら分析することになるが，典型的な分析プログラムとその意味を本文中で与えており，この手順に従えば容易に結果が得られ，また他の問題への応用も可能である。この分析プログラムも，上述の本書サポート Web サイトからダウンロードできる。

本書の企画は，筆者の記録をひもとくと 2010 年 6 月に第 1 回の企画会議で議論を始めて以来，内容の検討に多くの時間を費やした。本来はすでに公刊の日の目を見るべき段階でありながら，筆者の遅筆に加えて，震災を挟み，大幅に上梓が遅れることとなった。このため，最終段階において本書で利用するパッケージである R のバージョンが 3.0 へ改訂された。原稿のほとんどは ver.2 を前提に書かれていたが，このバージョンアップで機能しないプログラムもあることがわかった。そのため，原稿が完成した後で，さらに ver.3 に対応する変更を加えた。さらに，校正中に R コマンダーのバージョンが 2.0 となり，急きょ，これに対応する変更も行った。

最後に，企画の提案から始まり打ち合わせの調整や内容の検討，校正に至るまで，終始支援してくれた有斐閣書籍編集第 2 部の尾崎大輔氏には大変お世話になった。とくに，TEX や R コマンダーの出版に関する技術的支援ばかりでなく，編集者としてのみならず読者の目線からも原稿に鋭くコメントを寄せてもらい，それが本書の読みやすさに大きく貢献した。この場を借りて御礼を申し上げたい。

2013 年 9 月

照井　伸彦

佐藤　忠彦

目　次

補　論

column 一覧
① バーコードは情報の取り込み口（10）
② POS システムの功罪（30）
③ テレビ視聴率調査の実際（55）
④ 演繹と帰納（76）
⑤ 超スマート社会とパーソナライゼーション（109）
⑥ ブランド・エクイティ：ブランドの価値を測定する（133）
⑦ 店舗のセグメンテーション（160）
⑧ 実験から仮説やルールを見出す（186）
⑨ 最寄品の新製品（206）
⑩ ビッグデータから消費者を理解する：その考え方の基本（229）
⑪ テレビ広告は有効なのか？（246）
⑫ カスタマー・エクイティ（顧客価値）を測定する（263）
⑬ 相関関係と因果関係（277）
⑭ 古くて新しい統計学：ベイズ統計（310）
⑮ 大量文書と迷惑メールの処理（324）
⑯ 統計モデルと機械学習モデルの比較（337）

第1章 マーケティング意思決定とリサーチ・デザイン

1 マーケティングの現代的課題

1.1 IT 革命によるマーケティング環境の変化

　現代は IT（情報技術）社会である。IT がマーケティングに与えた最も大きな影響は，消費者や商品についての大量データの蓄積である。すなわち，1980年代以降，急速に小売店舗に導入された **POS**（point of sales：販売時点）システムは，顧客が店頭でレジ精算する際，購入した商品のバーコードをスキャナーで読み取って売上を計算すると同時に，価格や数量などの情報を商品ごとに電子的に蓄える。さらには販売時点の天候，気温などの外部の環境条件や小売，メーカーのプロモーション実施に関する情報も同時に記録する。

　POS システムは，元来，レジでの精算時間短縮や誤入力防止など，レジ精算の効率化を目的としていた。そして情報化の進展とともに，販売時点のさまざまな情報を即座に蓄積して管理部門へ伝達できることから，受発注作業の効率化や在庫削減，廃棄ロスの減少や売れ筋商品の管理に直接的に有用な情報となった。現在では，店頭プロモーションや価格設定など，日々のマーケティング戦略の効果を測定するための重要な情報源として利用されている。

　さらに近年では，会員顧客の店舗での購買行動を追跡するトラッキング・

データも用いられるようになっている。これは **ID 付き POS データ**とも呼ばれる。ID 付き POS システムは，本来，顧客の維持や管理を目的として導入された。まず店舗で会員登録をしてカードを発行し，顧客が購買時にカードを提示すると利用金額に応じた各種特典が与えられるというものである。このシステムでは，消費者 1 人ひとりの属性情報，すなわち，性別，年齢，住所，婚姻状況，家族構成，さらに場合によっては学歴，年収などの情報がメンバーシップ入会時に企業側へ与えられ，入会後の購買行動記録は購買機会ごとにレジスキャナーを通じて瞬時に自動的に企業側に送られる。

このように，市場を構成する顧客と商品の情報が時々刻々とスキャナーを取り込み口として集められ蓄積されているのが，現代のマーケティングを取り巻く環境である。これらの自動的に集められる情報に加えて，消費者のブランドに対する認知度や評価，態度や満足度などの定性的な情報もアンケート調査で収集する必要もある。現代のマーケティングでは，これらの市場に関する各種の情報をビジネスに活用することが求められている。

1.2 マーケティング・リサーチの現代的役割

マーケティングは，市場を細かく観察して消費者を個別のグループに細分化し，その各グループ（セグメント）ごとの理解を通してさまざまな戦略を考えるものである。その考え方は，発展段階に対応する細分化の度合いに応じて，次の 3 段階に大きく分けられる。

―――――――― マーケティングの考え方の変遷 ――――――――
(1) **マス・マーケティング**：すべての消費者に一様にアプローチする
(2) **セグメンテーション・マーケティング**：年齢や性別，地域などのデモグラフィック情報を用いて消費者を複数のセグメントに分類して，別々にアプローチする
(3) **個別対応マーケティング**：1 人ひとりの消費者に対して個別にアプローチする

　上述のように，現代の市場取引では，ヒト（顧客）とモノ（商品）のマイクロな大量データが自動的に瞬時に収集される環境にあり，この情報からマネジメントに有用な知識を抽出して，消費者ごとに個別にアプローチすることが求められている。すなわち，現代のマーケティングでは，平均的消費者や大雑把なセグメンテーションを突き詰めて，顧客ごとに嗜好や購買行動を個別に理解することが重要となっている。またモノについても，POSデータなどから得られる商品ごとの販売情報から，同じ商品であっても容量やパッケージなどが異なるより細かい在庫管理単位（SKU：stock keeping unit）レベルでの需要予測や商品管理が求められる。したがって，顧客1人ひとりに個別に対応するマーケティングあるいは個を標的にするターゲット・マーケティングの考え方が，現在求められている大きな流れである。

　また日本や欧米など成熟した市場経済において，新規顧客の獲得に掛かるコストが大きいことは「パレートの法則」として知られる「自社が抱える顧客の2（1）割が利益の8（9）割をもたらす」という経験則から，既存顧客との関係性を重視した**CRM**（customer relationship management）というマーケティングの考え方が広まってきている。これは**顧客関係性マネジメント**とも呼ばれる。具体的な実践方法では，顧客が長期的にもたらすであろう価値を**顧客生涯価値**（CLTV：customer lifetime value）として購買履歴データから割り出し，これにもとづいて顧客1人ひとりに対して現在支出すべき最適なマーケティングコストを算出する。これにより，個人の顧客ベースで最適化を行い，長期にわたる戦略の合理性を確保しようとする。

　さらに別の視点では，インターネットによるEC（electronic commerce：Eコマース）サイトの進展がある。ECサイトによるマーケティング活動は，売上の成果とともに瞬時かつ正確に企業に伝達され蓄積される。それに伴い，これまで難しいと言われてきた広告や販売促進などのマーティング戦略の効果測定を正確に行えるようになった。これを背景として，通常のビジネスにおいても効果を説明する必要性が増し，これまで不透明なものとして非難されてきたマーケティング支出に対する説明責任（アカウンタビリティ）が企業側に求められ，客観的にマーケティングの効果を測定し「可視化」してみせる必要性が生まれている。

　これらの目的を達成させる前提となるのが大量データであり，最近では**ビッ**

グデータの名のもとにビジネスへ活用することがますます求められるようになっている。これを実践するのが**マーケティング・リサーチ**である。

2 リサーチ・デザインとアプローチ

　マーケティングにおける課題の定義は非常に重要であり，これによりリサーチの目的やとるべきアプローチも決定される。たとえば，新製品開発の際には，参入市場の競争環境に関心が置かれ，既存ブランド市場でのポジショニングやそれらの競合状況がリサーチの課題となる。また，すでに展開しているブランドのマーケティング戦略の見直しのためには，現行のマーケティングの効果の測定がまず必要なリサーチとなる。

　次に，設定される課題に応じてリサーチのデザインが行われる。これは課題を解決するために必要な情報は何か，さらにそれを解決する分析手法は何かなどの一連の手順を計画することである。

　リサーチ・デザインは，機能に応じて，「探索的アプローチ」「記述的アプローチ」「因果アプローチ」の3つがあると言われている。

リサーチ・デザインのアプローチ

・探索的アプローチ

　リサーチの対象について事前の知識が乏しいために，アイデアを得ることが目的となるものであり，問題のより正確な把握，仮説の設定などのために行われる。リサーチを行う人間の感性が重要なプロセスである。専門家の意見や社内二次データ（第2章で説明）などが利用される。

・記述的アプローチ

　ブランド間関係の消費者による知覚や消費者の行動パターンを，市場の特性として記述して見せることが行われる。観察やサーベイ調査，社内二次データなどが利用される。

・因果アプローチ

　設定された仮説のもとに，因果関係を記述するモデルを用いて原

因（説明変数）の変化による結果（目的変数）の反応を測定することでマーケティング戦略に代表される原因の効果を調べ，価格や広告などの調整を行って最適化を図る。消費者の行動の結果の記録である購買履歴データに加えて，実験室やフィールドでの実験データなどが利用される。

さらにリサーチは，ある時点で 1 回だけ横断的に行う場合と，繰り返し行って時系列的に情報を集めて時間的変化を捉える場合がある。

また，リサーチには誤差が含まれる。誤差にはリサーチ対象となる集団からその一部を標本として抽出することに伴う**標本誤差**と，それ以外の**非標本誤差**がある。後者は，調査表設計の誤りや調査員のデータ記録・集計ミスなどがある。前者については，統計学の理論を応用することで誤差を確率的に管理することができる。しかし，後者の誤差は致命的であり，十分な配慮が必要である。リサーチに掛ける費用を十分に確保すればこれらの誤差を少なくすることが可能であるが，同時にリサーチから得られる情報の価値とのバランスを考慮して決めなければならない。

3 本書のねらいと構成

3.1 ね ら い

顧客メンバーズカードを利用したポイントシステムの普及による顧客情報の蓄積，口コミサイトでの消費者による製品評価，Web 上での価格比較情報など，現代社会はマーケティング・リサーチにとって重要な情報があふれている。さらに，Web を活用して行う消費者へのサーベイ調査など独自の調査も以前に比べれば低コストで実施できる環境にある。このように，IT の進化とともにリサーチに必要な情報が従来に比べて格段に得やすい状況になってきた。これらの情報の活用は社会的な課題でもある。

　本書は，これらを背景として求められる現代のマーケティング・リサーチについて，最新の考え方および手法を解説する。また，読者各自が本書を読み進めながら各章で展開されるリサーチを独力で追体験できるように，フリーでダウンロードして利用できる統計分析ソフト「R」にもとづいて，それを Excel のような形式の操作画面で容易に利用できる「R コマンダー」を中心に，分析の具体的な手順までを解説している。すなわち，読者が自分のパソコンと「R コマンダー」を用いて，現代のマーケティング・リサーチの考え方を実践できるようになることをねらいとしている。

　したがって各章においては，それぞれのリサーチ課題について具体的なデータを使った分析事例が「R コマンダー」の手順とともに丁寧に解説してある。しかし，そのために本書がマニュアル的記述となることは極力避けた。本書で解説するリサーチ手法としての各種統計モデルを自分の問題やデータに適用する際には，そこでの前提の確認や分析結果の正しい解釈が求められる。また場合によっては，モデルを修正して利用する必要も出てくる。これらはモデルの本質的な理解なしには成し遂げられない。ただし，モデルの数学的側面については必ずしも必要ではなく，本書の設定から離れて自分が直面している問題や，そこでの分析に応用するために必要となる程度の理解で十分である。そのため，本書では単に分析手順をマニュアル的に説明するのではなく，自分で応用していくために必要な知識を身に付けられるような解説を心掛けた。

　本書では，確率および統計学についての入門レベルの基礎知識を前提にしているが，各章における本文の記述では，できるだけ数式を用いた説明は少なく収めるように配慮した。また，必要最低限の確率・統計の概念や手続きについては，巻末の補論 A，B で，R と R コマンダーのインストール，データの読み込み方法などは巻末の補論 C で解説しているので参照してほしい。

3.2　本書の構成

　本書は，「調査編」「分析編」「上級編」という 3 つの部で構成されている。

　図 1.1 では，企業が製品・サービスを開発して市場に展開していく場合の時間の流れを横軸にとり，市場機会の発見，製品開発，市場導入，そしてライフサイクル・マネジメントに至る 4 つの段階のそれぞれの期間において考慮す

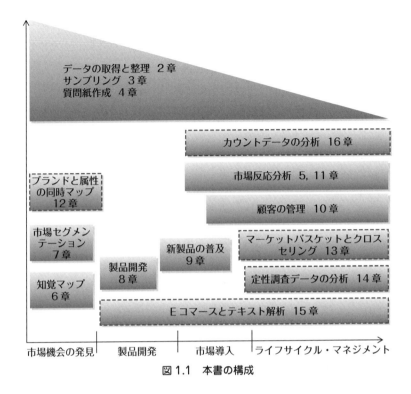

図 1.1　本書の構成

べきマーケティング・リサーチの問題と，そのための手法を図に落とし込んでいる。第Ⅰ部の調査編で扱われる「データの取得と整理（第2章）」ではデータのタイプと特徴や所在などが説明され，その後，標本調査の「サンプリング（第3章）」「質問紙の作成と測定尺度（第4章）」へと続く。これらはマーケティングの流れのなかで全般を通じてのリサーチの際に必要となるが，市場を発見したり，製品を開発する段階など初期の段階でより重要となる。

　第Ⅱ部および第Ⅲ部では，リサーチ目的に応じた分析手法の解説がなされる。第Ⅱ部では，まず，製品を開発して市場投入する初期段階のリサーチとして，市場におけるブランドの知覚構造を可視化して見せる「市場の発見と知覚マップ（第6章）」，消費者の分類を行う「市場セグメンテーション（第7章）」，新製品開発のための「製品開発（第8章）」，立ち上がり時の売れ行きから普及の速度やパターンをみつけ出す「新製品の普及（第9章）」が説明される。次に市場参入して一定期間経過の後，マーケティング戦略の評価と見直しのため

の市場反応の測定問題を「市場反応分析 (I)(第 5 章)」で学ぶ。この段階では自社顧客の情報が蓄積されていることから，顧客の維持や離脱防止のための「顧客の管理 (第 10 章)」へ続いて説明がなされる。

第Ⅲ部ではさらに高度なリサーチ手法を解説する。まず，顧客の購買行動はブランド選択データの形で与えられる。実施されたマーケティング戦略が個別の顧客の行動にどのように影響を与えているかを個人レベルで捉える問題を「市場反応分析(II)(第 11 章)」で説明する。第 6 章の知覚マップで描かれたブランド間の関係と製品属性との対応を見せるための「ブランドと属性の同時マップ (第 12 章)」，大規模データから有用な関連性の情報を抽出するマイニング手法である「マーケットバスケットとクロスセリング (第 13 章)」，さらに，直接には観測できない定性的概念間の関係をアンケート調査データを用いて分析する「定性調査データの分析 (第 14 章)」，消費者や企業の意思決定に大きな影響を与えているソーシャルメディアのテキスト情報を活用する手法を説明する「E コマースとテキスト解析 (第 15 章)」，売上数量など整数値をとるカウントデータに対する市場反応分析を行う「カウントデータの分析 (第 16 章)」を扱う。

マーケティング・リサーチでは，多様な統計手法が応用されるが，その基本は回帰モデルである。回帰モデルは，一定のデータが集まった段階で，マーケティング戦略変数を原因 (説明変数) として，売上などの結果 (目的変数) を説明する「市場反応分析 (I)(第 5 章)」で扱われ，市場導入後に検討されるべきリサーチ課題である。しかし，手法としては基本であり，それ以前の局面でのリサーチ・テーマで扱う分析手法の基礎となるので，本書ではこれを分析編の先頭に位置付けて説明することにした。

また，巻末の補論 A では，第 3 章以降で必要となる確率・統計の基礎として確率変数や確率分布，標本分布と信頼区間，仮説検定について包括的にまとめてある。さらに補論 B では，第 5 章で解説するリサーチ手法の中核をなす回帰分析の理論的側面を整理してある。また，補論 C では R と R コマンダーのインストール方法などをまとめている。読者の習熟度に応じて，これらを利用してもらいたい。

第 1 章　文献案内

高田博和・上田隆穂・奥瀬喜之・内田学（2008）『マーケティングリサーチ入門』PHP 研究所。

➡　アメリカのビジネススクールで教鞭をとる高田教授らによる入門的内容のテキストであり，本書への導入として有益である。

Column ① バーコードは情報の取り込み口

　商品についているバーコードは日本では JAN（Japanese Article Number）コードと呼ばれている。標準タイプでは 13 桁の数字から構成される。最初の 2 桁は国番号で 45 または 49 が日本を表す。次の 5 桁がメーカー番号，次の 5 桁が商品番号である。最後の 1 桁はチェック番号で積極的な意味はない。この JAN コードは日本で流通しているほぼ 100% の商品をカバーしている。JAN コードは，全国の商工会議所や流通システム開発センター発行の「はじめてのバーコードガイド」に従い，登録申請が行われる。

　発祥のアメリカでは，UPC（Universal Product Code），ヨーロッパでは EAN（European Article Number）と呼ばれている。このバーコードは，もともと 1949 年に発明され，1952 年に特許を取得，1967 年にアメリカの食品小売チェーンが，レジ精算の行列を解消させる対策として実用化した。さらに 1973 年，アメリカ・フードチェーン協会などが統一的なコード表記を設定した。

　レジ精算の効率化を目的として開発されたシステムであるが，同時にいつ何がどのようなときに売れたのか，などの販売時点の情報を吸い上げるセンサー（窓口）として機能し，ビジネス分野でビッグデータを蓄積するうえで重要な位置を占めている。

図 1.2　JAN コード

第 I 部

調 査 編

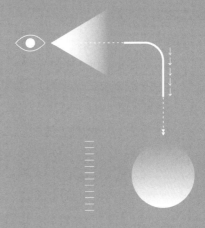

データの取得と整理

企業が継続的に利益をあげ存続していくために，マーケティングは重要な役割を担っている。そのため，企業はさまざまな場面でマーケティングに関する意思決定を下さなければならない。企業がマーケティング意思決定の精度を高めるためには，市場の状況，消費者の態度や行動，および競合企業の行動などを明らかにしなければならない。たとえば，消費者の嗜好がわからなければメーカーは効果的な製品開発を行えないし，小売業は有効な品揃え施策を打てない。また，販売個数と価格の関係に代表されるような市場反応が評価できなければ，適切な価格戦略は実現できない。

ここで，「企業は継続的に生じるこれらのような課題を，経験や勘といった俗人的な能力のみで解決できるだろうか？」という問いを考えてみてほしい。この問いに対する答えは否であり，俗人的な能力だけでは，マーケティング活動の高度化は実現できない。今日，多くの企業でマーケティング・リサーチの重要性が理解され，とくにデータ解析能力がその活動の成否を決める要因の1つだと認識されてきている。そういった状況をふまえれば，マーケティング・リサーチにおけるデータの重要性を理解できるはずである。

企業は，さまざまな仕組みを通じてその活動上必要となるデータを収集し，蓄積している。昨今の IT の進展やハードディスクの低価格化はそれらを強く後押ししている。一方で，企業がそのデータをうまく活用できていないのも事実であり，企業にとっての大きな課題になっている。

本章では，マーケティング・リサーチで重要な役割を演じる「データ」について概観する。

$\boxed{1}$ データの形式

　本節では，マーケティング・リサーチで活用するデータの基本分類を説明する。

　マーケティング・リサーチで用いるデータの最も基本的な分類は，**一次デー**タと**二次データ**である。一次データとは，リサーチャーが特定のマーケティング課題を解決する目的で直接的に調査を行い獲得するデータを指す。一方で二次データとは，基本的には社内外にすでに存在しているデータであり，ある特定のマーケティング課題に対応するために新たに収集するデータではない。情報システムが進展している現在，一般的には二次データのほうが一次データよりも安価に活用できることが多い。そのためマーケティング・リサーチを行う際は，初期段階では二次データを活用することで課題が解決できるかどうかを検討し，それでは解決できない場合には調査によって一次データの取得を考えることになる。第 2 節以降では，一次データ，二次データそれぞれの特性を解説するが，それに先立ち本節では両者に共通するデータの形式と尺度を説明する。データの形式と尺度は，分析手法の選択にも密接に関連するため重要である。本節の内容は，マーケティング・リサーチにおける基本事項の 1 つであるため，よく理解したうえで学習を進めてほしい。

1.1 「相」と「元」

　本項ではデータの形式を解説する。データの形式は，リサーチの目的に見合ったデータの収集や適切な分析手法を検討する際の主要な項目で，重要である。データ形式は，**相** (mode) と**元** (way) という概念を用いて分類する。

　相とは，データを構成する消費者やブランドなどの軸を指す。相の組合せによりデータが構成される。元とは相の「のべ組合せ回数」を示す概念である。**図 2.1** には ID 付き POS データのデータ形式を模式的に示した。前述の定義に従えば，消費者 (i)，ブランド (p)，時点 (t) が相になり（3 相），図中 (i,p,t) はそれら 3 相の組合せを示す座標で，3 元になることがわかる。すな

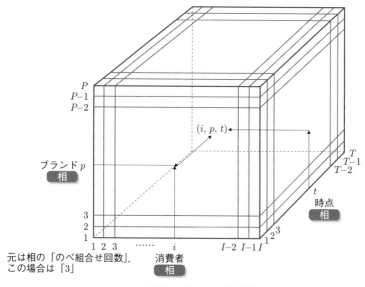

元は相の「のべ組合せ回数」，この場合は「3」

消費者 相

ブランド p 相

時点 相

(i, p, t)

図2.1　データの基本構造

わち，ID 付き POS データは 3 相 3 元のデータである。この例で時点の相を
集計したり，ある時点だけ抽出したりして消費者とブランドの相のみのデー
タとして考えた場合，ID 付き POS データは 2 相 2 元のデータになる。さら
に，ID 付き POS データからブランド × ブランドのブランド・スイッチ行列
を作成した場合，相はブランドだけなので 1 相，ブランドの相が 2 回出現し
ているので 2 元，すなわち 1 相 2 元のデータになる。ここでは，ID 付き POS
データのデータ形式を例に説明したが，マーケティング・リサーチで活用され
る他のデータでも同様に分類できる。

　データ形式の分類において相としてデータに存在しない軸は，当然それに関
連した分析はできない。一方で，相として存在している場合でも，その相を軸
とした分析が妥当かどうかは十分に留意しなければならない。たとえば，2 相
2 元の消費者 × ブランドのデータを個々に解析したものを時点方向に比較で
きるかどうか，という問題を考えてみてほしい。これは，消費者 × ブランド
× 時点を複数の消費者 × ブランドに分割し，それぞれ個々に分析した結果を
時間方向に比較できるのかどうかという問題である。この問題の場合，時点が
進展した場合に構造が安定的（異なる時点間の解析結果が似ていれば安定的）であ

るという保証はないし，対象となる消費者自身も変化しているかもしれない。そのように考えれば，この種の比較は必ずしも実施できるわけではない。すなわち，データ形式を的確にふまえ，課題に対応可能な分析手法を選択しなければならないのである。

1.2 データの尺度

本項ではデータの尺度に関する基本事項を概観する。測定尺度は，マーケティング・リサーチを行っていくうえで非常に重要である。詳細は第4章で解説するが，本章ではその概略のみを紹介しておこう。

データの形式を捉える場合，前項で示した相，元とは別の視点で「データの尺度」も重要である。データの形式と同様に，データがどのような尺度で測定されているのかによって，そのデータに対応可能な分析手法が決まる。代表的なデータの尺度は以下のようにまとめられる。

代表的なデータの尺度

(1) **名義尺度**
- 値が同じであれば同じクラスに属し，値が異なれば異なるクラスに属することを示す尺度。値の大きさで順序付けを行ったり，差（距離）を算定したりすることはできない
- 性別，職業，仕事の種類など

(2) **順序尺度**
- ある基準によって，優劣，強弱，および大小などの順序付けを行うことができる尺度。ただし，その値を用いて差（距離）などを算定することは基本的にできない
- ブランドの好きな順位，知覚品質（消費者が製品に対して認識する品質のこと）など

(3) **間隔尺度**
- 2つの値間の差（距離）に意味がある尺度。ただし，参照点はなくその意味で相対的につける尺度である

・ブランド評価（非常においしい—おいしい—どちらともいえない—
まずい—大変まずい），気温など

(4) **比例尺度**

・参照点 0 が意味を持つ尺度。数値の差に加えて，数値の比にも意
味がある尺度

・ほとんどの計量的変数（販売数量，価格，身長，体重，金額）など

2 一次データ

本節では一次データの取得法を概説し，その基本的なルールを説明する。さ
らに，調査手法ごとの主たる利点と欠点を示す。ただし，本節ではあくまでも
調査法を概説することに主眼を置くことにして，一次データの取得で用いるこ
との多い質問紙の作成法については，第4章で詳しく解説する。

2.1 一次データ取得のプロセス

第3節で説明する二次データが使用できない場合や調査に掛けられる費用
が十分にある場合，リサーチャーは一次データの取得を検討することになる。
この場合，解決したいマーケティング課題がすでに明確になっていることが
前提となる。一次データの取得は，後述する二次データとの比較で非常に柔軟
なアプローチである一方で，調査のやり方次第で以降に続く分析の結果を左右
する。その意味で，このプロセスは，注意深く設計しなければならない。一次
データの取得は，通常，下記の4つのステップで行う。

───── **一次データ取得のプロセス** ─────

・ステップ1：調査目的の明確化

・ステップ2：調査計画の策定

・ステップ3：データ取得の形式の策定

・ステップ 4：調査の履行

以下では，各ステップの要点を個別に説明していこう。

調査目的の明確化

　本ステップは，一次データ取得プロセスの出発点になる。調査目的が曖昧なまま次のステップに進んでも有益なリサーチにならない。本ステップで注意すべき前提は，「マーケティング意思決定に役立たないリサーチは無意味だ」ということである。そのため，本ステップでは，マーケティング課題を特定し，それにもとづいて調査目的を明確化し，最終的にその目的を達成するために必要な要素とそれらの要素の関係性の仮説を構成する。企業で重要度が高い新製品開発を例にすると，「想定されている新製品の市場性を把握することで，開発に着手すべきか否かを決定する」といったことがマーケティング課題の特定のイメージになる。この際，「新製品の市場性を把握する」というレベルでのマーケティング課題の特定化では不十分である。なぜならば，それだけでは意思決定課題が明確になっていないからである。また，同様の例で調査目的は，「新製品が参入する市場全体の規模を明確にする」「その市場における既存製品の競争状況と消費者の嗜好を把握する」「その市場において新製品が獲得可能なマーケット・シェアの期待値の上限と下限を，消費者の嗜好にもとづき予測する」などになる。

　このステップは，次に示す項目のいずれか（あるいは複数）を行うことで精緻化できる。

調査目的を精緻化するための手段

・調査結果の最終利用者との議論
・専門家へのインタビュー
・二次データの解析
・定性調査

　調査結果の最終利用者との議論は，最終利用者が何を知りたいのかを的確に把握し，リサーチャーと調査結果の利用者間の誤解を低減し，一次データの取得が不完全なものとなることを避けるために実施する。

　専門家へのインタビューは，対象となる市場についてのより深い知識を，リサーチャーが調査を行う前に得るために行う。リサーチャーが，対象とする市場の専門家でない場合，このステップは必須である。もちろん，リサーチャーが対象とする市場の専門家である場合には，このステップは省略できる。

　二次データ（詳細は第3節参照）の解析は，いつでも有効に機能するわけではないが，対象とする課題に対して参考にできる二次データが存在する場合は，それを解析することで有益な情報が得られる。そのため，参考にできる二次データが存在する場合には，一次データを取得するにしても，それに先立ち二次データを解析することは有効である。このステップは，一次データの取得に先立ち可能なら実施すべきである。

　定性調査（2.3項参照）は，通常は定量調査（2.3項参照）に先立って行われることが多く非常に有効である。通常，定性調査はインタビューや観察調査などで行う。このステップを経ることで，リサーチ課題の明確化，定量調査での仮説の構築，定量調査で要求される変数の識別，調査の深化のための知見の抽出などが実現できる。

調査計画の策定

　調査計画を策定する場合，次に示す項目を検討することになる。下記の項目はそれぞれ独立した処理ではなく相互に関係しており，一連の流れとして理解しなければならない。

――――――――――― **調査計画策定のステップ** ―――――――――――
(1) 母集団（第3章1節参照）の特定とサンプリング法の決定
(2) サンプリング基準の選択
(3) サンプルサイズの決定
(4) 一次データの分析手法の決定
(5) データ取得法の選択

(6)　質問紙の設計

(7)　費用の評価

　上記リストの(1)〜(6)に関しては，以降の各章で詳述するため（(1)〜(3)に関しては第 3 章，(4)に関しては第Ⅱ部の各章，(5)に関しては次項，(6)に関しては第 4 章）本章では説明を割愛する。ここでは，上記の(7)に関してのみ，その概略を簡単に説明しよう。

　通常，理想的な調査設計を行うとその費用は非常に高くなる。そのため，初期段階での調査計画が予算の範囲内に収まることは稀であり，調査内容に関してはある種の妥協が必要になることが多い。実際には，理想的な調査設計での費用を評価した後に，調査の品質を低下させることなく費用を下げうる項目を検討し，最終的な費用評価を行うことになる。この際，検討する項目は上記リストにおける(1)〜(6)すべてが対象になる。項目(7)は，最終的な調査精度に強く影響するため，慎重に実施しなければならない。

データ取得の形式の策定

　調査計画が策定されれば，リサーチャーはデータ取得の形式を策定するステップに進む。データ取得の形式を策定するにあたり，調査目的とそのデータ取得の形式の一致度は注意深く検討しなければならない。たとえば，アンケートにより一次データの取得を検討している場合，「想定する形式でデータを取得することで前提となる調査目的を達成するための分析を実施できるかどうか」が，このステップにおける最も重要な検討項目になる。

調査の履行

　これが一次データ取得の最終ステップで，実際にデータを取得することになる。どのような調査手法があるかは，次項を参照してほしい。

2.2　調査のタイプ

　一次データを取得する際の調査のタイプは，「取得されるデータの形式」と

図 2.2　調査タイプの分類

「調査手法」によって分類できる。「取得されるデータの形式」は取得するデータが**質的データ**なのか，**量的データ**なのか，**その混合**なのかによる分類で，**定性調査，定量調査，定性・定量混合調査**の 3 タイプがある。一方，「調査手法」では**質問法，観察法**および**実験法**の 3 種類に分類できる。「質問法」は，「面接調査」「電話調査」「郵送調査」「留置調査」「インターネット調査」に，「観察法」は，「参与調査」「非参与調査」にそれぞれ細分化できる。また，「実験法」は，「フィールド実験」と「実験室実験」に分類できる。**図 2.2** では，「取得されるデータの形式」と「調査手法」による調査タイプの一般的な分類を示している。次項以降では，上記の調査タイプの分類軸である「取得されるデータの形式」と「調査手法」をそれぞれ概観する。

2.3　取得されるデータの形式

　前述のように，調査はその取得されるデータ形式の違いで「定性調査」と「定量調査」に区分できる。また実際の場面では，それらを混合した調査も用いられる。

　「定性調査」とは，質的なデータを取得するための調査法である。通常，調査員が回答者に質問をしたり，文章で自由記述の形式で回答してもらったりしてなされる調査で，データは「言葉」として取得される。定性調査は，消費者の深層心理や態度に関して，定量的には評価困難な項目を調べるために用いられる。また定性調査は，明らかにしたい現象に関する仮説を洗練させる際に有効で，そこで構築した仮説は定量調査により得たデータにもとづいて検証され

表 2.1　定性調査・定量調査の比較

	定性調査	定量調査
対象人数	少数	多数
取得される データの形式	テキストデータ	数値データ
1 票当たりの 取得コスト	多い	少ない
利点	・消費者心理の深部を聞ける ・行動に至るプロセスの因果構造を把握できる ・単なる調査では難しい新たな発見がある	・客観性・代表性のある情報の把握が可能 ・統計的分析が容易に行える ・市場の状況にあった検証を行える
欠点	・実施に際して時間・費用が掛かるため，数多くのサンプルを取得するのが困難である ・データに被験者バイアスが存在している可能性が高く，そのままでは結果を一般的に利用するのが難しい	・調査票で聞いたこと以外は把握できない ・複雑な構造の質問をすることが難しく，表層的な意見の聴取にとどまることが多い

ることも多い。

　定性調査は前段のように活用されることが多かったが，昨今のテキストデータ（自由記述等で非定型の言葉として取得されるデータ）での解析技術の進展に伴い，上述の枠を超えた定性調査の活用が進展しつつある。この辺りの話題は本書の枠を超えるためこれ以上言及しないが，興味のある読者は，上田ほか（2005）などを参照されたい。

　「定量調査」では「定性調査」と異なり，「量的データ」を取得する。通常，サンプリングを伴うアンケート調査や電話調査，実験法等により取得されることが多い。アンケート調査によりデータを取得する際には，自由記述欄等を設けて，質的データの取得を同時に行うこともある。

　「定性調査」では，多数の被験者からデータを取得するのは困難であることが多い。一方，定量調査の場合，定性調査と比較すると多くのデータを取得しやすいため，代表性のある客観的な評価が実現できる。また，定量調査で得たデータは，定性調査で得たデータに比べて統計的な手法を適用しやすい点も利点である。しかし，定量調査でリサーチャーが事前に想定した以上の消費者の

深層心理や態度まで評価することはできない。消費者の深層心理や態度に関して探索的に評価するには，定性調査が有効である。**表 2.1** には定性調査および定量調査それぞれの利点・欠点を総括的にまとめた。一次データの取得を検討する際に重要な点なので，よく理解してほしい。

2.4　調査手法

　本項では，代表的な調査手法を紹介する。調査手法は前述のように大きく「質問法」「観察法」「実験法」の３種に分類できる。

　「質問法」には，「面接調査」「電話調査」「郵送調査」「留置調査」「インターネット調査」が含まれ，最も一般的な一次データの取得法である。質問法に含まれる各種調査の概略は以下の通りである。

━━━━━ 質問法のタイプ ━━━━━

(1)　**面接調査**

　・写真や製品そのものを見せたり，多少複雑な質問でもインタビューアーがいるため，調査対象者に理解してもらえるという利点があるが，人件費など多くの費用を要する

(2)　**電話調査**

　・即時性という利点があるが，多くの質問や複雑な質問はできない

(3)　**郵送調査**

　・面接調査や電話調査に比べて数多くのサンプルを低コストで獲得できるが，本人確認ができないという欠点がある

(4)　**留置調査**

　・調査員が調査票を持って目的や記入の方法などを説明して回答を依頼し，数日後に回収する方法。郵送調査ほど数多くのサンプルを獲得することは難しいが，被験者個々からより深い情報を取得できる。しかし，被験者の負荷が高いため調査精度が問題となることがある

(5)　**インターネット調査**

表 2.2　質問法における調査法の特徴

評価項目	面接調査	電話調査	郵送調査	留置調査	インターネット調査
獲得可能なサンプルサイズ	少ない	多い	中	中	多い
回答率	高い	中	低い	中	高い
回答者 1 人当たりの取得可能データ量	多い	少ない	中	多い	多い
複雑な質問	可能	難しい	一部可能	一部可能	一部可能
視覚的な用具の利用	可能	不可能	一部可能	一部可能	一部可能
データの回収時間	短い	短い	長い	長い	短い
回答におけるバイアス	高い	低い	中	中	中
1 票獲得するためのコスト	高い	低い	中	中	低い

・このなかでは最も安価で，しかも大量のサンプルを比較的短期間で獲得できる。ただし，調査対象者がインターネット・ユーザーに限定される

　表 2.2 には，質問法における各種調査法の特徴を示す。

　「観察法」は「参与調査」と「非参与調査」に細分化され，質問法では獲得できない知見が獲得できるが，数多くのサンプルを現実的な費用で得ることは難しい。それらの概要は以下の通りである。

── 観察法のタイプ ──

(1)　**参与調査**
・調査員が調査対象者と一定期間行動をともにしながら実施する。特定の対象者やグループを内側から観察することによって，質問調査では得られにくい，事実や知見を抽出できる

(2)　**非参与調査**
・調査員が調査対象者の行動を外から観察する方法であり，対象者の自然な行動を把握しようとするものである

　観察法は，定性的社会調査法の代表的調査法であり，基本的には**表 2.1** の定性調査の列に示した利点と欠点を有している。個々をよく観察することで深い洞察が得られる一方で，統計的な意味での客観的な評価は難しい。しかし，明らかにしたい現象に対する事前の知見が少なく，仮説を立てる段階にまで至っていない場合，観察法はとくに有効に機能する。この点が他の調査法にはない観察法の利点である。

　「実験法」は「フィールド実験」と「実験室実験」に細分化され，前述した 2 つの調査法に比べてデータを解析して得られる結果は頑健である。それらの概要は以下の通りである。

実験法のタイプ

(1)　**フィールド実験**

　　・実際のフィールド（営業している店舗など）を利用した実験

(2)　**実験室実験**

　　・模擬的な売場などを設定して行うような実験

　実験法は，原因と結果の因果関係を明確に評価でき，その意味で非常に有用な調査法である。ただし，その実行は比較的規模の大きい調査になり，時間的にも費用的にも困難が生じやすい。そのため，実験法による一次データの取得は，他の手法で代替できないのかを事前に十分検証し，代替できない場合に実施するのが妥当である。

3 二次データ

　本節では，マーケティングで重要度が増している二次データについてその概略を整理する。二次データは 2 つのタイプのデータに分類できる。1 つめは**自動蓄積型二次データ**であり，2 つめは**シンジケート調査型二次データ**である。**表 2.3** には両タイプの二次データに共通する利点と限界を示す。以降では，2 つのタイプの二次データを個別に説明する。

3.1　自動蓄積型二次データ

　自動蓄積型二次データは，小売業や EC サイトなどでなされるさまざまな
取引（企業—消費者，企業—企業，消費者—消費者）の結果を示すデータであり，
ハードディスク上に自動的に蓄積される。このタイプの二次データは，現代の
マーケティングにおいて重要度が高く，企業もその高度活用を模索している。
代表的な自動蓄積型二次データは以下の通りである。

─── **代表的な自動蓄積型二次データ** ───

(1)　**POS データ**
- ・物販などを行う小売業などの販売履歴データであり，基本的には
「何が」「いつ」「いくらで」「何個」売れたかが記録されているデー
タである。POS システムと呼ばれるシステムを導入している企業
であれば，自動的に蓄積される

(2)　**ID 付き POS データ**
- ・物販などを行う小売業などでの消費者の購買履歴データであり，基
本的には「誰が」「何を」「いつ」「いくらで」「何個」購買したかが
記録されている。小売業の多くは，昨今フリークエント・ショッ
パーズ・プログラム（FSP: frequent shoppers program）と呼ば
れるポイント・プログラムを導入している。消費者は，レジでの清
算時にカードを提示することで，購買金額に応じてポイントなどの
何らかのインセンティブを得ることができる。本データは FSP 実
施小売業であれば自動的に蓄積されるし，CD，DVD などのレン
タル業態や Web 上の EC サイトでも同種のデータが保存されてい
る

(3)　**Web ログ・データ**
- ・個人の Web サイト閲覧履歴データであり基本的には，「閲覧者を
識別する IP アドレス」「ファイルへのアクセス日時」「リクエスト
されたファイルの情報」「どのページから来たかがわかるリファ
ラー」「ブラウザ・パソコン環境がわかるエージェント」が記録さ

れているデータである。このデータは Web サイトが置かれている
サーバー上に自動的に蓄積される

3.2 シンジケート調査型二次データ

シンジケート調査型二次データとは，マーケティングに利用することを目的
として収集したデータではなく，さまざまな組織（国，企業等）が，独自に調
査を行ったり，既存の資料から集計したりし，統計データとして提供している
データであり，その点が前項に示した自動蓄積型二次データとの大きな違いで
ある。シンジケート調査型二次データを活用する際の留意事項は以下のように
まとめられる。

シンジケート調査型二次データを使用する際の留意事項

(1) **費用と時間**
　・一次データを取得するのに要する費用とシンジケート調査型二次
　　データを収集するのに要する費用の比較
　・マーケティング・リサーチの時間的制約

(2) **調査に関する詳細な情報の有無**
　・調査対象者のサンプリング法
　・サンプルの代表性を確認するために採用した方法
　・アンケートやインタビューの方法
　・非反応（欠測，欠損）項目の取り扱い法

(3) **調査時期と公開時期**
　・調査実施時期と公開までの時間的ラグ

シンジケート調査型二次データの利用を検討する場合，費用と時間は 1 つ
めのチェックポイントになる。データが利用可能であったとしても，それらの
データを利用するには高額な費用がかかることがある。とくに，リサーチャー
が市場に関する詳細な情報を必要とし，それらのデータから十分な情報を収集

表2.3　二次データの利点と限界

利点	限界
低コスト 収集に手間と時間がかからない	調査とは別の目的でデータが収集されている 目的に見合うように制御してデータが収集されていない
課題によっては，一次データよりも精度が高いこともある 二次データからのみ得られる情報もある	課題によっては精度が低いことがある 必要となる形式でデータが収集されていない データが古い場合もある 検証に際して多数の仮定を置く必要がある

しようとすると，新たな調査を実施して一次データを取得するのと同等以上の費用を要する可能性が高い。この場合は，シンジケート調査型二次データの利用を考えるよりは一次データの取得を考えるべきである。また，リサーチャーが一次データ取得に伴うリサーチのための十分な時間をとることができない状況も想定できる。その場合，リサーチャーは，「マーケティング・リサーチの実施をあきらめる」か「その時点で利用可能なシンジケート調査型二次データを利用して課題解決をねらう」のどちらかの選択を行うことになる。前者が選択されることは稀であり，一般的には後者が選択されることが多い。この場合，利用可能なシンジケート調査型二次データを活用した場合の限界を的確にふまえた議論が求められる。なぜならば，その点に留意しないと誤った結論を導く可能性が高まり，結果として効果的なマーケティングにつながらないからである。

　2つめのチェックポイントは，シンジケート調査型二次データの収集に関する「サンプリング法」「アンケートやインタビューの方法」「非反応の取り扱いの方法」などの詳細情報が公開されているか，あるいは存在しているかどうかということである。これらは，リサーチ結果のミスリードした解釈を避けるために必要なステップだといえる。リサーチャーはこれらを詳細に検証することで，次の2つのいずれかの判断を下す。第1は「対象のシンジケート調査型二次データの品質は十分であり，統計処理も意味のあるものになる」という判断であり，第2は「対象のシンジケート調査型二次データには活用上重大な欠点があり，品質は不十分である」という判断である。シンジケート調査型二次データが第1の判断になる場合，そのデータを用いてマーケティング・リサーチを行うことになる。一方，第2の判断になる場合は，シンジケート調

査型二次データの活用をあきらめて一次データの取得によるマーケティング・リサーチが必要になる。なお，その調査が行われた対象が自身が検証を行いたい対象のグループと一致しているかどうかは，別途検証が必要である。これに不一致がある場合，上述の観点で妥当な調査であったとしても，個別具体的な課題の検証のためには有用ではない。この辺りの話題は第3章で詳しく説明する。

　3つめのチェックポイントは，調査実施時期と公開までの時間的ラグに関するものである。多くのシンジケート調査型二次データは，調査実施と公開までの間に少なくとも半年〜1年程度の時間的なラグがある。この点は，シンジケート調査型二次データを用いたマーケティング・リサーチで大きな問題になりうる。たとえば，いまの市場の状態を知りたい場合には，5年前の市場の状況を示すシンジケート調査型二次データでは，まったく役に立たない。マーケティングリサーチの目的と照らし合わせて，対象シンジケート調査型二次データの調査時期が妥当かどうかを適切に判断することが，有益なリサーチのためには必要である。なお，3つめのチェックポイントに関しては，自動蓄積型二次データでも同様である。

まとめ

　本章では，まず一次データや二次データといった「データのタイプ」についてその特徴や利点，欠点などについて解説した。そして，一次データの取得法の概略を説明し，次に代表的な二次データを紹介した。

　マーケティング・リサーチを効果的に実践するには，データが必要不可欠であることはいうまでもない。ただし，そのデータの性質や特徴，どのようにして得られたデータなのかという点は，実際に分析を行っていく際に，重要なチェック項目である。この点の理解をせずにデータを表層的に活用するだけでは，解析の結果は有効に活用できない。活用，あるいは取得しようとするデータに関して，本章で解説した点を十分に把握しておくことが，よりよいマーケティング・リサーチにつながる。本章の内容がきちんと身に付けば，次章以降で示す内容の意味がよく理解できるはずである。データとは何かを十分に理解したうえで，以降の学習に進んでほしい。

第 2 章　文献案内

上田隆穂・黒岩祥太・戸谷圭子・豊田裕貴編（2005）『テキストマイニングによるマーケティング調査』講談社。

➡　マーケティング調査におけるテキストマイニングの活用法についてまとめられている。本書で説明しなかったテキストデータの解析を学習するために有益である。

Column ② POS システムの功罪

　昨今，消費者の行動履歴データの蓄積が進んでいる。たとえば小売業では，POS データや ID 付き POS データなどが，その行動履歴データに該当する。1980 年代の中頃に POS レジの普及が始まるまで，小売業がおさえていた数字は基本的に「仕入数量」と「在庫数量」のみで，さらに在庫数量は棚卸時のみに測定されるものであり，正確な数字は仕入数量のみであった。その当時の小売業は，棚を見て欠品が出ると，倉庫を確認して在庫があれば店頭に品出しをし，倉庫になければ発注するという作業を行っていた。そのため，「売れ筋商品」（または「売れない商品」）の把握は，属人的な経験に頼らざるをえなかった。この状況は，POS レジの普及に伴い一変する。「販売個数」が正確に把握できるため，誰でも「売れ筋商品」は何かを知ることができるようになったのである。すなわち，小売業は「売れ筋商品」を品揃えするという意味で効率的な品揃え施策が実現できるようになったのである。**売上 ABC 分析**と呼ばれる分析手法がこの処理に用いられることが多い。

　売上 ABC 分析では，ある一定期間の商品ごとの販売金額を大きいほうから順に並び替え，全販売金額に対する累積販売金額比率（商品ごとの販売金額比率を足しあげた数字）が 70% に位置付けられる商品を A ランク商品，90% に位置付けられる商品を B ランク商品，残りを C ランク商品と分類する（ここで用いる比率は若干変動する）。**図 2.3** は，インスタントコーヒー・カテゴリのある年の半年間のデータを用いて示した，売上 ABC 分析の結果である。この期間，全体で 69 商品の販売実績があり，A ランクは 11 商品，B ランクは 15 商品，C ランクは 43 商品であった。すなわち，38% の商品で全体の 90% の売上を構成しているとわかる。小売業では，売上 ABC 分析の結果を次のように活用する。

売上 ABC 分析の結果の活用
- A ランクに属する商品は，最重要商品として「欠品させない」ように管理する
- B ランクに属する商品で，利益幅の大きい商品は重点育成商品として積極的に販売促進活動を行い，売上高を伸ばす努力をする
- C ランク商品はほとんど売れないため，売場の棚からカットし，別の商品を投入する

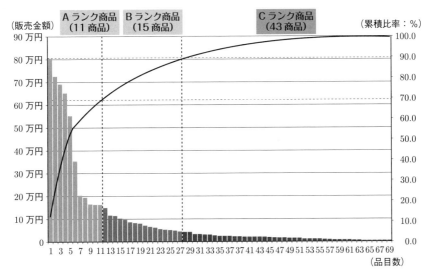

図 2.3　売上 ABC 分析

　このように，売上 ABC 分析は単純に行うことができ，現在でも多くの小売業で活用されている分析手法である。

　売上 ABC 分析は，前述のように売れ筋商品を把握するという意味において非常に有用な分析手法だといえるが，一方で多くの小売店がこの分析手法を活用するようになった場合，どのようなことが生じるかを考えてみてほしい。たとえば，どこの小売店に行っても売られている商品に違いがないと感じたことはないだろうか？　また，自分が好きで購入していた商品があるときからどこの店にも陳列されなくなったという経験をしたことはないだろうか？　これらは，POS システムから得られるデータを多くの店舗が使用したからこそ生じてしまう問題であり，ある意味で誤ったデータの使い方をしているために生じる問題でもある。前者は小売店舗間の差別化に，後者は顧客の嗜好の異質性にそれぞれ配慮せず，画一的な処理で販売量の観点のみでデータを活用しているために問題が生じている。

　この点は，実際には小売業やメーカーにとっては大きな問題である。小売業が品揃えで店舗間の差別化を実現できなければ，値引きのような施策のみに依存した戦略をとらなければならず，本質的な意味での競合小売業間で競争優位性を築くことができない。またメーカーはせっかく投資をして開発した商品を育成できない。また，顧客にとってもどこの小売店に買物に行っても同じような商品しか陳列されていなければ，買物に行く楽しみが半減して

しまい，結果として消費者は店舗に対しても商品に対してもロイヤルティを抱くことはない。このように，POS システムから獲得できるデータを画一的に単純に活用するだけでは，マイナスの効果をもたらすことになる危険がある。実際に，売上 ABC 分析により「売れない商品」「回転率の悪い商品」をカットし，売場管理の効率性改善をねらった小売業の売上が，大幅に低下した事例もある。

　POS システムより獲得できるデータは，消費者の行動の結果を示すデータであり，多くの情報を含んでいるデータである。しかし，使い方を間違えると上述のように誤った施策につながるばかりではなく，生じる結果もマイナスになってしまうことがあると肝に銘じるべきである。ここで紹介した問題は一例でしかなく，実務には同じような問題が数多く存在する。現実の姿を深く考えるための知識と経験を自身の頭のなかに蓄積し，さらには，本書で説明するような解析技術を身に付けなければ，同種の誤りを何度も繰り返してしまうばかりでなく，データの声を上手に聞き取る能力も身に付かない。本書の読者には，これらの点に留意してほしい。

サンプリング

1 リサーチの対象

　マーケティング・リサーチの目的は，「調査対象とする集団の特性を知ること」である。その際，対象とする集団が共通の特徴を持っている主体の集まりであることを前提としており，この集団を**ターゲット母集団**あるいは単に**母集団**と呼ぶ。本章では，母集団から標本を抽出する（サンプリングする）各種の手法やそれらの特性，サンプリングによる誤差の評価と母集団の推測法，求める精度を達成するために必要なサンプルサイズの決め方，などについて学ぶ。

1.1 センサス vs. サンプリング調査

　母集団の全メンバーを調査することを**センサス**または**全数調査**と呼ぶ。しかしこれは，調査費用の観点からは合理的とは言えず，実行が不可能な場合がほとんどである。無理して調査を行っても，非回答や不正回答などの制御しがたい誤差を含んでしまう可能性が高い。全数調査の代表的な例としては，国勢調査等の大規模調査もあるが，基本的には母集団を構成するメンバーの数が比較的少なく，かつ，調査にもとづく決定に誤りがあったときのコストが極端に大きい場合に適当な調査方法である。

　これに対して，**サンプリング調査**（または**標本調査**）は，母集団のサイズが大

きく全数調査に掛かる費用や時間が大きくなる場合に有用な方法である。調査対象を限定することで調査に掛かる時間を節約し，さらに1件当たりの調査を丹念に行うことが可能となるため，調査の質を担保できる利点も持っている。また多くの場合，サンプリング調査で十分である場合も多い。さらに，そもそも全数調査が不可能な場合，サンプリング調査を行う以外に方法はない。たとえば，工場で製造される製品の耐久性検査では，製品の破壊検査で全数調査を行えないのは明らかであり，サンプリング調査を行う以外に方法はない。マーケティング・リサーチでは，消費者全体を正確に把握して調査を行うことは不可能である。

　サンプリング調査により抽出された n 人の調査結果を**サンプル**，n を**サンプルサイズ**と呼ぶ。

1.2　サンプリング調査の目的

　サンプリング調査の場合，**パラメータ**と呼ばれる母集団を特徴づける値 (μ) を，**標本統計量**と呼ばれる標本から定義される量 (s) によって推測することが課題となる。

例：テレビ視聴率調査

　たとえば，テレビの視聴率調査が，サンプリング調査の代表例である。これはテレビ所有世帯のうち，どのくらいの世帯があるテレビ番組を視聴していたかを示す割合を調査により推測するものであり，ビデオリサーチ社では，関東地区での総世帯約 1,800 万世帯のうち，対象を 2,700 世帯にしぼってサンプリング調査を行い視聴率を計算している。この場合，総世帯の視聴率がパラメータ (μ) であり，2,700 世帯の視聴割合が標本統計量 (s) となる。この調査は，広告効果を測る1つの指標として活用され，広告を出す企業，テレビ局，広告会社の3者が広告の取引をする際に利用されている。

1.3　サンプリング調査の誤差

サンプリング調査では母集団の全メンバーを調査しないことから，一般的

には誤差が含まれる。さらにこの誤差は，**標本誤差**と**非標本誤差**に分類される。標本誤差とは，調査対象を一部に限定したことで発生する誤差であり，パラメータ (μ) と標本統計値 (s) との差，

$$\text{標本誤差} = \mu - s \tag{3.1}$$

で表される。これは統計学の理論により，確率的に評価して誤差を制御することが可能である。

　他方，非標本誤差には，測定誤差，記録の誤り，非回答など，さまざまな要因が含まれる。一般的に，標本誤差はサンプルサイズを増やすにつれて減少させることは可能であるが，その一方で，コストが増えるばかりでなく，非標本誤差が増加して調査の質を担保することが難しくなる場合もある。

‖2‖ サンプリング法

　まず，サンプリング調査を行うにはターゲット母集団を特定することが必要となる。この母集団の定義が曖昧であれば，そこから得られる情報やリサーチ結果も曖昧なものとなってしまう。したがって，ターゲット母集団を選定するためには調査目的を十分に吟味しなければならない。つまり，何が問題かを明確にしたうえで仮説がどのように記述されるのかを事前に検討しなければならない。

　サンプリングの方法には，**確率的サンプリング**と**非確率的サンプリング**がある。確率的サンプリングは，母集団のメンバー全員が標本に選ばれる確率が等しくなるようにサンプリングすることで，標本に偏りのない代表性を担保する仕組みを利用する。これに対して，非確率的サンプリングは，後述のように，ターゲット母集団の特定が困難である場合などに便宜的に利用されることが多く，代表性が担保される保証はない。そのため，確率的サンプリングに対して理論的な優位性を持つものではないが，便宜的に必要となる場合がある。

3 確率的サンプリング

　確率的サンプリングは，リサーチを行ううえで統計的に望ましい性質を有している。確率的サンプリングを行う際には，(1) ターゲット母集団の特定，(2) サンプリング方法の決定，(3) サンプルサイズの決定，が必要となる。(1) については上述のように，リサーチ課題の検討により行われる。ここでは，(2) のサンプリング方法について，**単純無作為サンプリング**と**層別サンプリング**を取り上げる。単純無作為サンプリングは，本書で展開するさまざまなトピックの中心となり，層別サンプリングもこれを応用した実務上重要な方法である。以下ではそれぞれを第 4 節および第 5 節で詳細に説明する。

　また，第 6 節では非確率的サンプリングを説明し，最後に，(3) サンプルサイズの決定を第 7 節で説明する。

4 単純無作為サンプリング

　単純無作為サンプリングは，母集団のメンバー全員がサンプルに選ばれる確率が等しくなるようにサンプリングする方法である。

　いま，ターゲット母集団の人数を N と表し，ここから n 人のサンプルを無作為に抽出する手順は次の通りである。

単純無作為サンプリング
- (1) 　母集団の全メンバーに通し番号をつける
- (2) 　N 個の番号から n 個の番号を乱数表などを利用して無作為抽出する

　乱数表とは，0 から 9 までの数字が同じ確率で無作為に配列されている表であり，2 ケタから 5 ケタまでの表が用意されている。乱数表の使い方は，どの

1	93	90	60	02	17	25	89	42	27	41	64
2	34	19	39	65	54	32	14	02	06	84	43
3	27	88	28	07	16	05	18	96	81	69	53
4	95	16	61	89	77	47	14	14	40	87	12
5	50	45	95	10	48	25	29	74	63	48	44
6	11	72	79	70	41	08	85	77	03	32	46
7	19	31	85	29	48	89	59	53	99	46	72
8	14	58	90	27	73	67	17	08	43	78	71
9	28	04	62	77	82	73	00	73	83	17	27
10	37	43	04	36	86	72	63	43	21	06	10

図 3.1　乱数表の一部：日本工業規格（JIS）Z9031:2001 の付表

数字を利用してもよく，たとえば，$N = 100$ 人から $n = 10$ 人を選ぶには，乱数表の適当な行から 10 個の 2 ケタの数字を取り出せばよい。日本工業規格（JIS）Z9031:2001 の付表を用いる場合（**図 3.1** 参照），1 行目の最初の 10 個，

$$93\ \ 90\ \ 60\ \ 02\ \ 17\ \ 25\ \ 89\ \ 42\ \ 27\ \ 41$$

を取り出し，これらの番号をもつメンバーを調査対象とする。

4.1　R コマンダーによる乱数表作成

　誰でも簡単にパソコンが使える現代では，乱数表を用いるよりパソコンを用いて乱数を発生させるほうがより容易である。本書で利用する R コマンダーでは，さまざまな確率分布の乱数を発生させることができる。ここでは 0 以上 1 未満の実数値の乱数について，一様分布から乱数を発生させるコマンドを利用する。一様分布とは，0 から 1 未満の任意の数が出現する確率がすべて等しい確率分布である。

　ここでは，100 人の母集団から 10 人を無作為サンプリングするための乱数発生を，R コマンダーを用いて行ってみよう。

　図 3.2 上図のように R コマンダーのウィンドウから【分布】⇒【連続分布】⇒【一様分布】⇒【一様分布からのサンプル】を選択すると設定ウィンドウ（同下図）が現れる。初期設定では，"UniformSamples" という変数名で 100 個の乱数が 1 行 100 列で発生させられるよう設定されており，【OK】をクリックして実行させる。ここで【データセットに追加する】オプションで標本平均

図 3.2 R コマンダーによる乱数発生コマンド(1)

にチェックが入っているが,使わないので外しておく。

次に,ウィンドウ上部にある,読み込まれているデータセットの表示が【データセット:UniformSamples】となっていることを確認する。発生させたデータを表示させるには右側の【データセットを表示】をクリックする。

これらは 0 から 1 までの間の値をとる実数値であり,サンプルの番号である整数の 2 ケタの乱数を次の手順で発生させることができる。

まず,上記の各乱数に 100 を掛ける。これには,図 3.3 のようにスクリプトウィンドウで,

```
x<-UniformSamples*100
```

と入力し,スクリプトウィンドウ右下の【実行】ボタンをクリックして計算を行う。

さらに,いま必要なのは無作為な整数値の "番号" であるので実数を整数化する必要がある。小数を整数化する関数は "round" であり,ゼロを排除するために 1 を加えて,上と同様スクリプトウィンドウで,

図 3.3　R コマンダーによる乱数発生コマンド(2)

	obs1	obs2	obs3	obs4	obs5	obs6	obs7	obs8	obs9	obs10
sample	52	32	44	6	45	23	8	29	17	35

図 3.4　R コマンダーによる乱数発生：初めの 10 個

```
rx<-round(x)+1
```

と入力すればよい。その結果を確認するには，コンソール上部にある【データ
セット：UniformSamples】の "UniformSamples" をクリックして現れるウ
ィンドウから変数 "rx" を選択し【データセットを表示】をクリックする。

　このようにしてつくられた 100 個の整数の乱数には，もともとの値の小数
点以下第 2 位まで同じ値をとるものが含まれている場合があり，その場合，
同じ番号が含まれる可能性がある。この可能性を排除するためには，スクリプ
トウィンドウで，

```
ux<-unique(rx)
```

と入力する（これらのコマンドは，テキストファイル "ransu.R" に記載されている）。
これにより変数 "ux" には重複のない 2 ケタの乱数が格納されていることにな
る。コンソール上部にある【データセット：】の "rx" をクリックして現れる
ウィンドウから変数 "ux" を選択し【データセットを表示】をクリックすれば，
"ux" のデータが表示される。

　このとき，通常は，重複分だけサンプルサイズが減ることに注意する。R

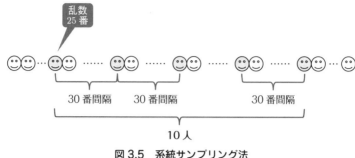

図 3.5 系統サンプリング法

の乱数はパソコン内のシステム時計を利用するので，実行するたびに異なる乱数が発生させられるため，重複数は事前には確定できない。その場合，目標の乱数の数を上回るよう余分に乱数を発生させ，上記に従って手続きを実行し，上から 10 番目までを無作為標本として採用すればよい。

　ここでは**図 3.4** にあるように 52 番，32 番，44 番，⋯，35 番の 10 人が無作為標本としてサンプリングされている。

4.2 系統サンプリング

　標本抽出するサンプルサイズが大きく単純無作為サンプリング法が難しい場合には，最初の 1 つのサンプルだけは乱数表で無作為に選び，それ以降はこの数字から始めて一定間隔で抽出する**系統サンプリング法**もある。たとえば，300 人のなかから 10 人を選ぶ場合，まず最初の 1 人が乱数表により 25 番の人が選ばれたとする。その後は平均間隔（$\frac{300}{10}$ = 30 番間隔）で 55, 85, 115, 145, 175, 205, 235, 265, 295 番の人を選ぶ。この方法では，通し番号の付け方に一定の規則性があるときには偏り（バイアス）が生じるので注意が必要となる。

5 層別サンプリング

　ターゲット母集団がいくつかのグループに分かれることがわかっているとき

表 3.1　比例層別サンプリング

顧客	グループの大きさ	サンプルサイズ
ライトユーザー	500	50
ヘビーユーザー	300	30
全体	800	80

表 3.2　逆比例層別サンプリング

顧客	グループの大きさ	サンプルサイズ
ライトユーザー	500	30
ヘビーユーザー	300	50
全体	800	80

に，各グループから公平に標本を効率よく抽出する方法として**層別サンプリング法**がある。まず，ターゲット母集団のなかにより同質性の高いグループがいくつか存在しているとき，それらを「層」と呼ぶ。標本抽出の効率性は，層内の同質性が高く，異なる層の間の異質性が強いときに効力を発揮する。

　以下では，層別サンプリングのいくつかの方法を説明する。

5.1　比例層別サンプリング

　いま，ある企業の顧客で 800 人がライトユーザーとヘビーユーザーのいずれかに分類でき，各グループの大きさは 5 : 3 であることがわかっている。このとき，全体の 10 分の 1 に相当する 80 人を調査対象として製品の評価を調査する場合を考えよう。**表 3.1** にあるように，各グループ内で 50 および 30 の大きさの無作為標本を抽出すればよい。これは**比例層別サンプリング法**と呼ばれる。

　これとは逆に，いま優良顧客への転換を目的として調査を企画した場合，ヘビーユーザーの意見がライトユーザーの意見よりも重要であると考えることができる。その場合，それぞれのグループのサンプルサイズをグループの大きさとは逆の比率で設定して，**表 3.2** のように少数グループの標本をより多く抽出して少数グループの意見をより大きなウェイトで取り入れる**逆比例層別サンプ**

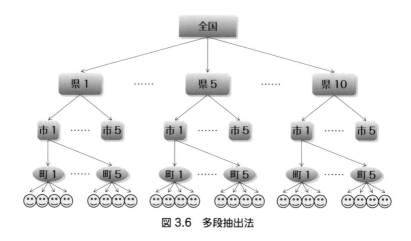

図 3.6 多段抽出法

リング法もある。

5.2 多段抽出法

調査対象エリアが全国など大きな規模の場合に作業を効率化するために，まず市町村を抽出単位として単純無作為抽出し，さらに選ばれた市町村のなかから個人のサンプルを抽出する，などサンプルを決定するまでに何段階かのステップを置く方法がある。これは**多段抽出法**と呼ばれる。この場合，抽出単位はどのレベルでも何段階でもかまわない。

たとえば，全国から 4 段階の多段抽出で 1,000 人抽出する場合は，以下のように行えばよい。

多段抽出の例
(1) 全国から 10 の都道府県を無作為抽出
(2) 抽出された都道府県から 5 の市町村を無作為抽出
(3) 抽出された市町村から町丁単位で 5 地点を無作為抽出
(4) 抽出された地点から 4 人を無作為抽出
---

4 段階の抽出数の組合せで，10 (都道府県) × 5 (市町村) × 5 (町丁) × 4 (人) で

合計 1,000 人が抽出できる。

　この方法を用いない場合，全国から 1,000 人を抽出すること自体が容易ではない。多段抽出法の効力はこれを用いずに調査を行う場合を想像すれば明らかであろう。つまり，訪問調査を行う場合，無段階で抽出した対象はバラバラな地点で選ばれてしまい，調査員は 1 人訪問するごとに別の市町村に移動する必要がある。これに対し，多段抽出法の場合は，市町村で選ばれた A 市でたとえば 10 人を訪問すればよく，効率のよい調査が行えるという実務上の利便性がある。

6 非確率的サンプリング

　一般に統計的には望ましい方法ではないが，上記の確率的サンプリング以外の方法も採用される場合がある。これは，非確率的サンプリングと呼ばれる。この場合，乱数表などの標本の代表性を担保する確率装置を不要とするという意味では作業効率が高い方法ではある。しかし，この方法によって得られる結果にはバイアスが含まれることを理解しておく必要がある。しかも，確率的サンプリング法の特性と異なり，標本を増やしてもバイアスの問題は解消されない。しかしながら，実際のリサーチにおいて，この方法は初期段階のパイロット調査として，または作業の手間を省略する必要がある場合などで利用されることが多い。

　これらには，裁量的サンプリング，スノーボール・サンプリングなどがある。**裁量的サンプリング**は，専門家が代表的サンプルを選んでくる手法である。また**スノーボール・サンプリング**は母集団から無作為に対象を選び，この調査対象者に次の対象者を指名してもらい，これを繰り返すことで必要な数に達するまでサンプルを獲得していくという方法である。最初の対象者から雪だるま式に集めることから，スノーボールという名前が付いている。ターゲット母集団の特定化が難しく，母集団のメンバーにアプローチする手掛かりがない場合の便宜的手法である。

7 サンプルサイズの決定

　マーケティング・リサーチの実施に当たっては，まず集めるサンプルサイズを決定しなければならない。その際，サンプルサイズを決定する要因として，(1) ターゲット母集団内の変動の大きさ，(2) コスト，(3) 分析結果に求められる精度，などがある。(1) はターゲット母集団の異質性の度合いに関する要因である。たとえば，母集団内での意見がほとんど同じであると想定できる場合は，多くのサンプルを集める必要はない。逆に，意見の多様性が見込める場合には，それらを反映させるだけの十分なサンプルサイズが必要となる。つまり，母集団内の同質グループの数が少ない場合には比較的少数，多い場合にはすべてのグループから万遍なくサンプルを抽出するために多くのサンプルサイズが必要となる。(2) および (3) はリサーチの価値にかかわるものである。(2) はリサーチに掛かる費用とリサーチから得られる便益を評価して決めなければならない。以下で説明するように，サンプルサイズは多いほうが統計的には望ましい。しかし，前述の非標本誤差やリサーチの質も考慮する必要がある。(3) は，リサーチから得られる情報がプロジェクトにとってどの程度重要であるかにかかわる要因である。

7.1 母集団パラメータと標本変動

　ある家電量販店が，自社顧客に対して店舗利用に関する満足度調査を顧客10,000 人に対して実施した。調査は顧客満足度について 100 点満点で回答を求めた。その得点のヒストグラムは**図 3.7** のように描かれている。

　このヒストグラムは，調査対象の顧客の満足度評価の違いを表しており，各顧客が異なる評価を与える頻度を確率分布の形で表現している。たとえば，90 点以上の評価の顧客は全体の 5%，50〜60 点の評価の顧客は 30%，などの解釈が可能である。

　母集団からサンプルを抽出し，観測されたサンプルの背後にこれを発生させた集団や構造を仮定して，サンプルから母集団に関する情報を抽出するこ

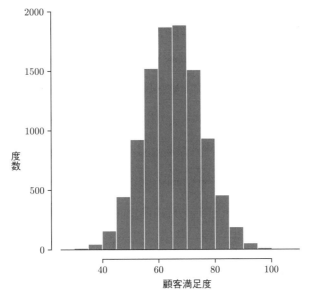

図 3.7　顧客満足度得点のヒストグラム

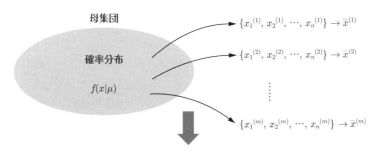

$\bar{x}^{(i)}, i = 1, 2, \cdots, m$ のヒストグラム

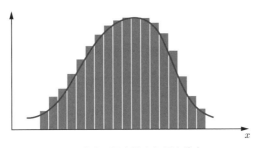

図 3.8　標本抽出と標本分布

表 3.3 顧客満足度得点

顧客番号	得点 X
1	50 (x_1)
2	60 (x_2)
3	95 (x_3)
4	85 (x_4)
5	77 (x_5)
6	62 (x_6)
7	40 (x_7)
8	30 (x_8)
9	65 (x_9)
10	70 (x_{10})

とを**統計的推測**と呼ぶ。そこでは母集団の構成メンバーは，パラメータによって規定され，観測される値 (x) はパラメータ (μ) を持つ確率分布 $f(x|\mu)$ に従って分布すると仮定する。たとえば，**図 3.8** の上図にあるように，確率分布 $f(x|\mu)$ の母集団から n 個の標本 $\{x_1^{(1)}, x_2^{(1)}, \cdots, x_n^{(1)}\}$ を単純無作為サンプリングする。その標本から計算される平均値を $\bar{x}^{(1)}$ と表す。つまり，

$$\bar{x}^{(1)} = \frac{x_1^{(1)} + x_2^{(1)} + \cdots + x_n^{(1)}}{n}$$

とする。これは (3.1) 式では標本統計値 (s) のことである。次に，別の n 個の無作為標本 $\{x_1^{(2)}, x_2^{(2)}, \cdots, x_n^{(2)}\}$ を抽出して計算される平均値を $\bar{x}^{(2)}$ とする。**図 3.8** の下図では，これを順次 m 回繰り返して計算される $\{\bar{x}^{(1)}, \bar{x}^{(2)}, \cdots, \bar{x}^{(m)}\}$ からヒストグラムを作成するイメージが描かれている。抽出される標本が変わるたびに，計算される平均値 $\{\bar{x}^{(k)}\}$ は変化する。これを確率変数とみなして統計量 $(\bar{x})$ と呼び，この変動を**標本変動**，この変動の仕方を統計量 $(\bar{x})$ の**標本分布**と呼ぶ（確率分布など確率・統計の基礎は，必要に応じて巻末の補論 A を参照されたい）。

7.2 平均の調査の場合

ある家電量販店の顧客満足度調査では，顧客から 10 人を無作為抽出して，100 点満点で回答を求めた。その満足度得点 $(x_1, x_2, \cdots, x_{10})$ が**表 3.3** に掲載してある。

いま，顧客全体からなる母集団の平均を μ としたとき，サンプルから計算される**標本平均**，

$$\bar{x} = \frac{50 + 60 + \cdots + 70}{10} = \frac{634}{10} = 63.4 \tag{3.2}$$

は μ を推測する特性値として利用できる。さらに，顧客全体の満足度のばらつきは分散 σ^2 で測ることができる。これはサンプルから計算される**標本分散**，

$$s^2 = \frac{(50 - 63.4)^2 + (60 - 63.4)^2 + \cdots + (70 - 63.4)^2}{10 - 1} = 394.71 \tag{3.3}$$

あるいはその平方根で定義される**標準偏差**，

$$s = \sqrt{394.71} = 19.87$$

で評価できる。

サンプルサイズと標本変動

図 3.8 の下図にある標本平均 $\bar{X}$ の標本分布は，平均 μ，分散 $\sigma_{\bar{x}}^2$ の**正規分布**（N で表す）に従い（巻末の補論 A を参照），これを，

$$\bar{X} \sim N(\mu, \sigma_{\bar{x}}^2) \tag{3.4}$$

と表記する。ここで，$\sigma_{\bar{x}}^2$ は母集団分散 σ^2 を用いて表され，その平方根で定義される標準偏差は，

$$\sigma_{\bar{x}} = \frac{\sigma}{\sqrt{n}} \tag{3.5}$$

となる。この場合，平均は母集団平均に等しく，標本変動は標準偏差 $\sigma_{\bar{x}}$ の大きさで表されている。さらに，標本平均は n 人のデータを利用することから，母集団についての情報が n 人分合算されていると理解できる。これによって，不確実性が減少すること，そしてそれは標本分布の標準偏差 $\sigma_{\bar{x}}$ が母集団での σ の $\frac{1}{n}$ と小さくなることに対応していることに注意する。いま，たとえば $\sigma = 60$ とわかっていると仮定すれば，**表 3.4** のように，サンプルサイズが増えていくに従って標本変動が小さくなることがわかる。

表 3.4　サンプルサイズと標本変動

標本数 (n)	σ	$\sigma_{\bar{x}} = \dfrac{\sigma}{\sqrt{n}}$
10	60	18.97
20	60	13.42
30	60	10.95
50	60	8.49
100	60	6.00
200	60	4.24
500	60	2.68
1000	60	1.90
5000	60	0.85
10000	60	0.60

区間推定と標本誤差

　サンプルは母集団パラメータ μ を推測するために用いられる。μ を統計量 $\bar{x}$ の 1 つの値で推定する方法は**点推定**と呼ばれる。これに対して，μ がある区間 $[a,b]$ に入っている確率は 95% である，という形の推測方法は**区間推定**と呼ばれる。このとき，$[a,b]$ は μ の「95% 信頼区間」と呼ばれる。

　次に，この信頼区間を用いてサンプルサイズを決定する方法を説明する。そのとき，正規母集団の分散 σ^2 が既知の場合と未知の場合で方法が異なる。サンプルサイズが 30 より大きい場合には差はほとんどないが，これらを別々に見ていこう。

母集団分散 σ^2 が既知の場合

　巻末補論 A の母集団の平均 μ に対する信頼係数 95% の区間推定の議論（344 頁）から，区間，

$$\left[\bar{X} - 1.96\frac{\sigma}{\sqrt{n}}, \bar{X} + 1.96\frac{\sigma}{\sqrt{n}}\right] \tag{3.6}$$

では μ を 95% の確率で含むことになる。このことから，標本誤差 $\mu - \bar{X}$ に対して，

$$|\mu - \bar{X}| < 1.96\frac{\sigma}{\sqrt{n}} \tag{3.7}$$

の関係が 95% の確率で成立する。したがって，標本誤差の絶対値 $|\mu - \bar{X}|$ の

上限すなわち，(3.7) 式の右辺の値で信頼係数 95% の標本誤差を定義できる。これを標本誤差 [95%] と書くと，

$$標本誤差 [95\%] = 1.96\frac{\sigma}{\sqrt{n}} \tag{3.8}$$

と表される。

　信頼係数 90% の場合には，標準正規分布の片側 2.5% 点 1.96 が標準正規分布の片側 5% 点 1.645 と置き換わり，それに応じた標本誤差は，

$$標本誤差 [90\%] = 1.645\frac{\sigma}{\sqrt{n}} \tag{3.9}$$

となる。一般に信頼係数 $\alpha\%$ の場合には，標準正規分布の上側 $\frac{\alpha}{2}\%$ を $z_{\alpha/2}$（**信頼限界**と呼ぶ）として，

$$標本誤差 [\alpha\%] = z_{\alpha/2}\frac{\sigma}{\sqrt{n}} \tag{3.10}$$

が得られる。

サンプルサイズの決定

　この関係を利用して，調査に必要なサンプルサイズを求める。すなわち，(3.10) 式の両辺を 2 乗して n について整理すると，

$$n = \frac{z_{\alpha/2}^2\sigma^2}{(標本誤差 [\alpha\%])^2} \tag{3.11}$$

となり，サンプルサイズ n が決まる関係を導くことができる。このとき，サンプルサイズを決めるには以下の 2 つが事前に設定されなければならない。

─── **サンプルサイズ決定の 2 要因** ───
(1)　許容できる標本誤差の大きさ
(2)　信頼水準 $\alpha\%$ に応じて決まる信頼限界 $z_{\alpha/2}$

　一般に σ^2 が既知のことはないが，サンプルサイズが大きいときには，σ^2 が予備調査データから計算される場合，標本分散 s^2 で近似できる。

── サンプルサイズの決定：平均の調査（近似法）──

$$n = \frac{z_{\alpha/2}^2 s^2}{(標本誤差\,[\alpha\%])^2} \tag{3.12}$$

例：顧客満足度評価得点のサンプルサイズ決定

信頼係数 95% を前提に標本誤差を ±5 点まで許容する場合，**表 3.3** のデータを予備調査として母集団の分散 σ^2 を標本の分散 $s^2 = 394.71$ で置き換えて代入すれば，必要なサンプルサイズは，標本誤差=±5 点，有意水準 5% の信頼限界は $z_{2.5} = 1.96$ であるので，

$$n = 1.96^2 \times \frac{394.71}{5^2} = \frac{1516.32}{25} = 60.65$$

と計算され，61 だけのサンプルを集めればよいことがわかる。

さらに，信頼係数を 90% に緩めた場合は，

$$n = 1.645^2 \times \frac{394.71}{5^2} = \frac{1068.09}{25} = 42.72$$

となり，45 のサンプルで済む。また，標本誤差を厳しくして ±2 点までとした場合は，

$$n = 1.96^2 \times \frac{394.71}{2^2} = \frac{1516.32}{4} = 379.08$$

となり，380 という大きなサンプルサイズが必要となる。

7.3 比率の調査の場合

テレビの視聴率調査のように，調査結果が見ているか，見ていないかのいずれかである場合は，サンプルに占める視聴している人数 x である標本比率 $\hat{p} = \frac{x}{n}$ が母集団比率を示すパラメータ p の推定値となる。$\hat{p}$ の標本分布は，

$$\hat{p} \sim N\left(p, \frac{p(1-p)}{n}\right) \tag{3.13}$$

となることが知られている。この場合の標本分散は推定値 $\hat{p}$ を代入して $\frac{\hat{p}(1-\hat{p})}{n}$

で求められ，これによりサンプルサイズは平均の場合と同様に評価できる。つまり信頼係数 $\alpha\%$ の場合，標本誤差は，

$$\text{標本誤差}\,[\alpha\%] = z_{\alpha/2}\frac{\sqrt{\hat{p}(1-\hat{p})}}{\sqrt{n}} \tag{3.14}$$

であり，さらに指定した標本誤差のもとでの必要なサンプルサイズは，以下のように与えられる。

サンプルサイズの決定：比率の調査（近似法）

$$n = \frac{z_{\alpha/2}^2\hat{p}(1-\hat{p})}{(\text{標本誤差}\,[\alpha\%])^2} \tag{3.15}$$

例：テレビ視聴率調査の標本誤差

テレビ視聴率調査による標本誤差の評価では，比率の推定の議論を直接応用している。**表 3.5** は，世帯視聴率の推定値 $\hat{p}$ とサンプルサイズ n で決まる標本誤差をサンプルサイズ 500 と 100 の場合についてまとめたものである。たとえば，視聴率 10% の番組は，500 世帯の標本調査での標本誤差は ±2.63 であり，視聴率 p は 7.37% から 12.63% までの幅があることがわかる。また，視聴率推定値 $\hat{p}$ の標本分散の分子 $\hat{p}(1-\hat{p})$ は 0.5，すなわち視聴率 50% のとき最大となり，視聴率が 0（または 100%）に近いほど小さい性質を持つ。またこれは 50% を中心に左右対称な関係がある。現実には 50% を超える視聴率の番組はほとんどないので，一般に高視聴率番組のほうが低視聴率番組よりも誤差が大きいといえる。さらに，他の条件を一定とすれば，サンプルサイズが少ないほうが標本誤差が大きいことは明らかであり，500 世帯と 100 世帯の調査との比較では，誤差は 2 倍を超えてしまう。

必要なサンプルサイズの決定

標本分散 $\frac{p(1-p)}{n}$ の分子は p と $1-p$ について対称であり，$p = 0.5$ のとき $p(1-p) = 0.5 \times 0.5 = 0.25$ で最大となることに注意すると，信頼係数と許容される標本誤差が一定のとき，$p = 0.5$ に近い値を推測する場合に最も多くの

表 3.5 テレビ視聴率調査の標本誤差

世帯視聴率 %	標本誤差: サンプルサイズ 500	標本誤差: サンプルサイズ 100
1(99)	0.87	1.95
5(95)	1.91	4.27
10(90)	2.63	5.88
20(80)	3.51	7.84
30(70)	4.02	8.98
40(60)	4.29	9.60
50	4.38	9.80

サンプルサイズを必要とし,p が 0 あるいは 1 に近い値の場合には,少ない数で済むことがわかる。たとえば,信頼係数 95% で標本誤差を ±4% とした場合,$\hat{p} = 0.5$ の場合の必要なサンプルサイズは,

$$n = \frac{1.96^2(0.5 \times 0.5)}{0.04^2} = \frac{0.96}{0.0016} = 600$$

である。他方,$\hat{p} = 0.1$ の場合の必要な標本数は,

$$n = \frac{1.96^2(0.1 \times 0.9)}{0.04^2} = \frac{0.3457}{0.0016} = 216$$

と約 3 分の 1 で済むことがわかる。$\hat{p} = 0.9$ の場合も 0.5 を中心に左右対称から同一のサンプルサイズとなる。

7.4 層別サンプリングの場合

層別サンプリングの際にそれぞれの層のサンプルサイズをどのように決めるかについては,各層の全体に占める割合および各層内の標本のばらつきの大きさの 2 つの量を勘案した加重平均で決める方法がある。つまり,いま m 層の場合,第 k 層が全体に占める割合を a_k(したがって,$a_1 + \cdots + a_m = 1$)とし,さらに第 k 層内のばらつきの大きさを標準偏差 σ_k で測り,これらの積 $a_k\sigma_k$ をウェイトとし全体のサンプルサイズ n を各層へ配分して,

$$n_k = \left(\frac{a_k\sigma_k}{a_1\sigma_1 + \cdots + a_m\sigma_m} \right) \times n \tag{3.16}$$

として決定する方法がある。

　さらに各層において調査費用が異なる場合は，これもウェイトに加えて費用の掛かる層のサンプルサイズを費用に応じて逆比例的に少なくする方法も提案されている。具体的には，費用 c_k の平方根の逆数をウェイトとして，

$$n_k = \left(\frac{\frac{a_k \sigma_k}{\sqrt{c_k}}}{\frac{a_1 \sigma_1}{\sqrt{c_1}} + \cdots + \frac{a_m \sigma_m}{\sqrt{c_m}}} \right) \times n \tag{3.17}$$

と決定する。

ま　と　め

　本章では，調査対象とする集団の特性を知ることがリサーチの目的と定義し，対象集団全体を調べるセンサスと一部を利用して推測するサンプリング法について学んだ。

　まず，調査対象からサンプルを抽出する標本抽出法の考え方といくつかの方法を説明した。具体的には，基礎となる単純無作為サンプリング法，さらに標本抽出するサンプルサイズが大きく単純無作為サンプリング法が難しい場合に使われる系統サンプリング法，母集団がいくつかのグループに分かれるときに，各グループから公平に標本を効率よく抽出する層別サンプリング法，調査対象エリアが全国など大規模な場合に作業を効率化するための多段抽出法などを学んだ。

　また，サンプリングの基礎となる乱数の発生とその標本抽出への応用についてRコマンダーを使って具体的に学習した。

　また，これらの確率的サンプリング法が難しい場合に，実務上使われる非確率サンプリング法についても説明し，その特徴および利用上の注意点についても解説した。

　サンプリング法についてはあらかじめサンプルサイズを決める必要がある。単純無作為抽出による統計的性質を用いて，サンプルサイズを決定する方法も解説した。具体的には，平均の調査と比率の調査のそれぞれの場合に，あらかじめ設定した精度を達成するために求められるサンプルサイズを決定するルールを学んだ。

第 3 章 文献案内 ────────────────────────

鈴木達三・高橋宏一（1998）『標本調査法』朝倉書店。

➾　標本調査の実際と理論について，社会調査の場合を念頭に丁寧に解説したものである。

盛山和夫（2004）『社会調査法入門』有斐閣。

➾　標本調査から質問票の作成，取得したデータの解析法を入門レベルで，社会調査を対象
として解説したテキストである。

Column ③　テレビ視聴率調査の実際

　日本におけるテレビ視聴率調査は，1961 年からアメリカの視聴率調査会社ニールセンによって機械式視聴率調査により開始された。1962 年 9 月にテレビ局，広告会社が中心となり第三者機関としてビデオリサーチが設立され，同年 12 月よりビデオリサーチの機械による視聴率調査がスタートし，1968 年からは日記式アンケートによる個人視聴率調査が行われるようになった。

視聴率調査の方法
　視聴率調査の方法には次の 3 つがある。
⑴　**ピープルメーター（PM）システムによる調査**
　　世帯内の 4 歳以上の家族全員を調査対象とし，視聴しているチャンネルが世帯内の個人ごとに測定される。視聴データはオンラインメーターに記録され，データ通信回線を利用して，毎日，早朝に自動ダイヤルによりデータセンターに送信される。世帯視聴率・個人視聴率とも最小単位は 1 分とし，毎分視聴率により世帯単位や年齢区分ごとの番組視聴率や時間区分視聴率が集計される。
⑵　**オンラインメーター・システムによる調査**
　　オンラインメーターというシステムを用いて，世帯視聴率を調査する方法であとは PM による処理の流れと同じである。
⑶　**日記式アンケートによる調査**
　　日記式のアンケート表を用いて調査する方法である。調査票は調査員によって届けられ，対象者が視聴状況を記入する。調査票には 5 分刻みの記入欄があり，対象者は，個人単位でテレビを見た時間に矢印を引く方法で毎日記入する。その後，調査員が訪問して 1 週間分の視聴記録を回収し，パソコンにデータを蓄積する。日記式個人視聴率の最小単位は 5 分であり，毎 5 分視聴率をもとに PM と同様に各レベルでの集計が行われる。

世帯視聴率調査エリア
　日本の放送エリアは全部で 32 あり，各エリアごとに視聴率調査が行われている。調査対象世帯数は，PM システムによる調査の関東地区で 2700 世帯，関西地区で 1200 世帯，名古屋地区で 600 世帯，北部九州・札幌地区で 400 世帯，それ以外のオンラインメーター・システムによる調査地区は 200

世帯が標本として選ばれている。

サンプリング法

ビデオリサーチでは無作為抽出法の 1 つの「系統抽出法」を採用し，標本を抽出している。具体的には，

(1) 国勢調査の世帯数データをもとに調査エリア内の総世帯数を求める。

(2) 調査エリア内総世帯数を調査対象世帯数 600 で割り，系統抽出の間隔を決める。つまり，関東地区のエリア内総世帯数 18,000,000 世帯を割り出し，調査対象世帯数 2,700 世帯で割ることで，

$$18,000,000 \div 2,700 = 6,666$$

として抽出間隔を決める。

(3) 乱数表を用いて 6,666 よりも小さな数字 n_1 を 1 つ選び，最初の標本世帯を決める。

(4) n_1 に求めた抽出間隔 6,666 を加算していき，選ばれる世帯番号を $n_1 + 6,600$, $n_1 + 2 \times 6,600$ などと求めて調査世帯 2,700 を抽出する。

第**4**章

質問紙の作成と測定尺度

　マーケティング・リサーチは，リサーチ結果をビジネスの意思決定に反映し，活用することで初めて価値を持つ。そこで活用するデータを取得する手段の1つが，第2章2節で説明した**質問法**である。質問法で取得したデータを解析し，よりよいマーケティング意思決定につなげるためには，そもそも精度の高い，解析で必要な情報を十分に含むデータを取得することが必要不可欠である。そういったデータを取得するためには，調査目的に適合する適切な被験者を選択したうえで，情報を正しく捕捉できる質問と尺度で**質問紙**を作成しなければならない。しかし，それらをすべて備えた質問紙を用いた調査法は必ずしも確立されているわけではない。不明瞭な質問によってもたらされる潜在的な誤差は，一般的に，20〜30％程度あると言われている。この誤差は非常に大きく無視できないが，マーケティング・リサーチの知見にもとづけば，この誤差を低減することができる。きちんとした手続きで課題に応じて質問紙を作成し，調査することが重要なのである。すなわち，質問紙は調査課題に応じて個別に作成することになる。質問紙の作成には通常，いくつかの制約が課される。たとえば，調査で獲得するサンプルサイズ，調査の形式，質問の順番などがその制約の例であり，これらは求める結果の精度を念頭に置き決めることになる。その際，被験者の回答する意欲や能力を想定して質問紙を作成することも精度に影響するため，上記の検討ではその点にも十分な配慮をしなければならない。

　質問紙は，一般的に次のステップで作成する。

───────── **質問紙作成のステップ** ─────────

(1)　マーケティング・リサーチで何を明らかにしたいかを明確化する

　(a)　リサーチの目的を検討する

　(b)　目的にもとづきリサーチ課題を具体的に決定する

　(c)　二次データや先行研究などからリサーチ課題に関する追加的情報
　　　を可能な限り収集し，調査に関する仮説を精緻化する

(2)　必要となる情報を得るための質問を系統的に検討する

　(a)　(1)で設定した調査仮説のもとで，具体的に何を質問するかを決
　　　定する

　(b)　各々の質問の形式を決定する

(3)　質問の順番，ワーディングおよびレイアウトを決定する

　(a)　どのようなワーディングで質問するかを決定する

　(b)　典型的な被験者の理解力，知識，能力およびやる気を想定したう
　　　えで，質問が適切かどうかを評価する

　(c)　適切な順番でそれらの質問をレイアウトする

(4)　質問内容に関して不備や不明確なところはないかをプレテストし，検
　　討する

　(a)　全体として質問紙が妥当かどうか，測定したいものが測定できる
　　　かどうかをチェックする

　(b)　不十分な箇所，誤り等を修正する

(5)　質問紙を修正する

　(a)　必要に応じて上記ステップを繰り返し，質問紙を精緻化し，完成
　　　させる

　本章では，アンケート調査を実施する際の質問紙の作成の基本的な考え方
と，そこで用いられる尺度に関する基本的な特性や使用法を説明する。

1 質問紙の作成

1.1 基本事項

　質問紙調査を行う場合，最も重要なステップは各々の被験者から取得可能な情報がどのようなものかを事前に特定することである。しかも，この判断が誤まっていたり，中途半端であったりすると，質問紙調査から得られる結果が調査目的に照らして不適切だったり，不完全だったりすることになる。このような調査の価値は著しく低い。

　このような質問紙調査の不適切性を避けるためには，第 1 に「得られた情報はマーケティング・リサーチを実施するうえでどのように使うことができるのか」ということを常に念頭に置かなければならない。それが不十分だと，本来なされるべき質問がなされなかったり，中途半端であったりすることになる。第 2 に「対象とする被験者の母集団を明確にする」ことが必要になる。たとえば，同じ質問紙調査が学生と主婦を対象に実施される場面をイメージしてほしい。このケースでは，学生に対しては適切な質問紙調査が，主婦に対しては不適切であるということも起こりうる（またはその逆）。学生と主婦では，年齢などの人口動態的特性，収入，社会的地位などの社会経済的特性，居住地域などの地理的特性などに大きな違いがある。結果として，学生に対しては適切な調査項目であったとしても，主婦を対象にした場合には必ずしも適切な調査項目になるとは限らないのである。このように，質問紙調査を行う際には，上述の不適切性を避けるために，さまざまな観点から注意深く検討することが必要になる。質問紙調査の不適切性は，以下のような点を検討することで軽減できる。

──── **事前検討項目** ────
　(1)　意思決定者の要望，仮説および調査の焦点に関する情報をできる限

り反映するように調査目的を明確にする

(2) 調査を実施する際，典型的な被験者の理解力，知識，能力，および
やる気を把握するために，探索的な事前検討を行う

(3) 二次データや同種の質問紙調査の実施事例，自身の経験から，調査
の妥当性を検討する

(4) プレテストを実施することで問題点等を修正する

1.2 態度の測定

マーケティング・リサーチにおけるアンケート調査の質問項目の多くは，消
費者の態度を測定するためにデザインする。以下のような課題を調べる場合，
消費者態度の測定が必要になる。

――――――――― **調査課題の例** ―――――――――
(1) 家電メーカーが，ブランド名を知っている潜在顧客がどの程度いる
かを調べるとき

(2) 食品メーカーが，発売した新商品を購買した消費者の購買意図を調
べるとき

(3) サービス業者が，提供するサービスに対しての顧客の期待や評価を
調べるとき

これらの事例に共通するのは，既存顧客ばかりでなく潜在的な見込み顧客も
含めて，それらの顧客の基礎的な姿勢や態度がわからなければ，何も明らかに
したことにならない点である。すなわち，態度の測定がキーとなるのである。
なお，態度とはざっくり言えば，顧客が持つ情報，好き／嫌いといった感覚に
もとづき形成されるもので，行動の予兆を示すものである。その詳細は後述す
る。

実務上本当に理解したいことは，消費者の行動であることが多い。しかし，
次の2つの理由から，マーケターは行動を測定する代わりに**態度**を測定するこ

とが一般的である。1つめの理由は，前述したように「態度が行動の予兆を示すと考えられていること」である。態度を測定できれば，間接的に行動をある程度予測できると考えられているのである。消費者があるブランドに対して好ましい態度を有していれば，それよりも態度レベルの低いブランドと比べて購買されやすい，といったごく自然な考え方をイメージしてもらえばよい。2つめの理由は，「一般的に態度を尋ねるほうが，実際の行動を観察しその理由を明らかにしたり，解釈したりすることよりも容易に実現できること」である。態度尺度はその測定の容易性や説明の能力において，行動尺度よりも利点を有しているのである。

態度とは何か

「態度とは何であろうか？　どのようにすれば市場調査の目的を達成するために測定できるのであろうか？」という問いを考えてみてほしい。学術的に言えば，態度とは心理学的構成概念であり，人に内在する無形のものを概念化したものである。そのため，態度を直接観察することはできない。アーカーによれば，態度とは「環境をどう知覚するかを体系づけ，それにどう反応するかの方向性を定める個人の心的状態」とされている（アーカー，1994）。この態度の定義をマーケティングに当てはめて考えれば，ブランド，価格，プロモーション等のマーケティングに関連する何らかの対象に対して，消費者の心のなかに形成されるものが態度であり，ブランド名を知っている／知らない，その広告が好き／嫌いといった方向性を持つものになる。一般的に態度は，「認知的成分」「感情的成分」「行動的成分」の3つの成分で構成される。各々の成分は，消費者態度を構成する異なるインサイトを捉える。態度の構成要素が捉える概念は以下のようにまとめられる。

態度の構成要素

(1) **認知的成分**：ある対象（ブランド等）に対して消費者が持つ情報を表現する。知名（ブランドの名前を知っているか否か）や評価（このチョコレートはおいしいか否か）といった調査項目で測定する。

(2) **感情的成分**：ある対象に対する消費者の全体的な感情を要約する。

選好（このブランドが好きか否か）や好意（この広告の内容に良い感じをい
だくか否か）といった調査項目で測定する。

(3) **行動的成分**：ある対象に対する消費者の将来の行動の期待値として
参照される。購入意図（このブランドを買いたいと思うか否か）や再利用
意図（このサービスを再度利用したいと思うか否か）といった調査項目で
測定する。

　態度にもとづきマーケティング・リサーチを行っていく場合には，**仮説検証
型**と呼ばれるアプローチをとる。仮説検証型のアプローチは，質問紙調査に先
立って検証を行いたい事象に対して**仮説**を立て，その仮説にもとづき質問紙を
作成してデータを取得する。その後，取得したデータを用いて仮説を検証する
のである。ここでいう仮説とは，その現象が依拠する理論や同種の先行研究な
どにもとづき設定される命題を指す。質問紙調査を行うだけであれば，仮説が
ないまま，ある種の思いつきでも実施はできる。しかし，マーケティング活動
を高度化するための知見を得ることを目的として調査を行う場合には，事前
の仮説が重要な意味を持つ。仮説を事前に設定していれば，何を調べているの
か，何を明らかにしたいのか，などを明確化できる。また，その仮説は質問紙
調査により取得したデータを用いて統計的に検証できる。上述したように，仮
説検証型のアプローチは，すでに明らかになっている知見に新しい知見を積み
上げていくことでさらなる知見を獲得する。そのため，得られる知見は頑健で
あり，確信度の高いマーケティング施策の立案につながる。

2 | 測 定 尺 度

本節では，質問紙調査を実施する際に用いる**測定尺度**について詳述する。

2.1 測定尺度の概要

測定尺度には，第 2 章 1.2 項で述べたように，**名義尺度**，**順序尺度**，**間隔尺**

表 4.1　尺度の分類

測定尺度	尺度のタイプ	数字割当のルール	適用例
名義尺度	2 値，多値	値が同じであれば同じクラスに属し，値が異なれば異なるクラスに属することを示す尺度。 値の大きさで順序付けを行ったり，距離を算定したりすることは基本的にできない。	分類(性別，就業タイプ，居住エリア等)
順序尺度	順序，序列，一対比較	ある基準によって，優劣，強弱，および大小などの順序付けを行うことができる尺度。 その値を用いて距離などを算定することは基本的にできない。	ランキング(好み，順位)
間隔尺度	リッカート，ステーペル，SD	対象項目の順位や大小関係，間隔，程度の違いを表す尺度。 隣接するカテゴリ間の幅は等しい。	ブランド評価，気温
比例尺度	0 が自然な意味を持つ間隔尺度	対象項目の 0 が意味を持ち，その数字の大きさの比較が可能。	販売個数，価格

度および**比例尺度**の 4 種類がある。**表 4.1** では各尺度の概略をまとめている。以下では，測定尺度ごとにそれらの性質を概観する。

名 義 尺 度

　名義尺度は，対象（消費者やブランド）を互いに排反なラベル付けされたカテゴリに割り当てる際に用いる。排反とは，ここの例で言えば，対象がどこか 1 つのカテゴリに属したならば，他のカテゴリに属することはないということである。この際，カテゴリ間の関係性は必要なく，ラベル化された数字の順序や間隔は意味を持たない。もし，ある対象に他の対象と同じ数字が割り当てられたならば，それらは同一の特性を持つものとみなされ，他方，異なる数字が割り当てられた場合，それらの対象は完全に異なる特性を持つものと考える。名義尺度に関して許容される処理は，基本的に各々のカテゴリをカウントすることだけである。

順 序 尺 度

　順序尺度は，対象を順序付けするか，ある基準で順番に並べ替えるかする際に用いる。データは，対象を優劣，強弱，大小などの基準で順序付けしてもらうことで取得する。順序尺度では，対象間の差は意味を持たないので，許容される数的処理は中央値（メディアン）や最頻値（モード）を示す統計量に限定さ

れる（平均値は意味を持たない）。

間隔尺度

間隔尺度は，対象を順序付けする際に用いる。その意味では，順序尺度と同じであるが，違いは各区切り幅が等しい点である。たとえば，5段階の間隔尺度でデータを獲得した場合を想定してみよう。この場合，1と2の差が2と3の差と同じであり，2と4の差の半分の差を示しているなど，その差を相対的に比較できる。そのため，間隔尺度で測定された変数は，順序尺度とは異なり平均値が意味を持つ。ただし，間隔尺度は原点が任意であり，0が絶対的な原点としての0を示すわけではない。たとえば，数学の試験の得点0が，その人の数学能力がない（能力が「0」）という事実を示すわけではない，ということをイメージしてもらえばよい。さらに言えば，原点が任意であるため，数値間の比を問題にすることもできない。すなわち，間隔尺度は相対的な意味で水準間の差のみが意味を持つのである。間隔尺度は統計処理のための望ましい性質を有しており，通常用いることの多い統計手法のほとんどを適用できる。

比例尺度

比例尺度は，原点0が意味を持つ間隔尺度の特別なケースとして位置付けられる。この尺度を用いれば，ある対象に対する評価が他の対象よりも何倍大きいか，または小さいかなどを評価できる。数字が絶対的な意味で比較可能なのは，以上4つの尺度のうちこの比例尺度だけである。

2.2 態度に関する測定尺度

本項では，態度を測定する際に用いる測定尺度を説明する。本項で議論する尺度は，前項に示した尺度をさらに細分化したものであり，当然その性質を引き継いでいる。誤解が生じないようにあえて言及しておくが，態度を測定する尺度は多数存在する。**図 4.1** では態度尺度の分類を示している。図に示すように態度の尺度は，大きく3つに分類できる。1つめは**単項目尺度**であり，態度を1つの項目だけで測定する。2つめは**多項目尺度**であり，単項目尺度とは異なり，態度を2つ以上の項目で測定する。3つめは**連続尺度**であり，態度を連

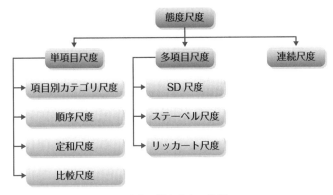

図 4.1　態度尺度の分類

続した値として捉える。ただし，前の 2 つに比べてこの尺度が用いられることは少ない。

　単項目尺度の利点は，測定が容易であり，分析しやすいことである。一方で欠点としては，態度を 1 つの項目で測定できるのかといった批判に，論理的に対応できない点である。

　多項目尺度の利点は，複数の質問項目を用いて態度の構成概念を規定するため，安定的な態度測定を実現できることである。一方で，質問項目を構成するためには仮説がなければならないが，その仮説が妥当なものでない限り，きちんと測定できないといった限界もある。

　連続尺度とは，単項目尺度と同様に 1 つの質問項目で態度を測定する尺度である。連続尺度では数値としてデータが取得され，その変数値は連続量である。連続尺度の例として，態度ではないが，長さや重さをイメージしてもらえればよい。利点，欠点に関しては単項目尺度と同一のことが言える。

　態度尺度ごとの細分化した尺度の概要は以下の通りである。

───────── **態度測定尺度のタイプ** ─────────

　(1)　単項目尺度

　　(a)　**項目別カテゴリ尺度**：限定された選択肢から被験者に 1 つだけ選
　　　　択してもらう尺度（**図 4.2** 左上参照）。

項目別カテゴリ尺度
あなたはディズニーランドのアトラクションにどの程度満足しましたか？ いずれかを選んでください。

	非常に満足
	大体満足
	少し満足
	不満足

定和尺度
あなたがパソコンを購入する際に，次のそれぞれの属性をどのくらい重視しますか。
どの程度重視するかを合計100点になるように配分してください。

クロックスピード _____
HD のサイズ _____
RAM のサイズ _____
価格 _____
全体 100

順序尺度
下記の5つのブランドを好きな順に順位付けしてください。
最も好きなブランドを1，最も嫌いなブランドを5としてください。

	ブランドA
	ブランドB
	ブランドC
	ブランドD
	ブランドE

比較尺度
ロッテリアとの比較で，マクドナルドのハンバーガーの味はどの程度でしょうか？ 当てはまるものを選択してください。

非常においしい	
おいしい	
どちらでもない	
まずい	
非常にまずい	

図 4.2　単項目尺度の例

SD 尺度	このレストランについて，最もよく当てはまるものに○をつけてください。				
店の雰囲気	1 良い	2	3	4	5 悪い
店員の対応	1 良い	2	3	4	5 悪い

ステーベル尺度	このレストランについて，最もよく当てはまるものに○をつけてください。
店の雰囲気	−5 −4 −3 −2 −1 +1 +2 +3 +4 +5
店員の対応	−5 −4 −3 −2 −1 +1 +2 +3 +4 +5

リッカート尺度	あなたご自身について，それぞれの項目の当てはまるところをチェックしてください。				
1.私はどんなに忙しくてもメールの返事をすぐ出す	1	2	3	4	5
2.携帯の料金は気にしてできる限り節約している	1	2	3	4	5
3.電車の中での携帯での通話はしないようにしている	1	2	3	4	5
	非常に当てはまる		どちらともいえない		全く当てはまらない

図 4.3　多項目尺度の例

(b)　**順序尺度**：提示した選択肢を好ましさなどの観点から順序付けしてもらう尺度（**図 4.2** 左下参照）。

(c)　**定和尺度**：提示した選択肢を合計が 100 になるように評点付けしてもらう尺度（**図 4.2** 右上参照）。

(d)　**比較尺度**：他者との比較で，対象がどの程度勝っているか（劣っているか）を評価してもらう尺度（**図 4.2** 右下参照）。

(2)　多項目尺度

(a)　**SD**（Semantic Differential）**尺度**：複数の双対尺度（反対の意味をなす 2 つの対）から構成され，当該対象への人々の反応を決定するのに用いられる（**図 4.3** 上段参照）。

(b)　**ステーペル尺度**：SD 尺度を修正した尺度であり，ポジティブに n 段階，ネガティブに n 段階をつくり，各段階に＋，－の数字を付けただけの尺度（**図 4.3** 中段参照）。

(c)　**リッカート尺度**：態度の対象の何らかの要因・側面にかかわるいくつかの文を回答者に提示する尺度（**図 4.3** 下段参照）。

(3)　連続尺度

単項目尺度と同様に 1 つの質問項目で構成概念を測定する尺度であり，その測定は両極を持つ連続の数直線上の値としてデータを取得する。

2.3　多項目尺度を開発する際のガイドライン

単項目尺度や連続尺度を用いた場合，1 つの質問項目で 1 つの構成概念を測定することになるため，多項目尺度に比べて調査上の問題が生じることは少ない。一方で，多項目尺度を用いた態度の測定は，適切な段階を踏んで検討しなければならない。**図 4.4** にその流れを示す。

2.4　信頼性と妥当性

本項では，測定尺度の**信頼性**と**妥当性**を説明する。「信頼性」とは測定の精

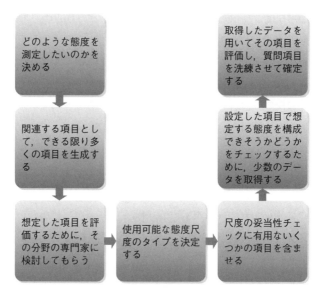

図4.4 多項目尺度による質問設計の一般的手順

度を,「妥当性」とは測定した内容が意図したものとどれだけ一致しているか
を示す指標である。

信 頼 性

　信頼性は,尺度が実際に測定している特性をどの程度の精度で測定できてい
るかを考える概念であり,わかりやすく言えば,その測定が信頼できるかどう
かを示す指標である。信頼性は以下に示すように,大きく2つの視点で評価
する。

───────── **信頼性の評価の視点** ─────────
　(1) **安定性**:同一個人に同一の条件で同一のテストを行った場合,同一
　　の結果が出るかどうか
　(2) **一貫性**:同一個人が同じような(同一ではない)質問に対して,同じ
　　ような答えをするかどうか

　信頼性は数値の形で表現することができ，その数値表現したものを信頼性係数と呼ぶ。信頼性係数は 0 から 1 までの値をとり，1 に近いほど信頼性が高いと判断する。信頼性係数を式で定義すれば，

$$信頼性係数 = \frac{真の得点の分散}{観測された得点の分散}$$

となる。ただし，実際にわかるのは分母の「観測された得点の分散」のみなので，信頼性係数を求めるには真の得点の分散を推定しなければならない。信頼性係数を推定するために，下記のアプローチが提案されている。

━━ 信頼性の推定法 ━━

(1)　**再調査法**：安定性に重点を置いて信頼性を評価する方法で，同一の被験者に期間を空けて同一の調査を実施し，1 回目と 2 回目の調査結果を比較し，評価する方法である。その評価に用いる信頼性係数は，1 回目と 2 回目の対応する項目の相関係数で，それを用いて評価する。

(2)　**平行調査法**：(1)と同様に安定性に重点を置いて信頼性を評価する方法で，2 つの調査を同一人物に行い，この 2 つの調査結果の一致度を評価する方法である。(1)と同様に相関係数により信頼性係数を算定し，それを用いて評価する。

(3)　**折半法**：一貫性に重点を置いて信頼性を評価する方法で，解答を得た 1 つの調査を 2 つに分け，あたかも 2 回実施したかのように見せかけて評価する方法である。本手法で用いる信頼性係数は，$\frac{2\times相関係数}{1+相関係数}$ で算定し，それを用いて評価する。この式を，スピアマン＝ブラウンの公式と呼ぶ。

(4)　**内部一貫法**：(3)と同様で一貫性に重点を置いて評価する方法である。上記の折半法は 1 つのテストを 2 つに分けていたが，本アプローチではすべての分け方について信頼性係数を算定し（スピアマン＝ブラウンの公式），それを平均することで評価する方法である。これをクロンバックの α 信頼性係数と呼び，最も多く使用される指標である。具体的には，下記式で算定する。

$$\alpha = \frac{\text{設問項目数}}{\text{設問項目数} - 1} \times \left(1 - \frac{\text{各項目の分散の合計}}{\text{合計点の分散}}\right)$$

α の目安は，通常 0.8 が用いられることが多く，それを超えていれば信頼性が高いと判断する。

妥 当 性

信頼性は，尺度が実際に測定している特性をどの程度の精度で測定できているかを考えるものにすぎず，調査実施者が「測定したい」と考えている概念を測定できているかどうかはまったく考慮していない。一方で，妥当性とは，信頼性とは違い，測定したいものを測定できているかを示す概念である。大まかには以下に示す 3 つの考え方がある。

妥当性の種類
---

(1) **内容的妥当性**：質問紙に用いた質問内容で，自分の調べたいことが捉えられているかを検討する際に用いる。さらに，論理的妥当性（専門家による判断）と表面的妥当性（表面上の見た目のよさ）に細分化できる

(2) **基準連関妥当性**：作成した質問紙とそれに関連のある質問紙（この質問紙を「外的基準」と呼ぶ）において，それぞれで得られた回答間に相関があるかどうかの観点で検証する際に用いる。さらに，予測的妥当性（外的基準が後になって観測される。例：職業適性検査 → 営業成績）と併存的妥当性（外的基準が同時に観測される。例：健康意識度検査 → 血圧）に細分化できる

(3) **構成概念妥当性**：何らかの要因を考え測定尺度を構成した際に，個々の因子を組み合わせて意図する概念を構成できるかどうかを検証する際に用いる。さらに，収束的妥当性（似たような概念と正の相関がある），弁別的妥当性（関連のない概念とは相関がない）および因子的妥当性（因子分析をすると，似たような概念は同じ因子に，関連のない概念は他の因子にまとまる）に細分化できる

3 質問紙の作成上の留意事項

　本節では，実際に質問紙を作成する際の留意事項を説明する。ここまで述べてきたように，質問紙の作り方次第で，得られるデータの質が変化する。そもそも収集したデータの質がよくなければ，そのデータを用いた解析は妥当なものになりえない。とくに，マーケティングにおける質問紙調査は，基本的に消費者の態度に焦点を当てるものが多い。そのため，質問紙の構成の仕方によって大きく答えが変動してしまう。質問紙を作成する際にとくに留意すべき事項は，以下のようにまとめることができる。

質問紙作成上の留意事項

(1)　対象者の特質にあわせた項目の量，質問内容の質問紙にする

(2)　自己報告型の質問項目は，その構成，内容を十分に検討したうえで設定する

(3)　質問は論理的に妥当な順番で構成する

(4)　質問の言葉遣いや文章表現は十分に検討したうえで設定する

　上記の1つめは，質の高い質問調査を実施するために十分に留意しなければならない。まずこの事項の含意は，調査対象者の一般的な意味でのレベルを，ある程度把握しておくべきだということである。たとえば，小学生を対象にアンケートを実施する際に，大人に質問するような内容で質問紙を作成した状況を想定してみてほしい。言うまでもなく，精度の高い，妥当なデータは取得できない。これは極端な例だが，レベルの差こそあれ，質問紙を作成する際にはこの点を十分に注意しなければならない。また，調査目的に関係のない質問はできる限り控えることも，質問量を抑え，被験者から精度の高いデータを取得するためには重要である。「何でも聞けるならば聞いておこう」という姿勢は，結果的により重要な設問項目への回答の質を低下させると考えるべきである。

　2つめは，被験者から正当な回答を引き出すために一般的な被験者の回答特性に留意しなければならない。1.2項でも説明したように，マーケティングでは態度，興味などを質問紙により取得することが多い。その際，一般的に消費者は，ありのままの回答ではなく社会的に望ましいと思う自分の姿を回答する傾向にある。「あなたは人の悪口を言いませんか」という質問に対して，「はい」と答えるなどがその例である。この点は，個人データに関するプライバシーに十分配慮していることを明示し，被験者ができる限り答えやすい質問にするなど，自然な回答が引き出せるように工夫しなければならないことを意味する。

　3つめは，質問の順番によって回答を誘導することを避け，自然な回答を引き出すために留意しなければならない。次の2つの質問パターンを考えてみてほしい。Aパターンは，「1. あなたは今の政府に何を期待しますか？ → 2. あなたの今の家計状況はどうですか？」である。一方，Bパターンは，Aパターンと順番を逆転させて，「1. あなたの今の家計状況はどうですか？ → 2. あなたは今の政府に何を期待しますか？」と質問するパターンである。たとえば，Aパターンで質問すると，被験者は，1つめの設問への回答として，より社会的に関心があると思われる「公務員制度改革」や「行財政改革」などを回答する。一方，Bパターンの場合，自分の状況を照らし合わせて回答することになるため，たとえば「景気対策」などと回答する。これらはあくまでも説明をわかりやすくするための例であるが，質問する順番によって回答に差が生じることを十分に認識し，質問紙を作成しなければならない。このような問題を避けるためには，「重要な質問項目は質問紙の前のほうに配置する」「被験者自身のプライバシーに関する項目や回答が難しい項目は，なるべく質問紙の後のほうへ配置する」「質問の順番の論理性を壊さない範囲で，質問項目をランダムに入れ替えて調査する」などが考えられる。上記の例に示したように質問法では，質問の順番によって得たい回答に誘導することもできる。しかし，そのようにして取得したデータは何の価値もない。あくまでも，真の姿を反映したデータの取得を目指さなければならないのである。

　4つめは，質問法の技術としては最も重要な留意事項であるワーディングについてである。ワーディングの設定の違いで回答のされ方が変化し，また，データの質が変動する。この項目でとくに留意すべき点は以下の通りである。

━━━━━ **ワーディングの注意点** ━━━━━

(1)　調査対象者のなかで最も理解力の低い者にあわせた表現・用語を選ぶ。なぜならば，被験者は，難しい質問に対して深く考えずに肯定的な回答をする傾向があるので，これを避けるための配慮である。

(2)　被験者が，質問紙に書かれている言葉を見て，作成者の質問の意図を正しくくみとって回答してくれるとは限らない。そのため，できる限り平易な文章で，誤解が生じないように質問しなければならない。

(3)　賛否を問う場合，「○○に賛成ですか」というより，「賛成ですか，それとも反対ですか」と両方向から問うべきである。これは回答の歪みを小さくするための工夫である。

(4)　質問の内容によっては，反転項目を使用したほうが妥当なこともある（「あなたは大勢の人の前にでるのは嫌いですか」と質問するのではなく，「あなたは人前に出ることが好きですか」と聞くのがそのイメージ）。

(5)　1つの質問項目のなかに2つ以上の論点を含む質問は極力避ける。たとえば，「このビールはコク・キレがあると思いますか」という質問に対して，コク，キレのどちらか一方でも当てはまらない場合，被験者は回答に困る。また，「このブランドは高価なので，あまり購入する気がしませんか」といった質問も避けるべきで，前提を決めつけているため，その前提を認めていない被験者を無視することになる。

(6)　一般論としての質問か，個人的な問題に関する質問かについてきちんと識別できるようにする。たとえば，「あなたは高級なバッグを購入することはよいことだと思いますか」と一般論として質問された場合と，「あなたの奥さんが高級なバッグを購入することはよいと思いますか」と個人的な問題として質問された場合とでは，回答結果に違いが生じる。

4 | 質問項目の事例

本節では，アンケート調査における質問紙の事例を示す。この事例は，中村

表 4.2　調査票項目例（SERVQUAL）

何を調べたいか	質問内容	構成概念
施設等の外見	最新の設備を整えているか 施設の見栄えは良いか 従業員の身なりはきちっとしているか 施設はグレードとつり合いがとれているか	有形性 (tangibles)
約束したサービスの遂行能力	約束の期日を守るか 顧客が困っているとき，親身になって心配してくれるか 頼りになるか 時間通りにサービスを提供してくれるか 正確に記録を管理しているか	信頼性 (reliability)
迅速なサービスの提供意向	サービスの提供前に，サービスについて知らせてくれるか 従業員は迅速なサービスをしているか 従業員が進んで顧客に力を貸そうとしているか 従業員が顧客の要望に迅速に対応しているか	応答性 (responsiveness)
従業員の知識と丁寧さ	従業員は信頼できるか 従業員と安心して接することができるか 従業員は礼儀正しいか 従業員が働きやすい環境を整えているか	保証性 (assurance)
顧客に対する気遣い	個人の要望にあわせて対応してくれるか 従業員は顧客の個人的な要望をくみとってくれるか 従業員は顧客が何を必要としているかがわかるか 顧客の一番関心があることを気にかけてくれるか 各種サービスの営業時間は便利か	共感性 (empathy)

（2008）に示されている項目を再整理して示した。具体的には，サービス品質を測定する際に用いられる「SERVQUAL」と呼ばれる手法で用いる質問項目になっている。「SERVQUAL」はサービス（service）と品質（quality）を組み合わせた造語で，サービス品質を測定するための尺度の1つである。本章の本題ではないので詳細な説明は行わないが（詳細は第14章6節参照），「SERVQUAL」は5つの構成概念を22個の質問項目で測定するものである。そこでは，**表4.2** の質問項目に対して，期待得点（＝企業によって提供されるべきサービスのレベル）と知覚得点（＝実際に自分が利用している企業のサービスのレベル）を回答してもらう。

　表4.2 は，実際の質問項目の例である。本章に示した内容をふまえ，実際にアンケート票を作成する際の参考にしてほしい。

ま　と　め

　本章では，まず「質問法」の概略と質問紙作成の基本事項を説明した。次に測定尺度のタイプを解説し，マーケティング・リサーチでとくに重要な態度の測定について述べた。最後に質問紙の作成上の留意事項を概説した。

　本文にも示したように，質問法で取得したデータを解析し，よりよいマーケティング意思決定につなげるためには，そもそも精度の高いデータを取得することが必要不可欠である。精度の高いデータを取得するためには，適切な被験者を選択したうえで，情報を正しく捕捉できる質問と尺度で質問紙を構成しなければならない。しかし，それらをすべて備えた質問紙を用いた調査法は必ずしも確立されていない。すなわち，質問紙を用いて有益な情報を取得するためには，本章で説明したようなさまざまな項目を注意深く検討し，質問紙を作成しなければ，効果的なマーケティング・リサーチに資するデータを取得できないのである。この点は，本章のメッセージで一番重要な点である。再度強調しておく。よく理解して学習を進めてほしい。

第 4 章　文献案内

佐藤忠彦・樋口知之（2013）『ビッグデータ時代のマーケティング——ベイジアンモデリングの活用』講談社。

➥　本章の内容とは対極にある二次データの活用を論じたテキストであり，本章で説明した一次データの活用の考え方を対比するうえでは有益である。

　マーケティング・リサーチによって現象を解明するためには，論理的な推論が必要不可欠である。論理とは，「与えられた条件から正しい結論を得る考え方の筋道，現象を合理的・統一的に解釈するうえで認められる因果関係」と定義できる。また，推論とは，「いくつかの前提（既知のもの）から，それらの前提を根拠にしてある結論（未知のもの）を導き出す，論理的に統制された思考過程」と定義できる。さらに言えば，推論は，前提がその結論を根拠付ける論証力（必然的か蓋然的か）の違いによって区分でき，一般に演繹，帰納，アブダクションという３種類のタイプがある。マーケティング・リサーチでは，演繹と帰納のいずれかを用いることが多いため，ここでは，それら２つの推論形式にのみ焦点を当てる。

　演繹推論とは，以下のような特徴を有する推論形式である。

演繹推論の特徴

(1)　別名，仮説検証型推論

(2)　推論の内容を考慮に入れずに，推論の形式（前提と結論の間に成り立つ論理的形式）のみによって真なる前提から必然的に真なる結論が導かれるという特性を有する

(3)　その推論が妥当か否かを容易に確かめることができる

(4)　個人の経験からは独立に成り立つ必然的推論で，前提の内容に暗々裏に含まれる情報を解明し，それを結論として導き出す分析的推論

(5)　したがって，結論は前提内容以上のことを言明できない，つまり前提の内容を超えた知識の拡張はできない

　一方で，帰納推論とは，以下のような特徴を有する推論形式である。

帰納推論の特徴

(1)　別名，仮説発見型推論

(2)　演繹との比較で言えば，帰納は経験にもとづく蓋然的推論である

(3)　帰納は限られた経験にもとづいて一般的言明を行う推論であ

　り，「部分から全体へ」の経験的知識の拡張をもたらす
　(4)　経験的反証にさらされるため，蓋然的推論にしかなりえない

　演繹推論は，すでに明らかになっていることに新たな知見を積み上げていくボトムアップ形式の推論で，結果からトップダウン形式で知見の抽出をねらう帰納推論よりも頑健である。一方で，演繹推論は帰納推論のような知識の拡張機能を有していない。この点が，演繹推論と帰納推論の大きな違いである。

　演繹推論や帰納推論は，本章で説明した「質問紙の作成と測定尺度」と何の関係があるのか，疑問に思う読者がいるかもしれない。しかし，とくに質問紙の作成においてこの 2 つの区分はきわめて重要なのである。よい質問紙を作成するためには，解明したい現象に対する「仮説（前提）」が重要な役割を演じる。すなわち，演繹的なアプローチが，質問紙を用いたマーケティング・リサーチでは重要になる。ある特殊なケースを除いて，よりよい質問紙調査を実現するには，先行研究や自身の経験にもとづく「仮説」が必要不可欠である。質問紙を用いた調査において，仮説はないけれどいろいろと調べてみて，得られたデータから何がしかの発見をねらうアプローチ（帰納的アプローチ）では，マーケティング現象の解明や消費者の行動を明らかにすることはできないと考えなければならないし，そもそもそのような姿勢では意味のある調査にならない。十分に先行研究をレビューし，その結果に自身の経験や知識等を加味したうえで仮説を構築し，その仮説を検証するために必要なデータを質問紙で取得することが重要なのである。繰り返しになるがこれらの点は，POS データや ID 付き POS データといった二次データを用いるリサーチとは明確に異なっている。

　演繹的に仮説を検証する作業は，「命題」と呼ばれる概念と関連している。命題を仮説に読み替えてもらえば，ここでの議論との関連がわかるだろう。基本命題（A ならば B である）には，そこから派生する 3 つの命題（逆，裏，対偶）がある。すなわち，「逆」（B ならば A である），「裏」（A でないなら B でない）および「対偶」（B でないなら A でない）となる。**図 4.5**には，それら 4 つの命題間の関係を模式的に示した。これらの命題において，基本命題が真ならば対偶は必ず真になる。また，基本命題が真であったとしても，逆や裏は真とは限らない。この点は，仮説検証を行っていくうえで，基本的な事項であり重要な点である。

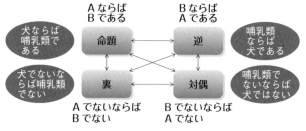

図 4.5 命題，逆，裏，対偶

　ここで説明した内容は，マーケティング・リサーチにおいて暗黙に仮定されており，あまり語られることがないが，調査の質を高め，意味のある分析を実現するためには知っておかなければいけない基本的事項である。不十分な調査，誤った分析にしないために，ここで説明した内容をよく理解してほしい。

第 II 部

分析編

第**5**章

市場反応分析(Ⅰ)
回帰モデル

1 マーケティング戦略の効果測定

　市場反応分析は，製品やサービスを開発して市場に展開して一定期間経過後，そのマーケティング活動のモニタリングと調整を目的として行われるリサーチであり，マーケティング戦略の効果測定が中心的課題となる。第1章で説明したように，これはマーケティングの意思決定の流れからは，市場機会の発見，製品・サービスの開発に続いて考慮されるべき問題である。

　市場反応分析の一般的な枠組みは，売上，利益，マーケット・シェアなどの目的変数と，企業が操作できる変数であるマーケティング戦略の4つのP——製品 (Product)，価格 (Price)，販売促進 (Promotion)，流通 (Place) ——との関係を規定することから始まる。ここで，最後の Place は chanel (チャネル) あるいは distribution (流通) が本来の用語であるが，すべてを P にあわせるために，モノをある場所から別の場所に移すという意味で場所 (place) という言葉を充てている。

　このリサーチの目的は，市場に参入後，さまざまなルートから得られる情報にもとづいて，価格や広告などのマーケティング戦略が売上などの目的変数にどのように効果的に働いているかを測定することである。つまり，各種の戦略変数と目的変数との関係を規定し，それぞれの影響度を測定して現状のマーケティングを確認し，さらに最適なレベルへの調整を行うのが市場反応分析の目

的である。

2 | 集計データと非集計データ

集計データ

　市場反応分析で用いられる市場データの種類は，その蓄積のされ方に応じて
2つの類型化がある。1つめは，POS（point of sales：販売時点）データなどの
ように店舗で買物をして精算するときに，商品のバーコードをスキャナーを通
して集められる情報であり，売上などを各店舗やチェーン店で集計したデータ
（**集計データ**）である。これは顧客が店頭でレジ精算する際，購入された商品の
バーコードを光学的装置であるスキャナーで読み取ることで，売上計算をす
るのと同時に，商品ごとに価格と数量の情報をコンピュータへ蓄えるものであ
り，これに加えて販売時点の天候，気温などの外的環境や，小売，メーカーの
プロモーション実施に関する情報も同時に記録される。この集計データは，結
果である売上とその原因である価格やプロモーションなどのマーケティング手
段と外的環境の諸条件に関する情報であるので，因果（コーザル）データと呼
ばれる。この集計データに対して用いられる典型的な分析法が，本章で説明す
る**回帰分析**である。

　たとえば，店舗におけるある製品の t 日の売上数量が，同日のマーケティン
グ戦略で決まると仮定する。ここでマーケティング戦略は，価格，店頭プロ
モーションの有無，チラシ広告の有無の3種類の場合，関数で表現すれば次
のようになる。

$$売上数量_t = f(価格_t, 店頭プロモーション_t, チラシ広告_t) \qquad (5.1)$$

非集計データ

　2つめは，店舗のメンバーシップ顧客についてのトラッキング・データに代
表される消費者別に集められた**非集計データ**である。POSデータでは購入者
は特定されないのに対して，購入者を特定化できるのでID付きPOSデータ

と呼ばれる。これは，本来，顧客の維持や管理を目的として導入されたもの
で，店舗で会員登録をしてもらってカードを発行し，利用金額に応じて各種特
典が与えられるというものである。そこでは，入会時に消費者 1 人ひとりの
情報が属性とともに企業側へ与えられ，さらに入会後の行動データは購買機会
ごとに瞬時に企業側に自動蓄積される。この非集計データを用いて分析する際
には，たとえば，5 つのブランドのなかから 3 番目を購入したなどの消費者の
選択結果を表す番号が整数値の離散データであり，これを目的変数とする**離散
選択モデル**という手法がよく用いられる。マーケティングでは**ブランド選択モ
デル**とも言われる。

　この場合，消費者 h が t 期に選択したブランド（の番号）は，消費者 h に対
して t 期に行われたマーケティング戦略の値により決定され，

$$\text{ブランド選択}_{ht} = f(\text{価格}_{ht}, \text{店頭プロモーション}_{ht}, \text{チラシ広告}_{ht}) \quad (5.2)$$

という関数で表される。

　本章では，これらの 2 種類のデータのうち集計データを分析するリサーチ
手法として，回帰分析を説明する。また，非集計データを分析するリサーチ手
法である離散選択モデルは第 11 章で説明する。

3 相 関 分 析

3.1 **標本相関係数と散布図**

　マーケティングでは，売上などの目的変数と企業の戦略変数の間にどのよ
うな関連があるかに関心があり，また関連がある場合，どの程度の強さなの
かを知りたいことがしばしばある。その場合によく使われるのが**標本相関係数**
r である。標本相関係数は，2 つの変数の間に比例的（直線的）関係がどの程
度あるかを測る尺度であり，2 変数に関する n 組の標本 $(x_1, y_1), (x_2, y_2), \cdots,$
(x_n, y_n) に対して，次のように定義される。

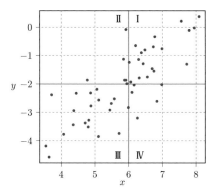

図 5.1　散布図：$r = 0.8$

$$r = \frac{\sum_{i=1}^{n}(x_i - \bar{x})(y_i - \bar{y})}{\sqrt{\sum_{i=1}^{n}(x_i - \bar{x})^2 \sum_{i=1}^{n}(y_i - \bar{y})^2}} \tag{5.3}$$

標本相関係数 r は -1 と $+1$ の間の値をとり，正の値であれば「ある変数が大きい値をとるとき，もう 1 つの変数も比例的に大きい値をとる」傾向があること，負の値であれば，逆に「ある変数が大きい値をとるとき，もう 1 つの変数は逆比例的に小さい値をとる」傾向があることを意味する。さらに 0 の値をとるときは，このような比例的関係はない状態を表す。

　図 5.1 は，x と y の標本相関係数が 0.8 のデータを用いて散布図を描いたものである。$r = 0.8$ の散布図に見られる傾向と標本相関係数の符号の関係を見てみよう。(5.3) 式によれば，標本相関係数の分母は負にはならないので，標本相関係数の符号は分子の共分散（巻末の補論 A を参照）の符号で決まる。この共分散は，X, Y の平均値 $\bar{x}, \bar{y}$ からの差の積 $(x_i - \bar{x})(y_i - \bar{y})$ を $i = 1, \cdots, n$ まで加えたもの，

$$(x_1 - \bar{x})(y_1 - \bar{y}) + \cdots + (x_n - \bar{x})(y_n - \bar{y}) \tag{5.4}$$

であり，**図 5.1** の第 1 象限（I）にはそれぞれの平均値より大きい値が入っており，そこでは $(x_i - \bar{x}) > 0$ および $(y_i - \bar{y}) > 0$ から $(x_i - \bar{x})(y_i - \bar{y}) > 0$ となる。逆に第 3 象限（III）に入るデータでは，$(x_i - \bar{x}) < 0$ および $(y_i - \bar{y}) < 0$ となり，$(x_i - \bar{x})(y_i - \bar{y}) > 0$ の値をとる。他方，第 2 象限（II）では，$(x_i - \bar{x}) < 0$

表 5.1　売上，価格，販売促進データ（sales-price-promo.txt）

週	売上数量（個）	価格（円）	販売促進 (1, 0)
1	2052	840	0
2	2105	820	0
3	2450	790	1
4	2131	780	0
5	2806	640	1
6	2532	710	0
7	3650	350	1
8	2968	560	0
9	2605	780	1
10	2652	640	0
11	3062	600	1
12	3237	510	1
13	2831	480	0

および $(y_i - \bar{y}) > 0$，さらに第 4 象限(Ⅳ)では $(x_i - \bar{x}) > 0$ および $(y_i - \bar{y}) < 0$ となり，いずれも $(x_i - \bar{x})(y_i - \bar{y}) < 0$ の値をとる。正の相関関係のある散布図では，第 1 および第 3 象限に入るデータが多いので全体としては共分散は正の値をとることになる。

3.2　売上と価格のデータ：散布図の作成

表 5.1 のデータは，ある小売店で販売されている製品の 13 週間の売上数量と価格および販売促進のデータである。販売促進の変数は，それを実施したときに 1，実施しなかったときに 0 の値をとる。**図 5.2** では，横軸を価格，縦軸を売上数量とした散布図が描かれている。

R コマンダーによる相関分析

R コマンダーを用いて散布図を描くには，以下の手順で行う。

まず，R コマンダーを立ち上げ，データの読み込みを行う。すなわち，R コマンダーのウィンドウから【データ】⇒【データのインポート】⇒【テキストファイルまたはクリップボード，URL から】と進むと**図 5.3** のウィンドウが現れる。デフォルトでは，データセットの名前を "Dataset" としてファイルの先頭行に変数名があり，欠損値はないこと "NA" を表している。さらに，

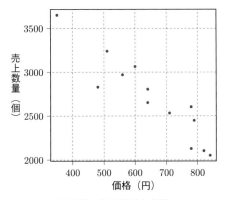

図 5.2　売上数量と価格

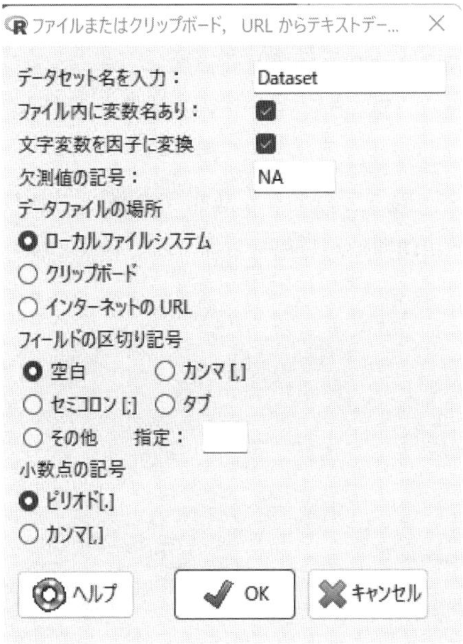

ファイルまたはクリップボード，URL からテキストデー...　　×

データセット名を入力：　Dataset

ファイル内に変数名あり：　☑

文字変数を因子に変換　☑

欠測値の記号：　NA

データファイルの場所

◉ ローカルファイルシステム

○ クリップボード

○ インターネットの URL

フィールドの区切り記号

◉ 空白　　○ カンマ [,]

○ セミコロン [;]　○ タブ

○ その他　　指定：

小数点の記号

◉ ピリオド [.]

○ カンマ [,]

⚙ ヘルプ　　✔ OK　　✖ キャンセル

図 5.3　データの読み込み

データファイルの場所を自分のパソコンを示す "ローカルファイルシステム"
と指定し，データとデータの間の区切りを確認し（ここでは空白），さらに小数
点を含むデータの場合は，小数点の記号がピリオドかカンマの指定もできる。

この指定の後，【OK】をクリックすること
で，データファイル "sales-price-promo.txt"
のある場所を求めるウィンドウが開き，こ
のファイルを指定する。データがうまく読
み込まれれば，Rコマンダーウィンドウ下
部の "メッセージ" 欄に「メモ：データセット
Dataset には 13 行、3 列あります。」と表示
される。さらに，Rコマンダーのウィンドウ

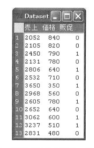

図 5.4　読み込んだデータの表示

上部の【データセットを表示】をクリックすると，**図 5.4** のように読み込まれ
たデータが確認できる。

　ツールバー【グラフ】⇒【散布図】によって開かれるウィンドウ（**図 5.5** 左
図）で【x 変数（1 つ選択）】で "価格"，【y 変数（1 つ選択）】で "売上" を選択
し，**図 5.5** のようにそれぞれ反転させる。次に【オプション】のタブをクリッ
クして図の設定を行う（**図 5.5** 右図）。下部にある "点を特定" のオプションで
"確認しない" にチェックを入れる。

　この手順によって，**図 5.2** のような散布図を描くことができる。この図か
ら，右下がりの負の相関関係が見出せる。

図 5.5　Rコマンダー：散布図

3.3　売上と価格に相関はあるか：標本相関係数の検定

　それでは，いま関心のある 2 つの変数の間に関係があるかどうかの判断を
行う場合，相関係数はどれくらいの大きさでなければならないであろうか。

　(5.3) 式で計算される標本相関係数は，売上と価格の変数の母集団から抽出
された一部のサンプルにもとづいて計算される値であり，標本変動をする確率
変数の 1 つの実現値である（巻末の補論 A を参照）。2 つの変数の間に相関があ
るかどうかは，母集団における相関係数 ρ が 0 でないかどうかを標本相関係
数によって検定することで判断できる。標本相関係数の検定は，以下のように
行う。

━━━ 標本相関係数の検定 ━━━

・帰無仮説 $H_0 : \rho = 0$ のもとで標本相関係数 r を用いた統計量

$$t = r\sqrt{\frac{n-2}{1-r^2}} \sim t(n-2) \qquad (5.5)$$

　が自由度 $n-2$ の t 分布に従うことを用いて，

・対立仮説 $H_1 : \rho \neq 0$ に対して有意水準 α の検定を行う場合，t 分布の
　上側 $\alpha/2\%$ 点 $t_{\alpha/2}(n-2)$（検定の臨界値）を使い，

$$|t| > t_{\alpha/2}(n-2) \qquad (5.6)$$

　のとき帰無仮説を棄却する。

　なお，検定の考え方は巻末の補論 A に整理してあるので参照してほしい。

R コマンダーによる分析

　R コマンダーを用いてこの検定を行う手順は次の通りである。

　まず，ツールバー【統計量】⇒【要約】⇒【相関の検定】により，"相関の
検定" ウィンドウが現れ，**図** 5.6 のように変数 2 つ，すなわち価格と売上を
選択する。このとき，相関のタイプでは "ピアソンの積率相関"，対立仮説は

図 5.6 相関の検定：設定

図 5.7 相関の検定：結果

"両側" がデフォルトで選ばれており，この場合はデフォルトのまま分析を進める。

次に，【OK】をクリックすると，**図 5.7** のように結果が出力ウィンドウに出力される。その結果，まず出力の最下段に相関係数が "cor -0.9261709" と計算されていることがわかる。検定の t 値は "t = -8.1457" であり，5% の検定の場合で，自由度 "df = 11" の t 分布の下側 2.5% 点を超えるとき帰無仮説を棄却する。出力ウィンドウでは，P 値が "p-value = 5.5e-06"（≡ $5.5 \times 10^{-6} = 0.0000055$）と出力されている。$P$ **値**は事前に設定する検定の有意水準の臨界値の代わりに t 値を代入したものであり，**観測された有意水準**とも呼ばれる。P 値は，その値がたとえば 0.01 より小さければ，自動的に 5% でも 1% でも有意と判定できる点で便利である。P 値は 2.5%＝0.025 あるいは 0.5%＝0.005 よりも小さいので 5% 検定でも 1% 検定でも有意であり，母集団において相関がないという帰無仮説は棄却される。したがって，2 つの変数の間には有意な負の関係が存在すると結論することができる。

4 売上と価格の市場反応分析：回帰モデル

　回帰分析は，複数の変数間に因果関係を想定し，その関係を定量的に見つけ出す手法である。相関係数は，x 軸と y 軸の変数を入れ替えても同じ値が計算されるのに対し，回帰分析では変数の役割を（後述するように）目的変数，説明変数とあらかじめ決めて分析し，両者を入れ替えて分析した結果は別の問題と結論を導くことになる。一般に，相関関係は因果関係を意味しない。関連する問題は **Column** ⑬（277 頁）で解説されているので参照されたい。

　2 つの変数についての関数 $y = f(x)$ は，x の値に応じて y の値が決定するという意味において，x が原因で y が結果となる因果関係を表現している。ここで，$f(\cdot)$ を一次式と置いた以下の関係，

$$y = \alpha + \beta x \tag{5.7}$$

を仮定してみよう。

　しかし，(x, y) の実際のデータでは (5.7) 式は成立せず，ε を加えた次の回帰モデルが設定される。

回帰モデルの設定

$$y_i = \alpha + \beta x_i + \varepsilon_i, \quad i = 1, \cdots, n \tag{5.8}$$

ここで，ε_i は y_i を x_i の一次式で表すことによる誤差を意味する回帰の**誤差項**であり，それぞれ独立に平均 0 および分散 σ^2 の正規分布，

$$\varepsilon_i \sim N(0, \sigma^2) \tag{5.9}$$

に従う確率変数と仮定する。

　ここで誤差項 ε_i は，次の諸要因をまとめたものと解釈する。

（i）　x 以外の変数を省略していることによる誤差

（ii）　変数 x の y への関係が必ずしも一次式という単純な形では表せな

　　いことから生じる誤差

(iii)　変数 x と y のデータ $\{(x_1, y_1), (x_2, y_2), \cdots, (x_n, y_n)\}$ に含まれる
　　観測誤差

　このように,ある変数を他の変数で表現することを回帰と呼び,(5.8) 式は,y の x への**回帰式**と呼ばれる。また原因となる変数 x は他の変数を説明する役割を持つことから**説明変数**と呼ばれ,y は説明される変数であることから**目的変数**と呼ばれる。文献によっては,y は x の値に依存して決定される関係を表現しているので従属変数と呼ばれることもある。また,α は x が 0 のときの y の値を示し,β は説明変数 x が 1 単位増加したときに目的変数 y が β 単位だけ増加することを意味する量であり,これらは**回帰係数**と呼ばれる。α や β はいずれも未知であり,n 組のデータ $\{(x_1, y_1), (x_2, y_2), \cdots, (x_n, y_n)\}$ から回帰係数を推測するのが,回帰モデルの主要な課題である。

　ここで,x と y のデータの散布図である**図 5.2** 上にあてはまりのよい 1 つの直線を引くことと,α および β の値を決めることは同じである。そのとき,仮定した y と x の関係 $y = \alpha + \beta x$ とデータ $\{(x_1, y_1), \cdots, (x_n, y_n)\}$ との差は**残差**といい,この残差ができるだけ全体として小さくなるように直線を引くことが望ましい。

　すなわち,データから決められた α, β の値をそれぞれ $\hat{\alpha}, \hat{\beta}$ としたとき,1 つ引かれた直線 $\hat{y} = \hat{\alpha} + \hat{\beta} x$ と y のデータとの差,

$$e_i = y_i - \hat{y}_i = y_i - (\hat{\alpha} + \hat{\beta} x_i) \tag{5.10}$$

が上で説明した残差であり,これらを 2 乗してデータの各値に関して和をとった**残差平方和**(RSS: residual sum of squares),

$$RSS = e_1^2 + e_2^2 + \cdots + e_n^2 = \sum_{i=1}^{n} e_i^2 = \sum_{i=1}^{n} (y_i - \hat{\alpha} - \hat{\beta} x_i)^2 \tag{5.11}$$

を最小にするよう $\hat{\alpha}$ と $\hat{\beta}$ を決める方法が**最小 2 乗法**である。この方法は統計的に望ましい性質を持っている。この方法で推定された回帰係数 $\hat{\alpha}, \hat{\beta}$ は,**最小 2 乗推定値**と呼ばれる。具体的表現は巻末の補論 B の (B.1) 式および (B.2)

式 (349頁) で与えられる。

また，最小 2 乗法により求められた直線の方程式は，

$$\hat{y}_i = \hat{\alpha} + \hat{\beta}x_i \tag{5.12}$$

と表される。

R コマンダーによる分析

次に，**表 5.1** で示された読み込んだデータのうち売上と価格データに対して，R コマンダーで回帰分析を実行してみよう。

R コマンダーのウィンドウのツールバーから【統計量】⇒【モデルへの適合】⇒【線形回帰】と進むと新しいウィンドウが現れ (**図 5.8**)，ここでは目的変数に "売上"，説明変数に "価格" を選択する。

次に，【OK】をクリックすると回帰分析が実行される。その結果が**図 5.9**である。Estimate (推定値) の列にある数値がそれぞれ $\hat{\alpha}, \hat{\beta}$ の計算値であり，

図 5.8　変数の設定

```
Output                                              実行

Call:
lm(formula = 売上 ~ 価格, data = Dataset)

Residuals:
    Min      1Q  Median      3Q     Max
-368.25 -110.38   -0.84  124.15  269.81

Coefficients:
             Estimate Std. Error t value Pr(>|t|)
(Intercept) 4581.7523   236.7640  19.352 7.61e-10 ***
価格           -2.8802     0.3536  -8.146 5.50e-06 ***
---
Signif. codes:  0 '***' 0.001 '**' 0.01 '*' 0.05 '.' 0.1 ' ' 1

Residual standard error: 184.1 on 11 degrees of freedom
Multiple R-squared:  0.8578, Adjusted R-squared:  0.8449
F-statistic: 66.35 on 1 and 11 DF,  p-value: 5.5e-06
```

図 5.9　回帰分析の出力

推定された回帰直線は下記のように表記される (Intercept は切片であり，α の推定値である)。

$$\hat{y}_i = 4581.752 - 2.880x_i \tag{5.13}$$

回帰係数 β の値は，説明変数 x が 1 単位変化したときの目的変数 y の変化量の期待値を表し，x が y へ与える影響の大きさを意味している。さらに，α は説明変数の値が 0 のときの y の期待値を意味する。推定値を計算した後では，たとえば，売上と価格の分析では，価格を 1 円上げると売上は $\hat{\beta}$ 個だけ変化すると期待できる。したがって，ここでは，$\hat{\beta} = -2.88$ であるので，価格を 1 円上げれば，約 3 個 (2.88) の売上数量が減少すると期待される。

4.1 **価格反応係数推定値の精度と信頼区間**

最小 2 乗推定値 $\hat{\beta}$ および $\hat{\alpha}$ を計算する公式は解析的に求めることができ，この公式は**最小 2 乗推定量**と呼ばれる。最小 2 乗推定量は，確率変数 ε_i を含むことから確率変数であり標本分布を持つ (詳細は，巻末補論 B 参照)。最小 2 乗推定値は，標本分布から出現した 1 つの実現値である。最小 2 乗推定量の標本分布の性質を利用して，以下のように信頼区間が得られる。

回帰係数の信頼区間

回帰係数パラメータの信頼区間は，$\bar{s}_{\hat{\beta}}$ を $\hat{\beta}$ の標準偏差 (巻末補論 A 参照) として，次の量が自由度 $n-2$ の t 分布に従うという性質，

$$t_{\hat{\beta}} = \frac{\hat{\beta} - \beta}{s_{\hat{\beta}}} \sim t(n-2) \tag{5.14}$$

を利用し，95% 信頼区間が，

$$\hat{\beta} - t_{2.5}(n-2)s_{\hat{\beta}} < \beta < \hat{\beta} + t_{2.5}(n-2)s_{\hat{\beta}} \tag{5.15}$$

と導かれる。

信頼区間の考え方は，第 3 章 7 節および巻末補論 A の議論に，また最小 2

図 5.10　信頼係数の入力

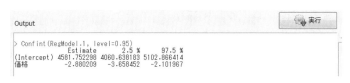

図 5.11　信頼係数の入力

乗法の性質や回帰分析の統計理論などは，巻末補論 B に整理してあるので，必要に応じて参照してほしい。

R コマンダーによる分析

R コマンダーではツールバー【モデル】⇒【信頼区間】を選択し，各係数に対する信頼水準のボックスに 0.95 と入力する（**図 5.10**）。

【OK】をクリックすると，信頼区間が出力ウィンドウに追加される（**図 5.11**）。

この場合，価格の市場反応を表す回帰係数 β の推定値は $\hat{\beta} = -2.880209$ であり，(5.15) 式の不等式で表される信頼区間の (2.5%) 下限は $\hat{\beta} - t_{2.5}(n - 2)s_{\hat{\beta}} = -3.658452$，(95%) 上限は，$\hat{\beta} + t_{2.5}(n - 2)s_{\hat{\beta}} = -2.101967$ であることを示している。

したがって，価格を 1 円上げた場合の売上数量の変化は，最低で 2 個 (2.102)，最高で 3 個 (3.658) と推測され，真の変化量 β がこの間にある可能性が 95% であることを意味している。

4.2　価格は売上の原因と言えるか：仮説検定

回帰モデルは，x を原因とし y を結果とする関係を規定しており，この因果関係が成立するためには，回帰係数 β が 0 ではないことが前提とされる。β

がゼロの場合には，回帰モデル (5.8) 式は $y_i = \alpha + \varepsilon_i$ となり，変数 x が y に影響を与えないことを意味する。それでは次に，回帰モデルにとって重要な仮説である，

$$H_0 : \beta = 0, \quad H_1 : \beta \neq 0$$

について，仮説検定問題を考える。

仮説検定の手続きは以下のように行う。

━━ 回帰係数の仮説検定 ━━

検定の有意水準を 5% と設定したとき，自由度 $(n-2)$ の t 分布の片側 2.5% 点 $t_{2.5}(n-2)$（検定の臨界値）に対して，

$$\left| t_{\hat{\beta}}^* \right| = \left| \frac{\hat{\beta} - 0}{s_{\hat{\beta}}} \right| \geqq t_{2.5}(n-2) \tag{5.16}$$

となるときには帰無仮説 H_0 を棄却し，これ以外は受け入れる。

仮説検定の考え方は巻末補論 A に，また回帰分析の統計理論は巻末補論 B に整理してあるので，必要に応じて参照してほしい。

3.3 項の標本相関係数の検定でも述べたように，P 値は，事前に設定する検定の有意水準の臨界値の代わりに t 値を代入したものであり，「観測された有意水準」とも呼ばれる。P 値は，その値がたとえば 0.01 より小さければ，自動的に 5% でも 1% でも有意と判定できる点で実用上便利である。後述するように，R コマンダーでは，$\beta = 0$ や $\alpha = 0$ の場合の t 検定の P 値が出力されるので，t 分布表を参照せずに任意の有意水準の検定を行うことができる。したがって，本書では分布表を掲載していない。

R コマンダーによる分析

前出の R コマンダーによる回帰分析の出力画面である**図 5.9** には，"t value" の列に $t_{\hat{\beta}}^* = -8.146$ と示されている。この値を自由度 11 $(= 13 - 2)$ の臨界値 $t_{2.5}(11) = 2.201$ と比較して，価格は売上に影響を与えない，と

いう帰無仮説が棄却される。

　しかし，t 分布表を参照しなくても Pr (>|t|) の列にある P 値の値が 2.5%
以下であれば帰無仮説を棄却できる。$5.5e - 06 = 5.50 \times 10^{-6}$ であるので明ら
かに 2.5% 以下である。出力ウィンドウの係数推定値表の下にコメントがある
ように，数値右側の ∗ ∗ ∗ は，P 値がほぼ 0 であることを表している。また ∗∗
の場合は 1% で有意，∗ の場合は 5% で有意であることを意味している。

4.3 価格は売上を何 % 説明できているか：回帰の適合度—決定係数

　ここまで，目的変数 y を説明変数 x に関する一次式で説明する回帰モデル
を設定し，残差平方和を最小にする切片 α と傾き β の値を求めたが，求めら
れた回帰直線が目的変数の動きをどれくらい捉えることができたかを知る必要
がある。これを回帰の**適合度**という。これは**分散の分解**と呼ばれる表現，

$$\sum_{i=1}^{n}(y_i - \bar{y})^2 = \sum_{i=1}^{n}(\hat{y}_i - \bar{y})^2 + \sum_{i=1}^{n}e_i^2 \tag{5.17}$$

から導出される。左辺は，y_i の標本分散に $n-1$ を掛けた量で平均値まわりの
変動を意味し，**全変動**（TSS: total sum of squares）と呼ばれる。また同様に右
辺第 1 項は，y_i のうち回帰モデルによって説明される部分 $\hat{y}_i$ の変動（ESS: ex-
plained sum of squares），さらに第 2 項は残差平方和であり，残差変動（RSS）
を表している。したがって (5.17) 式は，y の全変動がモデルによって説明さ
れる変動と説明されない残差変動に分解されることを示している。すなわち，

　　 "y の全変動（TSS）" = "モデルによって説明される変動（ESS）"
　　　　　　　　　　　　　　 +"残差変動（RSS）"

であり，回帰モデルの適合度を測るために利用される性質が，この分散の分解
である。これを利用して回帰モデルとデータとの適合度を測る尺度として，次
の**決定係数** R^2 が定義できる。

```
┌─────────────────── 決定係数 ───────────────────┐
```

$$R^2 = \frac{\sum_{i=1}^{n}(\hat{y}_i - \bar{y})^2}{\sum_{i=1}^{n}(y_i - \bar{y})^2} = \frac{\text{ESS}}{\text{TSS}} = 1 - \frac{\text{RSS}}{\text{TSS}} \tag{5.18}$$

(5.18) 式から明らかなように $0 \leq R^2 \leq 1$ であるので，決定係数は y の全変動のうちモデルによって説明される割合（%）と解釈できる。

R コマンダーによる分析

売上と価格の回帰分析では，前出の R コマンダーの出力を示した**図 5.9** の下段に Multiple R-squared: 0.8578 とあり，上述の $R^2 = 0.8578$ であること，したがって売上の変動のうち 85.78% が価格で説明できることを表している。

4.4　売上の予測

回帰モデルにおいて，観測期間より先の y_{n+1} の値を予測したい場合がある。いま x_{n+1} が利用できるとき，$i = 1, 2, \cdots, n$ までのデータ，

$$(x_1, y_1), (x_2, y_2), \cdots, (x_n, y_n)$$

を用いて推定された $\hat{\alpha}$ および $\hat{\beta}$ を利用して，

$$\hat{y}_{n+1} = \hat{\alpha} + \hat{\beta} x_{n+1} \tag{5.19}$$

のモデルを用いて予測する方法が考えられ，この予測法がよい予測値を生み出すことが知られている。

例：価格から売上を予測する

売上と価格の関係の場合，価格を次の週に 350 円とした場合の売上の予測値は $x_{n+1} = 350$ のときの y_{n+1} の値であるので，先ほど求めた α と β の値を

(5.19) 式に代入して，

$$\hat{y}_{n+1} = 4581.752 - 2.880 \times 350 = 3573.752$$

となり，3574 個と予測できる。この予測は x_{n+1} の値が標本のなかの値から
著しく離れないこと，外的環境が変わらないこと，を条件として，合理的な予
測といえる。

5 複数の説明変数を持つ市場反応分析：重回帰モデル

目的変数 y を説明する要因は x のみとは限らず，次のように複数の説明変
数をモデルに含めることが考えられる。

$$y = \alpha + \beta_1 x_1 + \beta_2 x_2 + \cdots + \beta_p x_p + \varepsilon_i \tag{5.20}$$

ここで，誤差項 ε_i に 89 頁の囲み「回帰モデルの設定」で示した仮定が課
されたとき，これは**重回帰モデル**と呼ばれる。また，前出の説明変数が 1 つの
回帰モデルは**単回帰モデル**と呼ばれる。このとき，未知パラメータ $(\alpha, \beta_1, \beta_2, \cdots, \beta_p)$ を最小 2 乗法で推定するには，前出の単回帰モデルと同様に，残差
$\varepsilon_i = y_i - \hat{\alpha} - \hat{\beta}_1 x_{1i} - \hat{\beta}_2 x_{2i} - \cdots - \hat{\beta}_p x_{pi}$ の 2 乗和を最小にするように推定値
が計算される。

この場合，$\hat{\alpha}$ はすべての説明変数の値が $0(x_{1i} = x_{2i} = \cdots = x_{pi} = 0)$ のと
きの y_i の値を意味することは単回帰モデルと同じである。他方，各説明変数
に掛かる係数 $\beta_k(k = 1, \cdots, p)$ は，ある変数 x_{ki} を除いた $(p-1)$ 個の説明変
数 $(x_{1i}, x_{2i}, \cdots, x_{k-1,i}, x_{k+1,i}, \cdots, x_{pi})$ を一定としたとき，x_{ki} が 1 単位変化
したときの y_i の変化量を表すことに注意する。β_k は**偏回帰係数**と呼ばれる。

5.1 価格と販売促進の効果

表 5.1 は，売上に影響を与える変数として価格に加えて，店舗内の販売促進
活動のデータを追加したものである。具体的には，エンド陳列と呼ばれる販売
促進活動の記録であり，店舗内の一角に商品を山積みにして顧客の目に付きや

図 5.12 変数の設定

すくし販売を促進する活動が行われる。このエンド陳列を行った(1)か否(0)かの 2 つの状態を説明変数として取り入れ，偏回帰係数を推定することによって販売促進の効果を測定し，その効果の有無を検証できる。

いま，販売促進の有無を表す第 2 の説明変数 x_2 を追加した重回帰モデル，

$$y_i = \alpha + \beta_1 x_{1i} + \beta_2 x_{2i} + \varepsilon_i$$

に最小 2 乗法を適用する。ここで，x_{2i} は i 時点で販売促進が行われたときに "1"，行われなかったときに "0" をとる変数と定義する。そのとき，推定された回帰式は，

$$\hat{y}_i = \hat{\alpha} + \hat{\beta}_1 x_{1i} + \hat{\beta}_2 x_{2i}$$
$$= \begin{cases} \hat{\alpha} + \hat{\beta}_1 x_{1i} + \hat{\beta}_2 & (x_{2i} = 1 \text{ のとき}) \\ \hat{\alpha} + \hat{\beta}_1 x_{1i} & (x_{2i} = 0 \text{ のとき}) \end{cases} \tag{5.21}$$

と表され，販売促進が行われたときの売上への貢献が $\hat{\beta}_2$ で評価できる。

R コマンダーによる分析

R コマンダーで重回帰モデルを分析するには，単回帰のときと同じく線形回帰の変数の設定画面で説明変数の選択について "価格" に加えて "販促" も Ctrl キーを押しながら選択して両方反転させて選択する（**図 5.12**）。

次に，【OK】をクリックして計算を実行させる。**図 5.13** では売上データに販売促進活動を追加し，R コマンダーで重回帰分析を行った結果が示されている。

推定された回帰式は，

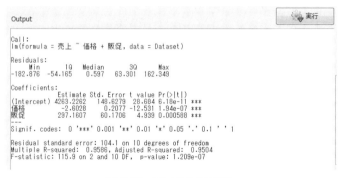

図 5.13　重回帰分析の出力

$$y_i = 4263.23 - 2.60x_{1i} + 297.16x_{2i}$$

であり，偏回帰係数の推定値から販売促進活動の効果は，$\hat{\beta}_2$ の値から実施すれば 297 個の売上増となると判断できる。

　上記のように，回帰モデルでは説明変数として価格などのように数量化された変数ばかりではなく，状態や性質を表す変数を取り入れることも可能である。これは一般的には**ダミー変数**と呼ばれ，マーケティングでも多くの場面で適用できる。たとえば，日次データで週末と平日の売上には系統的な違いがあると考えれば，これらを区別するダミー変数を，上記と同様に週末の場合には 1，平日の場合には 0 となるように説明変数 x_2 として定義すればよい。

5.2　価格と販売促進は売上の何 % を説明しているか：自由度修正済決定係数

　上で説明した回帰の適合度を測る決定係数は，残差平方和 $\sum_{i=1}^{n} e_i^2$ が説明変数の数 p を増やすほど小さくできるため，p が大きくなるにつれて R^2 も大きくなる性質を持つ。他方，限られたサンプルサイズに対して推定する回帰係数の数は増えていくことになり，そのため推定の精度は落ちていってしまう。これらのバランスを考えたモデルの適合度指標が，次で定義される**自由度修正済決定係数** $\bar{R}^2$ である。

$$\bar{R}^2 = 1 - \frac{\sum_{i=1}^{n} e_i^2/(n-k-1)}{\sum_{i=1}^{n}(y_i - \bar{y})^2/(n-1)} \tag{5.22}$$

一般的に, 分析前に複数の説明変数の候補があり, 目的変数を説明する変数を選択しなければならない問題が生じる。これを, **変数選択**あるいは**モデル選択**という。このとき, 適合度を判断基準として適切な説明変数を決めることが考えられるが, その場合は, 自由度修正済決定係数の値で判断するのが適切である。

R コマンダーによる分析

前出の売上を価格と販売促進活動で説明する重回帰分析の場合, 自由度修正済決定係数は, **図 5.13** の出力ウィンドウの下段に "Adjusted R-squared: 0.9504" と出力されている。さらに左隣には決定係数 "Multiple R-squared: 0.9586" と出力されている。ここから, 自由度修正後には適合度が 0.08 程度低めに調整されることがわかる。

5.3 価格と販売促進は同時に売上に効いているか：モデル適合度の検定

決定係数あるいは自由度修正済決定係数は, データの変動について回帰モデルが何 % 説明しているかを示す指標であるが, たとえば 90% であれば説明力は十分なのか, あるいは 60% でも十分と言えるかなどについて答えてくれるものではない。そこで, いま切片も含めた p^* 個の説明変数すべてが y に影響を与えない, という帰無仮説,

$$H_0 : \alpha = \beta_1 = \beta_2 = \cdots = \beta_p = 0 \tag{5.23}$$

を設定して仮説検定を行う手続きを考える。価格と販促の同時効果の検定は, $p = 2$ の場合に対応する。

検定統計量は, 決定係数 R^2 を用いて定義される F^* が H_0 のもとで, $p^* = p + 1$ として次の (5.24) 式が自由度 $(p^* - 1, n - p^*)$ の F 分布に従う性質,

$$F^* = \frac{R^2}{1-R^2}\frac{n-p^*}{p^*-1} \sim F(p^*-1, n-p^*) \tag{5.24}$$

を利用して求められる。具体的には，検定の有意水準をあらかじめ $\gamma\%$ と設定し，自由度 $(p^*-1, n-p^*)$ の F 分布表から検定の臨界値 $f_{(\gamma)}$ （上側 $\gamma\%$ 点）に対して，

$$F > f_{(\gamma)} \tag{5.25}$$

のときに帰無仮説を棄却する。F 検定の P 値が t 検定と同様に定義されるが，R コマンダーの回帰分析では自動的にこれが出力されるので，F 分布表を参照しなくとも検定ができる。

R コマンダーによる分析

　売上を価格と販売促進活動で説明する重回帰分析の場合は，適合度の検定の結果は，**図 5.13** の最下行に "F-statistic: 115.9 on 2 and 10 DF, p-value: 1.209e-07" と出力されている。これは，検定統計量の F 値が $F^* = 115.9$，P 値が 1.209e-07$= 1.209 \times 10^{-7}$ であることを示し，ここから，P 値はほぼゼロであり帰無仮説は 1% でも棄却されることがわかる。つまり，価格および販売促進活動は，いずれも売上数量に影響を与える説明変数であると結論できる。

6 弾力性測定モデル

6.1 弾力性

　価格が売上に与える影響を測定する際，測定単位に依存しない**弾力性**という概念が重要となる。価格の売上に対する弾力性は**価格弾力性**と呼ばれ，以下のように定義される。

───── 価格弾力性 ─────

$$\eta = \frac{\text{売上のパーセンテージ変化}}{\text{価格のパーセンテージ変化}}$$

$$= \frac{\frac{q_1-q_0}{q_0}}{\frac{p_1-p_0}{p_0}} = \frac{\Delta q_0}{\Delta p_0} \times \frac{p_0}{q_0} \tag{5.26}$$

ここで (p_0, q_0), (p_1, q_1) は，価格 p と売上数量 q に関する変化前 (p_0, q_0) と変化後 (p_1, q_1) の値を意味する。この価格弾力性は，価格が 1% 変化したときに，売上数量が η% 変化することを意味する量であり，価格戦略の効果を測定するうえで重要な指標となる。

数 値 例

ある製品の価格が 1000 円のとき，売上数量が 20 単位であり，価格を 900 円に値下げしたとき，売上が 24 単位に変化した場合，$\eta = \frac{(24-20)/20}{(900-1000)/1000} = -2$ となり，価格が 1% 変化したときに売上数量は 2% 減少することがわかる。

弾力性はその大きさに応じて，$\eta < 1$ のとき**非弾力的**，$\eta > 1$ のとき**弾力的**，$\eta = 1$ のとき**中立的**といわれる。これらは価格を変化させることによって売上を制御する場合の効果の大きさを表しており，弾力性が大きい場合ほど，価格戦略は効果的となる。

また，価格戦略は自社ブランドの売上ばかりでなく，競合相手のブランドの売上にも影響を与える。価格変化に対する自社ブランドの売上数量の変化を表す前述の**自己価格弾力性**に対して，次で定義される量は，競合相手のブランドの売上量変化を規定する値であり，**交差価格弾力性**と呼ばれる。

───── 交差価格弾力性 ─────

$$\eta_{ij} = \frac{\text{ブランド } i \text{ 売上のパーセンテージ変化}}{\text{ブランド } j \text{ 価格のパーセンテージ変化}}$$

$$= \frac{\Delta q_{i0}}{\Delta p_{j0}} \times \frac{p_{j0}}{q_{i0}} \tag{5.27}$$

これはブランド j の価格のブランド i の売上に対する交差価格弾力性である。

交差価格弾力性は，競合するブランド間の価格戦略の効果の大きさを表しており，一般的に $\eta_{ij} \neq \eta_{ji}$ である。ブランド j の価格変化が競合ブランド i の売上に与える影響が逆の影響より大きい場合，つまり $\eta_{ij} > \eta_{ji}$ の場合，j は i に対して**攻撃力**を持ち，i は j に対して**脆弱性**を持つと言われる。

6.2 弾力性測定のための市場反応分析モデル

これまでは 2 つの変数に関する直線の関係を仮定してきたが，必ずしも直線を仮定できない場合もある。たとえば，次の図 **5.14** に示されたいくつかの関係を見てみよう。図 **5.14 (1)** および **(2)** はともに y と x の間の非線形関係式 $y = \alpha x^{\beta}$ で表され，図 **5.14 (1)** は x が大きくなるにつれて y も増えるがその増え方が x が大きくなるにつれて減少する関係を表しており，「収穫逓減」の関係があるという。図 **5.14 (2)** は逆に「収穫逓増」の関係を示している。

いま関係式の両辺の自然対数[1]をとると，

$$\log y = \log \alpha + \beta \log x \tag{5.28}$$

と表され，$y^* = \log y, x^* = \log x$ とおけば，

$$y^* = \alpha^* + \beta x^* \tag{5.29}$$

となり，β に関して直線の関係が得られる。ここで $\alpha^* = \log \alpha$ である。

ここで，β は「x が 1% 変化したとき y は β% 変化する」という意味の**弾力性**を表している（巻末の補論 B を参照）。

図 **5.14 (1)** および **(2)** は観測期間を通じて弾力性が一定 (β) のモデルを表現しており，**弾力性測定モデル**と呼ばれる。

モデルの推定に関しては (5.29) 式の関係に対して最小 2 乗法を適用し，その後，もともとのパラメータに変換を行う 2 段階の手続きで行う。すなわち，

---

[1]　自然対数とは，ネイピア数と呼ばれる実数 $e = 2.7182\cdots$ を底とする対数である。自然対数の定める関数 $\log x$ と指数関数 e^x は互いに逆関数の関係がある。e^x は $\exp\{x\}$ とも書かれる。

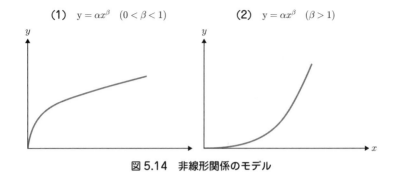

(1) $y = \alpha x^\beta \quad (0 < \beta < 1)$ **(2)** $y = \alpha x^\beta \quad (\beta > 1)$

図 5.14 非線形関係のモデル

第1段階として，データ $\{(x_1, y_1), \cdots, (x_n, y_n)\}$ に対して $y_i^* = \log(y_i)$, $x_i^* = \log(x_i)$ の変換を行って新しい変数をつくる。第2段階として，これら $\{(x_1^*,$ $y_1^*), \cdots, (x_n^*, y_n^*)\}$ に対して，

$$y_i^* = \alpha^* + \beta x_i^* + \varepsilon_i \tag{5.30}$$

の回帰モデルを適用し，回帰係数の最小2乗推定値 $\hat{\beta}$ および $\hat{\alpha}^*$ を得る。変換前の切片 α の推定値は $\hat{\alpha} = \exp\{\hat{\alpha}^*\}$ で計算できる。

6.3 交差価格弾力性による競合関係の測定

いま，ブランド1の売上 y_1，自社ブランドの価格 x_1 および競合ブランド2の価格 x_2 に対して，

$$y_1 = \alpha x_1^{\beta_1} x_2^{\beta_2} \tag{5.31}$$

を仮定しよう。ここで，両辺の対数をとり，誤差項 ε を加えて，

$$\log(y_1) = \log(\alpha) + \beta_1 \log(x_1) + \beta_2 \log(x_2) + \varepsilon \tag{5.32}$$

として，$y_1^* = \log(y_1)$, $x_i^* = \log(x_i), i = 1, 2$ と置けば，

$$y_1^* = \alpha^* + \beta_1 x_1^* + \beta_2 x_2^* + \varepsilon \tag{5.33}$$

となり，β_i に関して線形な重回帰式が得られる。ここで，$\alpha^* = \log(\alpha)$ と置いている。

　ここで β_2 は，「x_2 が 1% 変化したとき y_1 は β_2% 変化する」という意味の交差価格弾力性を表現している（巻末の補論 B を参照）。もう 1 つの回帰係数 β_1 は，自己価格弾力性であり，このモデルは観測期間を通じて弾力性が一定 (β_1, β_2) のモデルを表現している。

　パラメータ推定に関しては (5.19) 式の重回帰モデルを適用する。

　これらをまとめると，交差価格弾力性による競合関係の測定は，以下の 2 段階の手続きに従う。

── 弾力性推定の手順 ──

(1)　データ $\{(x_{1i}, x_{2i}, y_j), i = 1, \cdots, n\}$ に対して $\{(x_{1i}^* = \log(x_{1i}), x_{2i}^* = \log(x_{2i}), y_j^* = \log(y_i)), i = 1, \cdots, n\}$ とデータの変換を行う。

(2)　変換されたデータに対して重回帰モデルを適用する。求められる回帰係数の最小 2 乗推定値 $\hat{\beta}_1$ は自己価格弾力性，$\hat{\beta}_2$ は交差価格弾力性の推定値である。変換前の切片 α の推定値は $\hat{\alpha}^*$ を用いて $\hat{\alpha} = \exp\{\hat{\alpha}^*\}$ で計算できる。

R コマンダーによる分析

　ヨーグルトの競合する 2 つのブランド 1 と 2 に関して，1 店舗の平日 1 日当たりの売上数量 (Y_1, Y_2) と，それぞれの価格 (X_1, X_2) のデータ 30 日分が**表 5.2** のように蓄積されている。

　このデータを用いて，この期間の価格弾力性を測定してみよう。

表 5.2　売上，価格データ (Yogurt.txt)

日	Y_1	Y_2	X_1	X_2
1	173	537	145	145
2	223	384	139	145
3	271	309	144	154
4	280	364	145	152
5	235	452	136	142
・	・	・	・	・
・	・	・	・	・
29	143	562	154	156
30	237	518	138	151

図 5.15　新しい変数の構成：変数の変換

図 5.16　重回帰モデル：変数の指定

　まず，ブランド 1 の売上に対する自己価格弾力性と交差価格弾力性を推定する。自己価格弾力性と交差価格弾力性をともに含む弾力性測定モデルは，

$$y_{1i}^* = \alpha^* + \beta_1 x_{1i}^* + \beta_2 x_{2i}^* + \varepsilon_i, \quad i = 1, \cdots, 30 \tag{5.34}$$

の重回帰モデルであり，回帰係数の最小 2 乗推定値 $\hat{\beta}_1$ が自己価格弾力性，$\hat{\beta}_2$ が交差価格弾力性の推定値である。

　R コマンダーでは次の手順に従って行う。

　まず，売上数量 (Y_1) と価格 (X_1) および競合ブランドの価格 (X_2) のデータを対数変換して新しいデータの組を作成する。それには，ツールバー【データ】⇒【アクティブデータセット内の変数の管理】⇒【新しい変数を計算】と進んでウィンドウを開き（**図 5.15**），売上を【新しい変数名】に "LY"，【計算式】に "log(売上)" と入力する。【OK】をクリックすると，データファイルの最後の列に対数変換で作成された変数 log(売上) のデータが 1 列追加される。R コマンダーのウィンドウ上部の【データセットを表示】をクリックして新しい

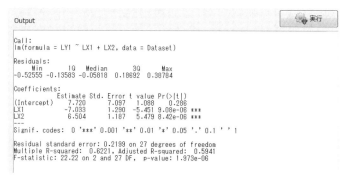

```
Output                                          実行

Call:
lm(formula = LY1 ~ LX1 + LX2, data = Dataset)

Residuals:
     Min      1Q   Median      3Q     Max
-0.52555 -0.13583 -0.05818  0.18692  0.38784

Coefficients:
            Estimate Std. Error t value Pr(>|t|)
(Intercept)    7.720      7.097   1.088   0.286
LX1           -7.033      1.290  -5.451 9.08e-06 ***
LX2            6.504      1.187   5.479 8.42e-06 ***
---
Signif. codes:  0 '***' 0.001 '**' 0.01 '*' 0.05 '.' 0.1 ' ' 1

Residual standard error: 0.2199 on 27 degrees of freedom
Multiple R-squared:  0.6221,  Adjusted R-squared:  0.5941
F-statistic: 22.22 on 2 and 27 DF,  p-value: 1.973e-06
```

図 5.17　重回帰モデル：推定結果

データセットを確認してみよう。

　さらに，これを X_1 および X_2 についても行い，それぞれ対数変換された新しい変数 LX1 および LX2 のデータを追加する。すべてが終わると，R コマンダーのウィンドウ最下部のメッセージウィンドウに「メモ：データセット Dataset には 30 行、7 列あります．」と表示されるので，それがあることを確認する。【データセットを表示】により直接確認するのもよい。

　次に重回帰分析は，上述の単回帰と同様の手順に従い線形回帰のウィンドウで変数を図 5.16 のように指定する。

　その結果は，図 5.17 のように出力ウィンドウに出力される。自己価格弾力性の推定値は $\hat{\beta}_1 = -7.033$ であり，その有意性が t 値が -5.451，P 値がほぼゼロであり，有意性を示す記号は "$***$" ときわめて有意であることを示している。自己の価格を 1% 上げると売上は 7.0% 下がることを意味している。

　同様に交差価格弾力性の推定値は $\hat{\beta}_2 = 6.504$ であり，有意性は同様にきわめて有意に推定されている。これは競合ブランド 2 の価格が 1% 上がると 6.5% 売上が上がることを示している。

　さらに，適合度として自由度修正済決定係数は "Adjusted R-suared: 0.5941" から 59.41% が自己および競合価格で説明されていることがわかる。適合度検定の結果は，"F-statistics: 22.22 on 2 and 27 DF" と示されている。つまり，自由度 $(2, 27)$ の F 分布に従う分布において F 値 22.22 以下の値が観測される確率は，P 値が "p-value: 1.973e-06" であることからほぼゼロである。したがって，2 つの価格変数が同時にブランド 1 の売上に効果

がないという仮説は棄却され，使用した重回帰モデルの妥当性が確認された。

　なお，ここで説明した手続きにおいて，ブランド 1 の売上数量 Y_1 をブランド 2 の売上数量 Y_2 に変更することで，同様にブランド 2 の自己価格弾力性と交差価格弾力性を推定することができる。

ま と め

　本章では価格や販売促進など日々のマーケティング活動に対する消費者の反応の結果である売上に対する，それらの効果を測定する市場反応分析を回帰モデルの枠組みで解説した。

　とくに，説明変数としての各種のマーケティング戦略のそれぞれおよび全体が，目的変数としての売上に対して本当に効果があるのかを判断する仮説検定，効果を数値でその精度とともに推定する信頼区間の議論を具体的な問題に沿って議論した。また，観測期間を通じて測定単位に依存しない効果指標として弾力性を説明し，その値を市場反応分析モデルによって測定する手順についても学んだ。

　このリサーチの手法は，変数間の因果関係を前提とし，その構造を観測データから推測するものである。回帰分析は，本章以降の分析手法の基礎となるものであるため，十分に理解してほしい。

第 5 章 文献案内

森棟公夫・照井伸彦・中川満・西埜晴久・黒住英司（2015）『統計学〔改訂版〕』有斐閣 New Liberal Arts Selection。

- ➡ 統計学の入門から専門までをカバーしているテキストであり，とくに第 4 章と第 11 章で，回帰モデルの内容がビジネス・データを用いて解説されている。

田中勝人（1998）『計量経済学』岩波書店。

- ➡ 計量経済学を初めて学ぶ者を対象とした入門書。数式をできるだけ使わずに，回帰モデルの考え方や回帰モデルの仮定が成立しない場合の対処法等を説明している。紙面の都合から本書では取り上げなかった市場のダイナミックな変化を捉える時系列モデルも解説している。

福地純一郎・伊藤有希（2011）『R による計量経済分析』朝倉書店。

- ➡ 本書と同じく，R を使って高度な計量経済分析ができるようになることをねらいとして書かれたテキストである。

Column⑤　超スマート社会とパーソナライゼーション

　日本を含む先進諸国 GDP および就業者数は，第 3 次産業（サービス産業）が占める割合が 7 割を超える。経済はものづくりからサービスへ移行し，サービスイノベーションが経済成長のカギとされている。サービスイノベーションは，Google，宅急便，ネット書店などこれまでになかった新しいビジネスを創出する「プロダクトイノベーション」と既存のシステムの生産性を上げる取り組みとしての「プロセスイノベーション」がある。いずれにおいてもビッグデータの活用がカギである。

　我が国の科学技術基本計画では，Society5.0 という名のもとに第 4 次産業革命を展開することが謳われている。これはイギリスの蒸気機関の発明による第 1 次産業革命，アメリカのモーター・ベルトコンベヤー発明による第 2 次産業革命，日本を中心としたエレクトロニクスによる第 3 次産業革命に続く第 4 次産業革命と位置付けられている。そこでは IoT 技術の高度化と普及を背景として，通信ネットワークやセンサーなどデータ収集機器を通じたビッグデータを活用して，経験と勘からデータ分析による科学的な意思決定を目指す社会といえ，データの分析がその中心に位置付けられる。

　Society5.0 の定義は『サイバー空間とフィジカル空間の融合』により『経済発展と社会的課題の解決の両立』を通じて，モノやサービスを誰もが格差なく享受できる『人間中心の社会』を構築し，超スマート社会を実現す

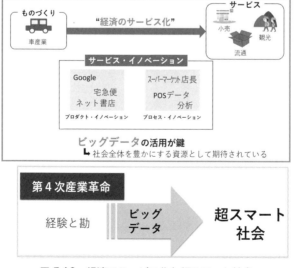

図 5.18　経済のサービス化と超スマート社会

るとある。その背後には「必要なもの・サービスを，必要な人に，必要な時に，必要なだけ提供し，社会の様々なニーズにきめ細やかに効率的に対応できる」というパーソナライゼーションの考え方が前提とされている社会である。

　マーケティングでは，顧客のブランド選択行動を階層ベイズモデルによりモデル化して顧客別のマーケティング反応を測定し，個別対応するパーソナライゼーションの考え方が研究されてきた先進分野である。

第**6**章

Chapter **6**

市場の発見と知覚マップ
因子分析

1 市場の定義と競争構造

　市場の発見は，マーケティング活動の出発点となる重要な段階である。ここで市場機会を明確にすることができなければ，適切な製品・サービスを市場に導入していくことはできない。マーケティング戦略策定に先立ち，市場で競合する数多くのブランドを「互いに競合する」グループに分類することは**市場の定義**あるいは**市場構造分析**と呼ばれる。ここで**競合**とは，消費者から見て代替性が高い製品・サービスの関係を表し，代替性の指標としては，以下のものが考えられる。

━━ 市場における代替性の指標 ━━

・**交差価格弾力性**：経済学における市場の定義であり，競合ブランド間の価格変化に対する需要（売上）の変化分を測定することで競合状況を把握する（第5章で説明した弾力性測定モデルが測定手法である）。

・**ブランド・スイッチ**：比較的購入頻度の高い製品に対して，消費者の購買履歴からブランド・スイッチ状況を測定する。ID付きPOSデータに代表される消費者の購買履歴データから測定可能であり，第11章で説明する離散選択モデルが代表的な手法である。

・**消費者の知覚によるブランド・イメージの類似性**：対象となるブランド
群に対して消費者の評価調査を行い，本章で説明する因子分析などに
より，潜在する属性軸と各ブランドの因子スコアにより属性空間上に
ブランドを配置する。これを**知覚マップ**と呼ぶ。

　本章では，ブランドに関する消費者のアンケート調査データにもとづいて，
市場の競争構造を可視化する知覚マップを，因子分析を用いて描く手順を解説
する。

2 因 子 分 析

　市場についてのさまざまな調査項目や観測される変数のデータは，それぞれ
が関連性を持つことが多い。これら関連性のある変数の背後に共通する概念を
想定してグループにまとめることで，簡潔な構造の理解をねらうのが**因子分析**
である。マーケティング・リサーチでは，市場を理解するためにブランドの評
価に関する多くのアンケート調査を行う。一般に，これら調査項目の間には互
いに相関が強いグループがある。因子分析では，これら項目間の相関の強さを
手掛かりにして，項目数より少ない数の次元の評価軸を発見する。さらに各ブ
ランドをこの評価軸上のマップに布置し，ブランド間の位置から競合関係を理
解するための知覚マップがマーケティング・リサーチではよく利用される。

共通因子と因子負荷量
　因子分析の目的は，多くの変数をより少ない変数で表すことにある。たとえ
ば，5個の観測変数 $Y_1, Y_2, \cdots, Y_5$ のそれぞれが，2個の変数 f_1, f_2 を使って
おおよそ規定されていること，つまり，

$$Y_1 \fallingdotseq a_{11}f_1 + a_{12}f_2$$

$$Y_2 \fallingdotseq a_{21}f_1 + a_{22}f_2$$

$$Y_3 \fallingdotseq a_{31}f_1 + a_{32}f_2 \qquad (6.1)$$

$$Y_4 \fallingdotseq a_{41}f_1 + a_{42}f_2$$

$$Y_5 \fallingdotseq a_{51}f_1 + a_{52}f_2$$

のように表現できることを利用するのが因子分析である。ここで，変数 f_1, f_2 は「観測されない潜在変数」であり，5つの観測可能な変数の背後にその存在を想定する。ここで f_1, f_2 は**共通因子**，これらに掛かる係数 a_{ij} は**因子負荷量**と呼ばれる。

　さらに，たとえば，因子負荷量のいくつかが $a_{41} \fallingdotseq a_{51} \fallingdotseq 0$，$a_{12} \fallingdotseq a_{22} \fallingdotseq a_{32} \fallingdotseq 0$ であり，その他が0ではない値をとるような場合を考えると，(6.1)式は，

$$Y_1 \fallingdotseq a_{11}f_1$$

$$Y_2 \fallingdotseq a_{21}f_1$$

$$Y_3 \fallingdotseq a_{31}f_1 \qquad (6.2)$$

$$Y_4 \fallingdotseq \qquad a_{42}f_2$$

$$Y_5 \fallingdotseq \qquad a_{52}f_2$$

のように表すことができる。このとき，変数 Y_1, Y_2, Y_3 は因子 f_1 だけによって決まり，それらの違いは因子負荷量 a_{11}, a_{21}, a_{31} による違いであることがわかる。同様に，変数 Y_4, Y_5 は因子 f_2 のみで決まり，それらの違いは因子負荷量 a_{42}, a_{52} の値であることがわかる。このとき，5つの変数は，f_1 で規定される Y_1, Y_2, Y_3 のグループと f_2 で決まる Y_4, Y_5 のグループにまとめることができ，全体が別の2つの変数 f_1, f_2 で説明されることになる。つまり，複数の観測される変数をより少数の変数でまとめるのが因子分析である。共通因子には，まとめられた変数のグループを総括する名前が付けられる。

　たとえば，変数が数学 (Y_1)，物理 (Y_2)，化学 (Y_3)，国語 (Y_4)，英語 (Y_5) の基本5教科の試験の標準化点数（平均0，分散1に標準化したもの）としたとき，数学，物理，化学をまとめる共通因子 (f_1) としては理系因子，国語，英語をまとめる共通因子 f_2 には文系因子とそれぞれ名付けるのが合理的であろう。

したがって問題は，n 人に関する 5 教科の標準化点数 $\{Y_{1i}, Y_{2i}, Y_{3i}, Y_{4i}, Y_{5i}; i = 1, \cdots, n\}$ を使って，教科の特性を表す因子負荷量 $\{a_{ij}; i = 1, \cdots, 5; j = 1, \cdots, n\}$ および個人の特性を表す共通因子 $\{f_{1i}, f_{2i}; i = 1, \cdots, n\}$ を決定することである。

$\boxed{3}$ 因子分析のモデル

3.1 モデルの表現

いま (6.1) 式の左辺と右辺の差を誤差項 ε_i で埋めれば，以下の方程式が導かれる。

$$
\begin{aligned}
Y_1 &= a_{11}f_1 + a_{12}f_2 + \varepsilon_1 \\
Y_2 &= a_{21}f_1 + a_{22}f_2 + \varepsilon_2 \\
Y_3 &= a_{31}f_1 + a_{32}f_2 + \varepsilon_3 \\
Y_4 &= a_{41}f_1 + a_{42}f_2 + \varepsilon_4 \\
Y_5 &= a_{51}f_1 + a_{52}f_2 + \varepsilon_5
\end{aligned}
\tag{6.3}
$$

これは，5 本の重回帰モデルとして見ることができる。つまり，因子分析のモデルは以下のように考えることができる。

因子分析のモデル

　因子分析のモデルは，観測されない 2 つの説明変数 f_1, f_2 で偏回帰係数が a_{i1}, a_{i2} である重回帰モデル，

$$
Y_i = a_{i1}f_1 + a_{i2}f_2 + \varepsilon_i, \ \ \varepsilon_i \sim N(0, \sigma_i^2)
\tag{6.4}
$$

で表現できる。ここで誤差項 ε_i の分散 σ_i^2 は，**独自因子**と呼ばれる。

　問題は，Y_i についての n 個のデータ $\{Y_{ij}; j = 1, \cdots, n\}$ は観測できるが，

各回帰モデルに共通な説明変数 $\{f_{1j}, f_{2j}; j = 1, \cdots, n\}$ が観測されないことである。

3.2 モデルの仮定

他方，5 本の方程式において同じ説明変数 f_1, f_2 が使われており，これに以下のような仮定を置く。

━━ 共通因子に関する仮定 ━━

(ⅰ) f_1, f_2 は各々独立に平均 0，分散 1 を持つ確率変数である：

$\mathrm{E}(f_i) = 0, \ i = 1, 2, \ \mathrm{Var}(f_i) = 1, \ \mathrm{Cov}(f_1, f_2) = 0, \ (i = 1, 2)$

(ⅱ) f_i と ε_j は独立である：

$\mathrm{Cov}(f_i, \varepsilon_j) = 0 \ (i = 1, 2 \ \text{および} \ j = 1, \cdots, 5)$

(ⅲ) ε_i と ε_j は独立である：

$\mathrm{Cov}(\varepsilon_i, \varepsilon_j) = 0 \ (i \neq j)$

このとき，因子分析では，5 本の方程式をバラバラに考えるのではなく，目的変数 $Y_i \ (i = 1, \cdots, 5)$ 相互の関連性を利用して，偏回帰係数に対応する因子負荷量 a_{ij} を推定する。

このとき，共通因子に関する仮定 (ⅰ)，(ⅱ) から，

$$\begin{aligned}
\mathrm{Var}(Y_i) &= \mathrm{Var}(a_{i1}f_1 + a_{i2}f_2 + \varepsilon_i) \\
&= a_{i1}^2 \mathrm{Var}(f_1) + a_{i2}^2 \mathrm{Var}(f_2) + \mathrm{Var}(\varepsilon_i) \\
&= a_{i1}^2 + a_{i2}^2 + \sigma_i^2
\end{aligned} \tag{6.5}$$

であり，右辺の $\left(a_{i1}^2 + a_{i2}^2\right)$ は第 i 変数の**共通性**と呼ばれる。Y_i は分散 1，つまり $\mathrm{Var}(Y_i) = 1$，と標準化されているとき，この共通性は，$1 - \sigma_i^2$ で表され，Y_i の変動（分散 = 1）から独自因子の分散を引いた残りとして定義されることから，2 つの共通因子で説明できる部分（割合）を表すものであり，重回帰モデルの決定係数に対応する適合度を意味する統計量である。5 本の方程式全体の適合度は，これらの量を合計して全変数の分散の和に占める割合，

$$\frac{\sum_{i=1}^{5} \left(a_{i1}^2 + a_{i2}^2\right)}{\sum_{i=1}^{5} \mathrm{Var}(Y_i)} = \frac{\sum_{i=1}^{5} \left(a_{i1}^2 + a_{i2}^2\right)}{5} \tag{6.6}$$

で定義される。これは，2つの因子が5つの変量の変動の説明にどれくらい寄与しているかを表す量として**寄与率**と呼ばれる。

また，因子分析のモデルにおいて各観測変数が1つの共通因子のみによって規定される (6.2) 式のような状況は，**単純構造**と呼ばれる。

3.3 モデルの推定

モデルの推定では，観測変数 Y_i の相関（共分散）の大きさの関係を用いて a_{ij} や σ_i^2 などのパラメータを推定する。その際，まずはじめに，観測変数の分散を対角成分，共分散を非対角成分に持つ行列で定義される共分散行列を因子分析モデルのパラメータで表現する。

すなわち，因子分析のモデルにおいて，前述の共通因子 f_i への仮定に加えて，観測モデルの誤差項が互いに無相関，$\mathrm{Cov}(\varepsilon_i, \varepsilon_j) = 0$ の仮定から，(6.5) 式の観測変数 Y_1 の分散の表現に加えて，Y_1 と Y_2 の共分散は，

$$\mathrm{Cov}(Y_1, Y_2) = a_{11}a_{21}\mathrm{Var}(f_1) + a_{12}a_{22}\mathrm{Var}(f_2) + \mathrm{Cov}(\varepsilon_1, \varepsilon_2)$$
$$= a_{11}a_{21} + a_{12}a_{22} \tag{6.7}$$

と表される。他の観測変数についての分散と共分散についても，同様にモデルのパラメータ $\theta = (a_{ij}, \sigma_i^2; \ i = 1, \cdots, 5; \ j = 1, 2)'$ によって表現できる。この行列を $\Sigma(\theta)$ としよう。

次に，n 組の観測変数のデータから得られる標本共分散を，

$$s_{12} = \frac{\sum_{i=1}^{n}(Y_{1i} - \bar{Y}_1)(Y_{2i} - \bar{Y}_2)}{n - 1} \tag{6.8}$$

で計算し，モデルの共分散との差 $|a_{11}a_{12} + a_{12}a_{22} - s_{12}|$ を考える。その他の共分散の関係も存在するので，すべての (i, j) について s_{ij} をまとめた標本共分散行列 S とパラメータで表現されたモデルの共分散行列 $\Sigma(\theta)$ の差が最小，

$$\min_{\theta} | \text{モデルの共分散行列} \, (\theta) - \text{標本共分散行列} | = \min_{\theta} |\Sigma(\theta) - S| \tag{6.9}$$

となるようにパラメータ推定値 $\hat{\theta}$ を決定する。(6.9) 式は一般的表現であり，

差を表す量は推定法に応じてさまざま提案されている。後述する R コマンダーでは最尤法という手法が使われる。そこでは，多変量正規分布の尤度関数を用いてこの差を定義し，共分散行列の逆行列と標本共分散行列の積 $\Sigma^{-1}S$ から導かれる量が最大となるように，推定値が数値解析により求められる。

　この他，観測変数の分布を仮定しない PLS（partial least squares）法や，観測変数の分布を正規分布へ変換しそれを事前分布と結び付けて推測するベイズ推定も発展している。推定法の詳細は本書のレベルを超えるので章末に挙げた文献案内を参照してほしい。

4 知覚マップの作成

4.1　ブランド評価調査データと相関係数行列

　表 6.1 は，「せんべい」のカテゴリの製品に対する消費者の評価調査データである。そこでは，「ハッピーターン」から「うまい！堅焼き」までの 11 のブランドについて，製品評価に関する 5 項目，「味」「パッケージデザイン」「広告宣伝」「素材栄養素」「キャンペーンイベント」についてのアンケート結果が記載されている。たとえば，質問項目 1 では，「パッケージデザインが良いと思うか」の質問に対し，思う場合は○，思わない場合は×とし，回答者のなかで○と回答した人数を示している。質問項目 2 以降も同様である。したがって，11 ある各ブランドが 5 種類の各質問項目に対して得た得点と見ることができる。

　表 6.2 は各データ間の相関係数行列を示している。調査項目には同じような質問項目が含まれており，項目間の調査データは互いに相関係数が高い。したがって，より少ない数の共通因子によって変数の変動を説明できる可能性があることがわかり，因子分析により共通因子を抽出することで，消費者のブランドに対する理解や評価を少数の評価軸で簡潔に表すことが可能となる。

　さらに，各ブランドに対応する評価軸のウェイトを意味する因子スコア f_k を求め，その評価軸に対して各ブランドがどのように配置されているかを視覚

表 6.1 せんべいの消費者評価アンケートデータ (`senbei.txt`)

ブランド名	味	パッケージデザイン	広告宣伝	素材栄養素	キャンペーンイベント
1. ハッピーターン	89	63	32	51	37
2. 雪の宿	73	46	25	48	32
3. ぽたぽた焼き	65	45	17	32	21
4. 黒豆せんべい	72	33	2	50	9
5. まがりせんべい	70	29	11	35	21
6. チーズアーモンド	71	20	10	38	24
7. 手塩屋	71	38	3	38	13
8. ばかうけ	48	39	10	16	16
9. 粒より小餅	49	26	17	27	30
10. 田舎おかき	51	16	1	38	5
11. うまい！堅焼き	48	15	4	36	1

(出所) 『日経流通新聞（日経 MJ）』2011 年 2 月 13 日付。

表 6.2 相関係数行列

	味	パッケージデザイン	広告宣伝	素材栄養素	キャンペーンイベント
味	1.00	-	-	-	-
パッケージデザイン	0.67	1.00	-	-	-
広告宣伝	0.51	0.76	1.00	-	-
素材栄養素	0.75	0.30	0.24	1.00	-
キャンペーンイベント	0.55	0.66	0.91	0.18	1.00

的に捉える知覚マップを作成しようとするのが，ここでの因子分析の利用法である。

4.2 R コマンダーで推定する際の注意

　R コマンダーでは，ツールバー【統計量】⇒【次元解析】⇒【因子分析】で因子分析を行う。ここでの手順では，最尤法が採用されている。計算結果の出力では，因子負荷量は "Loadings"，共通性は "SS loadings"，寄与率は "Cumulative Var" として記述されている。

　また，**表 6.1** のデータから**表 6.2** の相関行列を得るには，データの読み込み後，ツールバー【統計量】⇒【要約】⇒【相関行列】と進み，すべての変数を

選択して，"ピアソンの積率相関" にチェックを入れて【OK】をクリックすればよい。

5 Rコマンダーでの手順

以下では，**表6.1**のデータを用いてRコマンダーにより因子分析を行って知覚マップを作成する手順を説明する。

⑴ **データの読み込み**

ツールバー【データ】⇒【データのインポート】⇒【テキストファイルまたはクリップボード，URLから】をクリックすると，**図6.1**のデータ読み込みのウィンドウが開かれる。ここでは，**表6.1**の形式のデータ行列がテキストファイルとして用意されていることを前提としている。このデータセットは

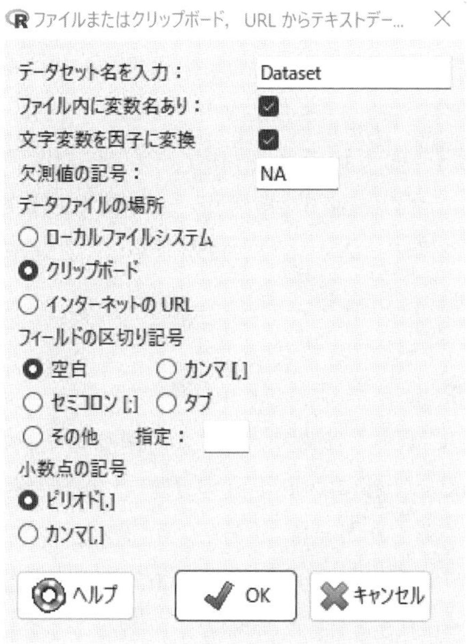

図6.1 データの読み込み

"Dataset" という名前が付けられ，変数名もデータ行列に含まれること，欠損値はない（NA）こと，データの区切りは空白であること，小数点の記号はピリオドであること，が自動設定されている。これらは，手元のデータの状況に応じて適宜修正して読み込ませる必要がある。

表6.1のデータはテキストファイルで "senbei.txt" として保存されており，ここではこれを開けて全範囲を選択してコピーし，クリップボードに入れ，クリップボードから読み込んでみよう。

【OK】をクリックすると，Rコマンダーのウィンドウ下段にメッセージ「メモ: データセットDatasetには11行、6列あります.」が出力され正常に読み込まれたことが確認できる。

(2) 因子分析の実行

ツールバー【統計量】⇒【次元解析】⇒【因子分析】により因子分析のウィンドウが開かれ（図6.2上図），【変数（3つ以上選択）】の部分で因子分析にかける変数を指定する。ここでは5つの変数すべてを利用するので，キャンペーンイベントから味までを，シフトキーを押しながらクリックして青色に反転させる。また【部分集合の表現】のところでは，使うデータの範囲，ここでは分析にかけるせんべいの種類を指定できる。ここではすべてを利用するので初期設定である〈全ての有効なケース〉のままとしておく。次に【オプション】タブをクリックし，【因子の回転】では "バリマックス"，【因子スコア】は "回帰"をそれぞれ選択しておく。（図6.2中段の2つの図）【OK】をクリックすると，次に共通因子の数を指定するウィンドウが開かれ，ここでは2つの因子を仮定して2を選択する（図6.2下図）。

(3) 推定結果の解釈

手続き(2)の最後で【OK】をクリックすると図6.3のように因子分析の結果が出力される。図6.3の上部には独自因子の分散 σ_i^2 の推定値が "Uniquenesses"として出力されている。たとえば，「キャンペーンイベント」変数の変動を2つの共通因子で説明できない部分が0.158であることを意味しており，この変数での共通性は $1 - 0.158 = 0.842$ で84.2%であることを意味している。他の変数についても同様であり，「広告宣伝」および「味」の共通性が99.5%であ

図 6.2　因子分析の実行

るので共通因子によって最もよく説明されることがわかる。逆に，「素材栄養素」の共通性は 59.3% であり，40% 近くが共通因子では説明されていないことがわかる。

　次の "Loadings" では因子負荷量 a_{ij} の推定値が出力されている。

　表 6.3 で改めて示した因子負荷量の推定値を見ると，共通因子 1（Factor 1）の因子負荷量はキャンペーンイベント，パッケージデザイン，広告宣伝の 3 つの変数について相対的に大きく，逆に，共通因子 2（Factor 2）の因子負荷量は，残りの素材栄養素，味の 2 つについて相対的に大きい。2 つの共通因子

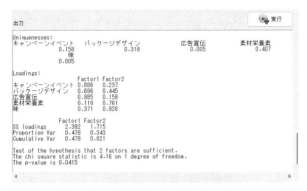

図 6.3　結果の出力

表 6.3　因子負荷量行列

ブランド	共通因子 1 (Factor 1)	共通因子 2 (Factor 2)
キャンペーンイベント	0.886	0.237
パッケージデザイン	0.696	0.445
広告宣伝	0.985	0.158
素材栄養素	0.119	0.761
味	0.371	0.926

のそれぞれでまとめられる変数群の特徴から，共通因子1は「マーケティング活動の因子」，共通因子2は「製品の因子」とでも解釈することができるであろう。したがって，消費者がせんべいを評価する際には，主に，マーケティング活動のレベルおよび製品の特徴という視点で評価していると理解できる。

　Rコマンダーの出力ウィンドウの下段には，共通性が "Proportion Var" として出力され，共通因子1については0.478で47.8%，共通因子2については0.343で34.3%と計算され，寄与率は "Cumulative Var" として，2つの共通因子で0.821 = 82.1% が説明されていることを示している。さらに因子の数を統計的に検定する方法により，設定した因子の数が適切であるかどうかを判断できる。

⑷　**因子スコアの計算**

　今度は因子負荷量の推定値 $\hat{a}_{ij}$ を代入した因子分析のモデル，

表 6.4　因子スコアの推定値

ブランド	共通因子 1	共通因子 2
1. ハッピーターン	1.82050452	1.2510722
2. 雪の宿	1.28176903	0.1942184
3. ぽたぽた焼き	0.52926245	−0.1552535
4. 黒豆せんべい	−1.18662160	1.0960546
5. まがりせんべい	−0.17977160	0.5197866
6. チーズアーモンド	−0.29757433	0.6461495
7. 手塩屋	−1.05010910	0.9528750
8. ばかうけ	0.01599978	−1.3103923
9. 粒より小餅	0.76018030	−1.5198705
10. 田舎おかき	−1.02021352	−0.6475204
11. うまい！堅焼き	−0.67342593	−1.0271194

$$Y_i = \hat{a}_{i1} f_1 + \hat{a}_{i2} f_2 + \varepsilon_i \tag{6.10}$$

を用いて，$\hat{a}_{i1}, \hat{a}_{i2}$ を説明変数としてみたとき，因子スコア f_1, f_2 を偏回帰係数とした重回帰モデルの枠組みで推定することを考える。つまり，因子スコアはブランドごとに異なる値をとることから，f_{1k}, f_{2k} $(k = 1, \cdots, 11)$ であり，第 k 番目のブランドの 2 つの因子スコア f_{1k}, f_{2k} の値は，5 つの評価項目についての観測値 $Y_{1k}, Y_{2k}, \cdots, Y_{5k}$ を目的変数のデータ，推定された 5 組の因子負荷量 $(\hat{a}_{i1}, \hat{a}_{i2};\ i = 1, \cdots, 5)$ を説明変数のデータとして重回帰分析，

$$Y_{ik} = \hat{a}_{i1} f_{1k} + \hat{a}_{i2} f_{2k} + \varepsilon_{ik}, \quad i = 1, \cdots, 5 \tag{6.11}$$

を行うことで求められる。つまり，この例では 5 組の観測データを利用して 2 つのパラメータを推定することになる。

　R コマンダーでは，因子分析実行の際，**図 6.2** の中段の 2 つの図で指定したような計算が行われ，その結果は "Dataset" のデータ行列の右側に F1，F2 として 2 行追加されている。これを確認するには R コマンダーのウィンドウ上部にある【データセットを表示】ボタンをクリックすることで "Dataset" ウィンドウが開かれ確認できる。それを表にまとめたのが**表 6.4** である。

(5)　知覚マップの作成

いま，横軸を共通因子 1 のマーケティング因子，縦軸を共通因子 2 の製品

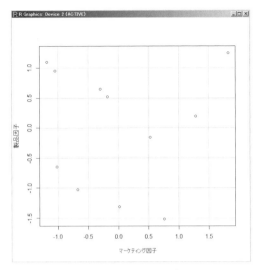

図 6.4　知覚マップ

因子とした2次元空間上に，これらの2次元の点を位置付けてブランド間の関係を布置したものが**図 6.4**である。これはブランド（製品）間の市場での位置関係を表し，消費者の評価により消費者が知覚したブランド・イメージから作成された地図であると考えることができることから，**知覚マップ**と言われている。この図は次の手順で作成できる。

　Rコマンダーのウィンドウのツールバー【グラフ】⇒【散布図】で散布図のウィンドウが開かれ，上部の【x変数（1つ選択)】でF1，【y変数（1つ選択)】でF2をそれぞれ選択して反転させる。次に【オプション】タブをクリックし，【x軸のラベル】，【y軸のラベル】に共通因子1および2の名前をそれぞれ入力する。【プロットのオプション】ではすべてのチェックが外れていることを確認し，下部の"点の特定"では，"マウスでインターラクティブに"にチェックを入れる。これらのウィンドウ画面は**図 6.5**で示されている。**図 6.5**の右図で【OK】をクリックすると，次に下図が現れ，さらにクリックして進むと，知覚マップの散布図のみが出力ウィンドウに現れ，各点の近くで左クリックをすると点の識別番号（ここではブランド番号）が図中に示される。これをすべての点について行い，右クリックで終了する。

図 6.5　知覚マップ作図のウィンドウ

⑹　**ブランド名の表示**

　知覚マップ上にブランド番号でなくブランド名を直接書かせることも可能である。R コマンダーのウィンドウのツールバー【データ】⇒【アクティブデータセット】⇒【ケース名の設定】で現れる【行名を含む変数を選択】でブランド名の行（ここでは "製品名" としてある）を選択して【OK】をクリックする。これ以降は上記と同じである。**図 6.6** が完成した知覚マップである。

6 その他の問題

6.1　因子軸の回転

　さらに，因子軸の回転の操作を行うことによって，因子負荷量が変数間でより大きくばらつき，因子負荷量の大きさによって変量を分類しやすくなる場合がある。回転の仕方はいくつかの方法があり，R コマンダーではバリマック

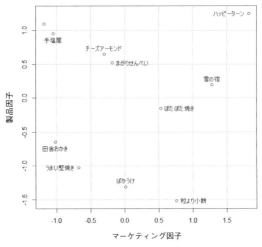

図 6.6　知覚マップ

ス法とプロマックス法が選択できるが，一般的には前者がよく使われる。前述
の分析例においても，**図 6.2** の実行ウィンドウで "バリマックス" にチェック
を入れている。

6.2　共通因子数の設定

　因子分析の説明力を上げる必要性から 3 つの共通因子を取り上げる必要が
ある場合や，理論上事前に 3 因子を用いることが必要となる場合もある。前
者のように，事前に変数間に何らかの因子を仮定できずに構造を探索する目
的で因子モデルを利用する立場は，**探索的因子分析**（EFA: exploratory factor
analysis）と呼ばれる。それに対して，事前に仮説として因子の数と意味がす
でに検討されており，データからこれらを検証する目的で利用する立場は，**検
証的因子分析**（CFA: confirmatory factor analysis）と呼ばれる。
　一般に因子分析の実行に際しては，共通因子の数をあらかじめ決めておかな
ければならない。通常，以下のような基準が目安として使われている。

―共通因子数の決定の目安―

(1)　相関係数行列の 1 より大きい固有値の数を共通因子の数とする。

(2)　相関係数行列の固有値を大きさの順に並べたとき，その減少の仕方が急激に変わるところまでの数を共通因子数とする（スクリープロット）。

(3)　固有値の累積寄与率がデータの変動のかなりの部分を説明していると思われるところまでの固有値の数を共通因子数とする。

これらはいずれも最適な因子数の決め方というわけではなく，あくまでも 1 つの目安であり，それぞれの基準で選ばれた因子数のもとで試行錯誤を行いな

図 6.7　主成分分析の設定と出力のウィンドウ

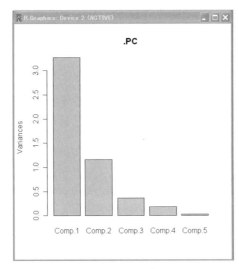

図 6.8　スクリープロット

　がら，最終的な判断基準として因子の解釈を総合的に決めることが望ましい。
　Rコマンダーを用いてこの判断を行うには，同じデータセット（Dataset）を用いて「主成分分析」にかける。その手順は因子分析を選択するまでと同じであり，【主成分分析】のウィンドウを開き，**図 6.7** の上図と中図にあるように，5つの変数を選択する。次に【オプション】タブをクリックし，"相関行列の分析" および "スクリープロット" にチェックを入れて【OK】をクリックして実行する。**図 6.7** の下図では相関係数行列の5つの固有値の値が出力されており（Component variances:以下），第1固有値から順番に 3.2672933，1.1601639, 0.3588058, 0.1815096, 0.0322274 と計算されている。
　図 6.8 ではスクリープロットが棒グラフで描かれており，相関係数行列の第1固有値（Comp.1）および第2固有値（Comp.2）が1を超え，さらにそれ以降は急激に減少することがわかる。このことから，共通因子の数は2つとすることが妥当であるとわかる。

7 サブマーケットと市場構造

クラスター分析によるクラスタリング

　第 5 節は，せんべいのカテゴリにおける調査データを用いて知覚マップを描いたが，本節では，これら 11 のブランドを因子スコアの値によって相対的に似ていると思われている同士を 1 つのグループにまとめることを考える。これは 11 のブランドをいくつかのサブマーケットに分け，真に競合するものを見極める手続きである。第 7 章で学ぶクラスター分析によっていくつかのクラスターに分ける。

　R コマンダーでは，因子スコアを計算して知覚マップを描いた後，クラスター分析で階層的クラスタリングを選択する。手順は，R コマンダーのウィンドウのツールバー【統計量】⇒【次元解析】⇒【クラスタ分析】を選択し，ここではさらに【階層的クラスタ分析】へ進む。このとき，**図 6.9** 上図のように現れる階層的クラスタリングのウィンドウでは，【変数（1 つ以上選択）】でF1 および F2 を選択する。次に【オプション】タブをクリックし，**図 6.9** 中図のように【クラスタリングの方法】および【距離の測度】では，それぞれを最もよく使われる "ウォード法" と "ユークリッド距離" を選択する。さらにクラスタリングの結果を視覚化する "デンドログラムを描く" にもチェックを入れると，**図 6.9** 下図が得られる。デンドログラムの縦軸は距離を表しており，グループ分けを行う基準のクラスター間距離を 5 とすれば，そのレベルで横軸を切ったところで決まる 2 つのグループ：A(10, 11, 8, 9) と B(5, 6, 4, 7, 1, 2, 3) が得られる。また距離を 4 とした場合は，3 グループ：A(10, 11, 8, 9)，B(5, 6, 4, 7)，C(1, 2, 3) が形成される。以下同様に，基準となる距離をいくつにするかでグループの数は異なる。

　図 6.10 の左図はクラスター間の距離が 4 で形成される 3 つのクラスターの場合，右図はクラスター間距離を 1 とした場合の結果をそれぞれ知覚マップ上に描いたものである。これらは，R コマンダーで直接描かれるものではなく，別の作図ツールを用いて楕円を描いている。この基準となる距離の決め方

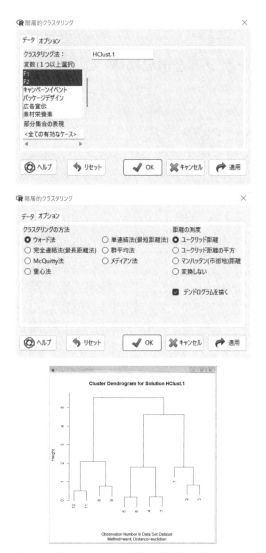

図6.9 サブマーケットの構造：階層的クラスタリング

は，その結果得られる各クラスターがもっともらしいかどうか，また実務上興
味深いグループ分けであるかどうか，など解釈を重視して行う必要がある。**図
6.10**の左図では，3つの円で囲まれたブランドが1つのクラスターを形成し
ている。これらは，互いに競合関係が強い**サブマーケット**と呼ばれる。このよ

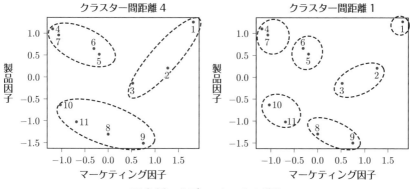

図 6.10　サブマーケットの構造

うに，因子分析とクラスター分析を組み合わせることにより，市場の競合状態
を視覚的に捉えることができ，各ブランドについて消費者の評価による市場で
のポジショニングを決め，さらにその位置付けの意味を解釈できるという利点
があるため，これらの手法はマーケティングにおいて重要なツールとなっている。

まとめ

　本章では，多くの変数の間に互いに相関がある場合，少数の変数でまとめ
て表現できる可能性をモデル化した因子分析について学んだ。とくに製品・
サービスは多くの属性があり，それらに対する消費者による評価の調査デー
タを用いて，属性を少数の因子にまとめ，因子空間における各製品・サービ
スのポジションの座標を因子負荷量として割り出し，これをマップ上に布置
する知覚マップの描き方を説明した。

　さらに，知覚マップ上で互いに近い距離に布置されたもの同士をグルー
プにまとめ，真の競合相手を見極めるクラスター分析手順も説明した。これ
は，多くの属性を持つ消費者についても適用可能であり，第 7 章で説明す
る多くの消費者を類似の性質を持つグループに分類する市場セグメンテーシ
ョンの手法としても利用される。

第6章 文献案内

清水功次（1998）『やさしいマーケティングのための多変量解析』産能大学出版部。

　➡　因子分析を含む多変量解析をマーケティングの事例で平易に解説した入門レベルのテキ
　　ストである。

柳井晴夫・繁桝算男・前川眞一・市川雅教（1990）『因子分析——その理論と方法』朝倉書
店。

　➡　因子分析が開発された領域である教育心理学および心理学の研究者らによって書かれ
　　た，因子分析の理論と実際の方法に関する書籍。さまざまな推定法や因子の回転など，本
　　書で割愛した項目が詳細に解説されている。

Column ⑥　ブランド・エクイティ：ブランドの価値を測定する

　1980 年代後半から 90 年代にかけて，マーケティングに関する 2 つの新しい考え方が提唱された。市場におけるプレイヤーであるブランドとそれを求める顧客（カスタマー）のいずれか一方に重点を置く考え方であり，前者のブランドに軸足を置くのがアーカーによって提唱された**ブランド・エクイティ**（ブランド価値）の考え方である。

　アーカー（1994）によれば，ブランド・エクイティは「ブランドの名前やシンボルと結び付いたブランドの資産と負債の集合であり，企業の製品／サービスの価値を増大あるいは減少させるもの」と定義されている。さらに，価値を形成する構成要素（次元）として，「ブランド・ロイヤルティ」「知覚品質」「ブランド連想」「ブランド認知」「その他（特許等）」をあげている。日本語では，会計用語の「のれん」または「無形資産」という概念が該当する。

　その測定方法には，さまざまなアプローチがある。それを測定する枠組みは，伝統的会計アプローチであるコスト・アプローチ，実際に売買された類似ブランド価格から類推して評価するマーケット・アプローチ，ブランドによって発生する将来利益の割引現在価値を測定するインカム・アプローチなどがある。インターブランド社による企業のブランド価値評価尺度が世界で最初に開発されたものであり，そこではインカム・アプローチを採用している。現在もよく参照されており，毎年 1 回，コーポレート（企業）・ブランドおよびプロダクト・ブランドの価値を集計してランキングとしてウェブ上で発表している。

表 6.5　2021 年 Best Global Brands

順位	ブランド名	価値（百万ドル）	前年比
1	Apple	408,251	+26%
2	Amazon	249,249	+24%
3	Microsoft	210,191	+27%
4	Google	196,811	+19%
5	Samsung	74,635	+20%
6	Coca-Cola	57,488	+1%
7	Toyota	54,107	+5%
8	Mercedes-Benz	50,866	+3%
9	McDonald's	45,865	+7%
10	Disney	44,183	+8%

（出所）インターブランド社提供・報道資料，「Best Global Brands 2021」より。

　2012 年の Best Global Brands のベスト 10 は，**表 6.5** のようなランキングとなっている。日本の企業では，10 位のトヨタが最高であった。これらはインターブランド社の Web サイト（http://www.interbrand.com/ja）で見ることができる。

（参考文献）　アーカー，デービッド・A.（陶山計介ほか訳）（1994）『ブランド・エクイ
　　　　　ティ戦略——競争優位をつくりだす名前，シンボル，スローガン』ダイヤモン
　　　　　ド社。

市場セグメンテーション
クラスター分析

$\boxed{1}$ セグメンテーションとターゲティング

1.1 セグメントとセグメンテーションの定義

　企業が利益を得るために対象とする市場は，異質な消費者の集合で構成される。消費者ごとに嗜好やニーズは異なっており，結果として行動にも差が生じる。そう考えれば，企業は，消費者のニーズやウォンツなどを満足させるという観点から競争しているとも言える。消費者の嗜好やニーズによって市場を細分化して考えるセグメンテーションという手段により，企業は消費者に対する理解を深め，マーケティングを効果的・効率的に行うためのターゲット（標的）を選定できる。企業は，自社の戦略を実施する際のターゲットとして適切な規模の，自社の戦略に適合する細分化されたグループ（セグメント）をセグメンテーションにより発見するのである。企業の戦略は，通常，市場全体を 1 つのセグメントとみなしてしまうと効果的な戦略を行えない。逆に，消費者 1 人ひとりがセグメントを構成すると考えるとコスト的側面から考えてみても非効率になってしまう可能性が高い。セグメンテーションは，企業が施策の対象とする，ターゲットを定める際に生じる課題に適切に対応するための基本的な情報処理活動である。以下では，本章で中心的な役割を担う言葉である**市場セ**

グメントと市場セグメンテーションの定義をまとめている。

—— **市場セグメントと市場セグメンテーション** ——

⑴ **市場セグメント**は，製品やサービス，またはその他のマーケティング変数に対して同質の反応を示すことが予想される消費者のグループを指す

⑵ **市場セグメンテーション**は，市場セグメントを構成する，あるいは発見するプロセスを指す

1.2 セグメンテーションの意義

同一セグメントに分類される消費者は，嗜好やニーズが似ている，行動に類似性がある，あるいは，マーケティング変数に対する反応が似ているなど，何らかの軸で共通性がある。企業は，複数のセグメントのなかからターゲットとなるセグメントを定め，効果的にマーケティング活動を行いたいと考えている。そのため，セグメンテーションを実施しても，効果的なマーケティングにつながらなければ，なされたセグメンテーションは無意味である。自社にとって有益なセグメントを発見できれば，企業は競合企業との関係において競争優位性を築くことができる。

セグメンテーションを行う場合，その背後に存在する次の2つを認識しなければならない。1つめは，「顧客のニーズ，ウォンツ，さらにそれらにもとづく行動には異質性があると考えること」であり，2つめは，「顧客は異質であるが，ある基準において類似性を有する少数のいくつかのグループに分類できると考えること」である。これらの認識は，次のことを示唆する。もし仮に顧客（消費者）に異質性がないのであれば，セグメンテーションを行うことは意味がなく，市場を1つのセグメントと見ればよい。しかし，効果的にマーケティングを実施するためには，市場が異質性のない同質な1つのセグメントからなると考えることは現実的ではない。また，そのような認識ではマーケティングを高度化するための知識は獲得できない。一方で，1つめの認識だけに依拠すれば，顧客1人ひとりが1つのセグメントだと考えることもできる。

事実，ワントゥワン・マーケティングなどの昨今脚光を浴びているマーケティング手法は，その考え方にもとづいている。ただし，実際のフィールドでの企業活動を念頭に置くと，市場を細分化しすぎると現実的な解には結び付かないことが多いのも事実である。

　以上の整理にもとづけば，前述の 2 つの認識のどちらか一方だけでは不十分であり，両方の認識を持たなければならないとわかるだろう。マーケティング戦略を立案する際に重要な役割を演じる STP アプローチ（次節参照）では，上記の意味からもセグメンテーションが重要な役割を担う。

2 STP アプローチ

　セグメンテーションは，マーケティング戦略を立案する際の **STP アプローチ**と呼ばれる，**セグメンテーション**（Segmentation），**ターゲティング**（Targeting）および**ポジショニング**（Positioning）からなるマーケティング戦略の立案プロセスの最初のステップに位置付けられる。セグメンテーションは，顧客のニーズやウォンツ，あるいはマーケティング変数に対する反応，購買行動などの基準にもとづき，類似性のある顧客をグループ化する処理である。ターゲティングは，セグメンテーションにより得られたセグメントから，ターゲットとすべきセグメントを決定するステップである。最後のポジショニングは，自社の提供物（製品やサービス）がターゲットとするグループ内で，競合他社の提供物とどのように競争するかを位置付けるステップである。STP アプローチの有用性は次の 5 点に集約できる。

─── **STP アプローチの有用性** ───

(1)　企業が，自社の戦略に適合するある特定のセグメントをターゲットとしてマーケティング資源を集中させることによって，そのセグメントに属する顧客は企業から多くの価値を享受できる

(2)　特定のブランドから多くの価値を受ける顧客は，そのブランドに対して好ましい感情を抱く

(3)　顧客に対してよりよい価値を提供し続ける企業は，顧客を自社ブラン
　　ドのロイヤル・ユーザーにでき，リピート購買してもらえる。また，そ
　　れらの顧客を介して他の顧客へもポジティブな印象を伝達できる
(4)　強いブランド・ロイヤルティを有する顧客が増えれば，市場シェアを
　　高め，競争優位性を構築できる
(5)　強いブランド・ロイヤルティを有する顧客が増えれば，市場シェアを
　　維持するために要する費用を低減できる

　顧客が何に価値を感じるかを的確に認識し，それにもとづいた製品やサービ
スを提供し，さらに効率的・効果的なマーケティングを行えば，顧客と企業両
者ともにSTPアプローチから生じる利点を享受できる。セグメンテーション
は，「どのような顧客（消費者）グループが市場に存在するのか？」を明らかに
するステップであり，戦略立案の際のイロハのイに当たるステップである。妥
当で有益なセグメンテーションがなされない限り，ターゲティングやそれに続
くポジショニングは意味のあるものにならない。その意味で，セグメンテーシ
ョンはSTPアプローチにおいてきわめて重要なステップである。
　以降では，セグメンテーションのみに焦点を当て，その考え方・解析法を詳
述する。

3 セグメンテーションの方法

3.1　セグメンテーションの進め方

セグメンテーションは，次の2つのステップで実施する。基本的に，セグ
メンテーションは両ステップを行ってはじめて実施したことになる。

┌─────────── **セグメンテーションの 2 つのステップ** ───────────┐

(1)　**ステップ 1**：基準変数（デモグラフィック属性，顧客のニーズ，ウォンツ，価値観，購買行動の特性，マーケティング変数への反応等）にもとづき，市場を管理可能な数のグループとしてセグメント化する

(2)　**ステップ 2**：ステップ 1 で構成されたセグメントの特性を記述し，その価値を評価する

└───┘

　ステップ 1 は，顧客（消費者）を何らかの基軸で分類するステップであり，この点は次項以降で詳述する。一方，ステップ 2 は，ステップ 1 で得られたセグメントを記述・解釈し，ターゲティングで活用できるように個々のセグメントを評価するステップである。ステップ 2 の目的は，「セグメントのメンバーが市場のどこにおり，また，どのようにしたらその人々に働きかけることができるのかを明らかにする」ことである。本ステップでの評価は，**頑健性**，**識別性**，**収益性**，および**アクセス可能性**の 4 つの視点から行う。それらの概要は，それぞれ下記のように整理できる。

┌─────────── **セグメンテーションの評価の視点** ───────────┐

(1)　**頑健性**：形成されるセグメントは，基準に関して十分に同質的でなければならない

(2)　**識別性**：セグメントは，他と比較して違いが明確でなければならない

(3)　**収益性**：セグメントは，ターゲットとするのに十分な大きさがなければならない

(4)　**アクセス可能性**：各セグメントは，他と比較して個別的に到達可能でなくてはならない

└───┘

　これらの評価は，利用可能なデータの関係ですべてを行えないこともあるが，後に続くターゲティングでの活用を想定した場合，できる限り上記の観点からセグメントの特性を明らかにし，評価することが望まれる。

表 7.1　基準変数例

類型	変数例
地理的変数	国，地域，都市規模，気候
デモグラフィクス変数	年齢，性別，家族人数，就業形態 結婚しているかどうか
心理的変数	社会階層，ライフスタイル，価値観
行動変数	購買状況，製品の使用状況 ブランド・ロイヤルティ，バラエティ・シーキング傾向
意思決定変数	意思決定のタイプ（個人／家族），購買関与（高／低） 製品に対する関与や知識，価格感度

3.2　セグメンテーションで用いる基準変数

　表 7.1 には，セグメンテーションで用いる基準変数の例を示す。後述するセグメンテーションのタイプによって，**表 7.1** に示す変数の使い方が異なる。たとえば，ア・プリオリ・セグメンテーションであれば性別を直接用いてセグメンテーションを行うが，クラスタリング・セグメンテーションではアンケート調査で取得する複数の購買関与データを縮約したうえで，消費者のブランド・ロイヤルティやバラエティ・シーキング傾向（1 つの商品だけではなく，複数の商品を買い回る傾向）を見出し，セグメンテーションを行う，などがそのイメージになる。

3.3　セグメンテーションの方法

　市場をセグメント化するアプローチは数多く存在し，多くの手法が提案されている。一般的に，セグメンテーションで洗練された手法を用いるためには，統計学やその関連領域の知識を必要とする。明確に特徴のあるセグメントであれば，どのような手法を採用したとしても出現するが，それに比べて弱い特徴のセグメントは，採用した手法自体の特性の違いで抽出できる場合も，抽出できない場合も生じる。その視点から考えれば，手法の選択は重要である。ただ

し，統計的に洗練された手法を採用することで，シンプルな手法では抽出できないセグメントを発見できたからといっても，企業の利益につながるかというマネジリアルな意味で有用なセグメントかどうかは別である。万能なセグメンテーション手法は存在しないため，より精度が高く意味のある市場セグメントを見出すためには，手法を変えたり，用いるデータを変えたりして，本章 3.1 項に示した観点からセグメントを評価するといった分析を繰り返さなければならない。

セグメンテーションの代表的なアプローチは以下の 3 つである。

セグメンテーションのタイプ
(1)　ア・プリオリ・セグメンテーション
(2)　クラスタリング・セグメンテーション
(3)　潜在クラス・セグメンテーション

ア・プリオリ・セグメンテーション

ア・プリオリ・セグメンテーションでは，マーケティング実務の経験やマーケティング・リサーチによってすでに蓄積されている知見を参考に，データとして観測される特性（基準変数）にもとづき顧客（消費者）を分類する。本アプローチの前提は，分類に用いる基準変数が潜在的な顧客ニーズや行動などの違いに関連付けられると考える点である。たとえば，多くの自動車メーカーは性別によって自動車の購入者市場をセグメンテーションしている。自動車メーカーのマーケティング担当者は，性別の違いによって自動車に対する潜在的なニーズに差があることを，経験的に知っているのである。

ア・プリオリ・セグメンテーションは「簡便性」と「わかりやすさ」といった利点を有する。仮に，分類の基軸として意味があると考える基準変数（性別・年齢等）が 1 つしか存在しない場合，グループ分けは簡単であるし，得られたグループへの到達可能性は高い。一方で，基準変数に関する事前の知見がない，またはその候補が複数あるような場合には，変数の組合せ数が多くなり，合理的な分類にならない。

クラスタリング・セグメンテーション

クラスタリング・セグメンテーションは，その名の通りクラスター分析を用いるセグメンテーション手法である。本アプローチは，概念的に理解しやすく，次で解説する潜在クラス・セグメンテーションより処理が簡便であるため，一般的に用いられることが多い。大まかな手順は，観測される基準変数を少数の変数に縮約し，縮約した変数にもとづきセグメンテーションを行う。通常，観測変数の縮約には因子分析や主成分分析などを用い，それにもとづく顧客（消費者）のセグメンテーションにはクラスター分析手法を用いる。なお，基準変数が縮約するほど多くない場合，最初の手順は省略できる。この手順については第6章7節でも解説しているので，適宜参照してほしい。

クラスタリング・セグメンテーションは，多数の基準変数の候補がある場合や基準変数が連続値をとるような場合にも用いることができる。また，本アプローチを用いれば，背後にある潜在的構造までを反映したセグメントを構成でき，顧客グループを現実的に評価できる。この点も本アプローチの利点である。しかし，クラスタリング・セグメンテーションで得られたセグメントは，標的セグメントへのアクセス可能性の観点で困難が生じやすく，その点がデメリットと言える。

なお，基準変数の候補がたくさんあり，さまざまなセグメンテーション・アプローチが適用可能な場合には，初期段階ではクラスタリング・セグメンテーションを用い，その後必要があれば他のアプローチも用いて検証すべきである。

潜在クラス・セグメンテーション

潜在クラス・セグメンテーションは，3つのアプローチのなかで技術的には最も洗練されたアプローチである。本アプローチは名前の通り，潜在クラスモデルと呼ばれる統計モデルを用いるセグメンテーション法である。前述した2つのアプローチでは，何らかの因果関係にもとづく統計モデルは仮定していなかった。一方で，本アプローチでは，背後にある因果関係の構造を明示的に統計モデルとして表現するため，柔軟なセグメンテーションを行うことができ，さらにはセグメントに関する統計的推測も行うことができる。この点が，本アプローチの最大のメリットである。また，前述の2つのアプローチでは，

消費者はどこか 1 つのセグメントだけに属することになる。一方，潜在クラス・セグメンテーションを用いた場合，消費者は確率的に複数のセグメントに属することになり，必ずしもどこか 1 つのセグメントだけに属するわけではない。この点も前述のアプローチよりも現実的だと考えられ，本アプローチのメリットの 1 つである。

　一方で，本アプローチは前述のアプローチよりも相対的に多くのデータを必要とし，また解析には統計的知識も要する。また，クラスタリング・セグメンテーションと同じく，標的セグメントへのアクセス可能性の観点で困難が生じやすい。これらの点が本アプローチのデメリットである。

4 クラスター分析

　本節ではクラスター分析を概説する。**クラスター分析**は，分類対象の集合を内的結合と外的分離が達成されるような部分集合に分割する多変量解析の手法の 1 つである。セグメンテーションで考えれば，内的結合はセグメント内の同質性に，外的分離はセグメント間の異質性に対応すると考えればよい。クラスタリング・セグメンテーションでは，初めにいくつかのセグメントがクラスター分析により得られ，事後的に個々のセグメント（クラスター）を評価，解釈することになる。

　クラスタリング手法には，**階層的クラスタリング**と**非階層的クラスタリング**の種類がある。以下に，それらの概略を示す。

クラスター分析の種類

(1)　**階層的クラスタリング**：分類対象を分岐させる，あるいは，凝集させることでグループを階層的に構成する（**図7.1**，**図7.2**）

(2)　**非階層的クラスタリング**：事前に決めた数のクラスターにデータを分割し，グループを非階層的に構成する。実際には，統計的当てはまりの良さを改善するように分類対象の再割り当て，あるいは交換を繰り返すことで，グループを構成することになる（**図7.3**）

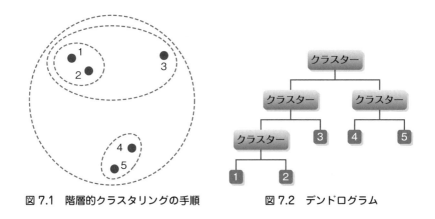

図 7.1　階層的クラスタリングの手順　　　　図 7.2　デンドログラム

どちらの手法を用いたとしても，クラスター分析を行うためには，何らかの基準で「似ている」「似ていない」の判断をしなければならない。「類似度」ないしは「距離（非類似度)」がこの基準として用いられる。類似度の場合，「類似度が大きいものは似ている」と考え，距離の場合，「距離が小さいものは似ている」と考える。

以下本節では，2つのクラスタリング手法のアルゴリズムを詳述する。

4.1　階層的クラスタリング

階層的クラスタリング手法は，「分岐型」と「凝集型」がある。どちらの手法も，**図 7.2** のような**デンドログラム**と呼ばれる樹形図を構成し，対象を分類する。後述する非階層的クラスタリング法と比較すれば，分類される個体数が少ない場合には，その出力がわかりやすい。以下では，一般的に採用されることが多い，「凝集型」の手順を示す。「凝集型」は次の4つのステップで構成される。

―――― **階層的クラスタリング（凝集型）のステップ** ――――
・ステップ1：データ集合のなかから，互いの距離が最も近くなるデータ
項目の対を探す（**図 7.1** 内の 1 と 2, および 4 と 5）
・ステップ2：その項目対を，1つのクラスターに統合する

・ステップ 3：そのクラスターと残りのデータ集合のなかから，互いの距離が最も近くなる要素対を探して統合する（**図 7.1** 内の 1 と 2 のグループと 3）

・ステップ 4：上記の処理を，データ全体が 1 つのクラスターに統合されるまで繰り返す（**図 7.1** 内の 1 と 2 と 3 のグループと 4 と 5 のグループ）

　本ステップは，**図 7.1** を参照してよく理解してほしい。階層的クラスタリングでは，最終的に**図 7.2** に示すデンドログラムを得ることになる。上記の手順を実施する場合，実際には「クラスターと消費者」や「クラスターとクラスター」の類似度や距離を計算しなければならない。どのような類似度ないしは距離を用いるかによってデンドログラム形状が変化し，結果として最終的なクラスターの構成に差が生じる。一般的に距離としては，(7.1) 式に示す**ユークリッド平方距離** d_{ij}^2 を用いることが多い。ここでは，n 個の個体について，p 個の変数 $X_{i1}, \cdots, X_{ip}$ $(i = 1, \cdots, n)$ があるものと仮定する。

$$d_{ij}^2 = \sum_{k=1}^{p} \left(X_{ik} - X_{jk} \right)^2, \quad i, j = 1, \cdots, n \tag{7.1}$$

ステップ 1 では，初期段階で n 個のクラスターがあるものと仮定し，(7.1) 式を用いてクラスター間の距離（実際には個体間の距離）を求める。ステップ 3 で用いるクラスター間の距離の算定には，(7.2) 式，(7.3) 式のいずれかを用いる。

$$d_{xc} = \alpha_a \cdot d_{xa} + \alpha_b \cdot d_{xb} + \beta \cdot d_{ab} + \gamma |d_{xa} - d_{xb}| \tag{7.2}$$

$$d_{xc}^2 = \alpha_a \cdot d_{xa}^2 + \alpha_b \cdot d_{xb}^2 + \beta \cdot d_{ab}^2 + \gamma |d_{xa}^2 - d_{xb}^2| \tag{7.3}$$

　ここで，(7.2) 式，(7.3) 式のどちらを用いるのか，そして $\alpha_a, \alpha_b, \beta, \gamma$ の値としてどのような数字を用いるのか，によってクラスター合併アルゴリズムに違いが生じる。代表的なクラスター合併手法としては，下記に示す 6 つの手法がある。

表7.2 クラスター分析のパラメータ

手法名	α_a	α_b	β	γ
ウォード法	$\dfrac{n_x+n_a}{n_x+n_a+n_b}$	$\dfrac{n_x+n_b}{n_x+n_a+n_b}$	$-\dfrac{n_x}{n_x+n_a+n_b}$	0
重心法	$\dfrac{n_a}{n_a+n_b}$	$\dfrac{n_b}{n_a+n_b}$	$-\dfrac{n_a n_b}{(n_a+n_b)^2}$	0
メディアン法	$\dfrac{1}{2}$	$\dfrac{1}{2}$	$-\dfrac{1}{4}$	0
最遠距離法	$\dfrac{1}{2}$	$\dfrac{1}{2}$	0	$\dfrac{1}{2}$
群間平均法	$\dfrac{n_a}{n_a+n_b}$	$\dfrac{n_b}{n_a+n_b}$	0	0
最短距離法	$\dfrac{1}{2}$	$\dfrac{1}{2}$	0	$-\dfrac{1}{2}$

—— 階層的クラスタリングの手法 ——

(1) **ウォード法**：最もよく用いられる手法で，最小分散法とも呼ばれる。2つのクラスターを統合する際に，クラスター内平方和の増分が最も小さいものを併合する（使用する式：(7.3) 式）

(2) **重心法**：クラスター内の個体数を反映し，各クラスターの重心間の距離をクラスター間距離にする方法（使用する式：(7.3) 式）

(3) **メディアン法**：重心法をシンプルにしたもので，クラスターの重心間の距離の中央値同士の距離を用いる方法（使用する式：(7.2) 式）

(4) **最遠距離法**：各クラスター内で最も遠い個体間の距離をクラスター間の距離にする方法（使用する式：(7.2) 式）

(5) **群間平均法**：それぞれのクラスター内の個体1つ1つの距離の平均をクラスター間距離とする方法（使用する式：(7.3) 式）

(6) **最短距離法**：クラスターから1つずつ選んだデータ間の距離のなかで最も小さな値を選び，2つのクラスター間の距離とする方法（使用する式：(7.2) 式）

表7.2 では，各クラスター合併手法の (7.2) 式，(7.3) 式で用いるパラメータを示している。なお，n_a, n_b, n_x は，それぞれクラスター a, b, x に含まれるデータの個数を示している。

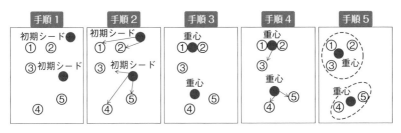

図7.3　非階層的クラスタリングの手順

4.2　**非階層的クラスタリング**

　非階層的クラスタリング法は，前述した階層的クラスタリングでなされる階層関係にはこだわらず，集団をいくつかのグループに分割する手法である。解析者が大規模データを用いて個体の分類を行わなければならない場合，階層的クラスタリング法よりも計算の効率性の観点から優れている。また，個体数が多い場合は，階層的クラスタリングの出力よりも，非階層的クラスタリングの出力が解釈しやすい。下記には，代表的な非階層的クラスタリング手法である「k-$means$」の手順を示す。「k-$means$」は5つのステップで構成される。

非階層的クラスタリング（k-$means$）のステップ

- ステップ0：分類数（いくつのクラスターにするか）k を分析に先立って決める
- ステップ1：属性空間において k 個の適当な点（分類中心〔初期シード〕）をとる（**図7.3** の手順1）
- ステップ2：各個体を最も近い分類中心に割り当てる。これによって暫定的 k 個のクラスターを生成する（手順2）
- ステップ3：各クラスターの重心を求め，それを新たな分類中心にする（手順3）
- ステップ4：更新前の分類中心と更新後の分類中心の差を求め，その差が十分小さければ終了する。十分に小さくならなければ，更新された分類中心を用いてステップ2に戻る（手順4，5）

　上記のステップ 1 で，分類中心の与え方によって結果に違いが生じること
が知られている。そのため，実際の活用の場面では分類中心の初期値を変えて
分析を実施し，結果を比較することが望ましい。**図 7.3** には，上記の手順をク
ラスター数を 2（$k = 2$）の場合を例に示した。図と囲みの内容をよく確認し，
アルゴリズムを理解してほしい。

5 | R コマンダーによる市場セグメンテーション

　本節では R コマンダーを活用した，実際のセグメンテーションを説明する。
分析手順は**図 7.5** で示している通り，因子分析を行い，その後，非階層的クラ
スタリング法（*k-means*）を用いセグメンテーションを行う。

5.1　事例データ

　本節で示す分析例では，「個人投資行動に関するアンケート調査」により得
られたデータの一部を用いる。具体的には，**表 7.3** に示す投資意図に関する
27 の質問項目（5 段階尺度〔1. 全くあてはまらない，2. あてはまらない，3. どちら
でもない，4. あてはまる，5. とてもあてはまる〕で取得している）を用いてクラス
タリング・セグメンテーションを行う。被験者数は 1235 人であり，参考まで
に**図 7.4** にはその性別と年齢の分布状況をそれぞれ示す。入力データ（ファイ
ル名：seg.txt）内に，性別（1. 男性，2. 女性），年齢（調査時点での年齢），投資
経験年数，取引形態（1. 対面，2. インターネット，3. 対面とインターネットの併
用）のデータも含まれている。

　図 7.5 ではクラスタリング・セグメンテーションの分析フローを示してい
る。第 1 ステップでは，**表 7.3** に示す 27 項目を縮約して少数の基準変数を抽
出する。このステップでは因子分析を用いる。因子分析の技術的詳細は前章を
参照してほしい。第 2 ステップでは，第 1 ステップの因子分析の結果から得
られる因子スコアを入力データとしてクラスター分析を行い，被験者をセグメ
ント化する（クラスター分析に関しては第 4 節を参照のこと）。最終ステップでは，
第 2 ステップで得られたセグメントを 3.1 項に示した観点で評価する。

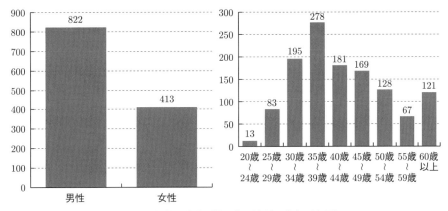

図 7.4　年齢の分布（左図），性別の分布（右図）

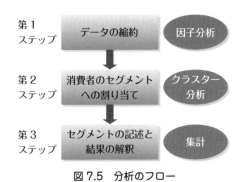

図 7.5　分析のフロー

5.2　因 子 分 析

　本項では，因子分析の結果を示す。具体的には，読み込んだデータを入力
データとし，因子分析を行う。その手順を示しているのが，**図 7.6**〜**図 7.9** で
ある。因子分析は【統計量】⇒【次元解析】⇒【因子分析】で選択する。因子
分析では，**表 7.3** に示す q1〜q27 をすべて用い，【オプション】タブで指定す
る【因子の回転】は本事例では直交回転である "バリマックス" 法を，【因子ス
コア】として "回帰" 法をそれぞれ指定する（**図 7.6** 参照）。また，抽出する因
子数を 4 個として分析した（**図 7.7**）。因子数に関しては，予備分析の結果にも
とづき累積寄与率が 50% を超える 4 とした。**表 7.4** は，本分析で抽出した軸

表 7.3 質問項目：あなたは以下のような状況の際に，どの程度投
資（購入）したいと考えますか？ あてはまるものをお答え
ください。

質問 ID	質問項目
q1	株価が安定的に推移しているとき
q2	株価が大きく変動しているとき
q3	将来的に高い利益成長がありそうだと考えられるとき
q4	現在，高利益の状況にあると判断できるとき
q5	高い配当が期待できそうな企業だと考えられたとき
q6	株主優待の中身に興味を持った場合
q7	投資先企業の業務内容に期待が持てた場合
q8	投資先企業が社会貢献をしていると考えられた場合
q9	新聞で得た情報が良好であった場合
q10	金融機関担当者から得た情報が良好であった場合
q11	金融機関担当者から銘柄の推奨があった場合
q12	インターネットの掲示板から得た情報が良好であった場合
q13	インターネットのブログで得た情報が良好であった場合
q14	インターネットのパブリックサイトで得た情報が良好であった場合
q15	インターネットの SNS 等で得た情報が良好であった場合
q16	雑誌から得た情報が良好であった場合
q17	友人・知人から得た情報が良好であった場合
q18	友人・知人から銘柄の推奨があった場合
q19	インターネットのコミュニティで得た情報が良好であった場合
q20	先立つ投資で利益を得た場合
q21	まとまったお金が必要となりそうなとき
q22	国内景気が上向きだと感じられたとき
q23	市場心理が良好だと感じられたとき
q24	為替動向が良好だと感じられたとき
q25	証券市場が安定的だと感じられたとき
q26	国内の政治状況が安定的だと感じられたとき
q27	国外の政治状況が安定的だと感じられたとき

の説明力を示す，固有値（SS loadings），寄与率（Proportion Var），累積寄与
率（Cumulative Var）である（**図 7.8** の出力ウィンドウも参照）。これを見ると，
4 軸までで全体の 50% 程度説明できることがわかる。なお，因子数の決定は，

図 7.6　因子分析：データの指定（上図），オプション指定（下図）

図 7.7　因子数の指定

表 7.4　因子分析結果（固有値，寄与率，累積寄与率）

	Factor1	Factor2	Factor3	Factor4
SS loadings	5.206	3.376	3.187	1.899
Proportion Var	0.193	0.125	0.118	0.070
Cumulative Var	0.193	0.318	0.436	0.506

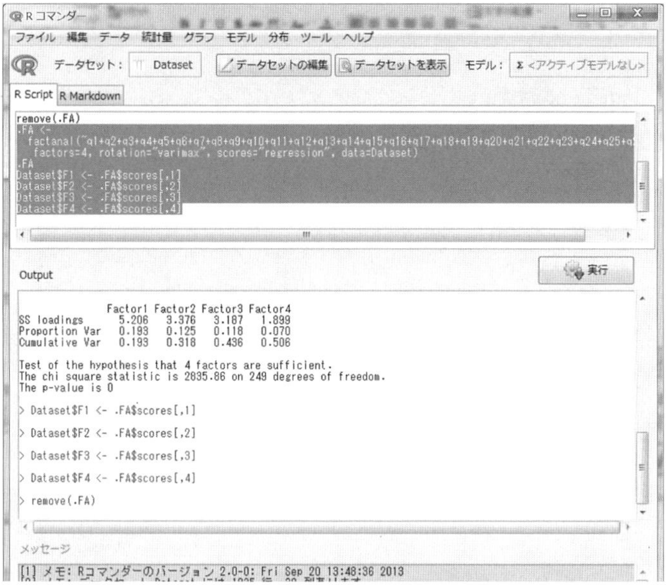

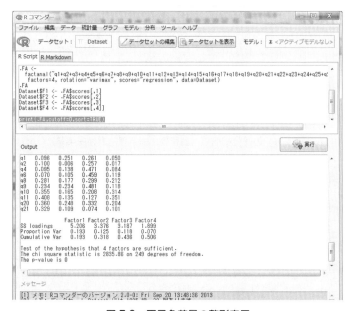

図 7.8　再解析

図 7.9　因子負荷量の整形表示

厳密に言えば第 6 章 6.2 項に示した手順で実施すべきである。本節に示した手順は，簡便に因子数を決定することを念頭に説明したものである。注意してほしい。図 7.8 のスクリプトウィンドウには，R コマンダーで行う以降の分析で必要な情報を復元するための処理を示した。図 7.8 と同じ部分をアクティブにし，実行すれば解釈に必要な情報を復元できる。また，図 7.9 のスクリプトウィンドウには，表示される因子負荷量を見やすく表示するために必要な処理を示した。図 7.9 のアクティブな行と同様に入力し，実行すればよい。

表 7.5〜表 7.8 には，図 7.8 の出力ウィンドウに表示されたものを整形し，因子負荷量の上位 5 つ（軸ごと）を示した。各軸は，「インターネットでの情報の良し悪し（第 1 軸）」「政治状況の安定性（第 2 軸）」「収益期待の高低（第 3 軸）」および「口コミ情報の有無（第 4 軸）」と解釈できる。

5.3 クラスター分析

本項ではセグメンテーションの結果を示す。具体的には，非階層的クラスタリング法（k-means）を用い，因子分析の結果得られる因子スコアを入力データとしクラスタリングを行う。因子スコアは，F1〜F4（抽出した因子が 4つなので F4 まで）という変数名でデータセットに自動的に追加されている。図7.10 には k-means の設定画面を示した。入力として F1〜F4（【変数（1 つ以上選択）】）を指定し，クラスター数は 4 つとした。

表 7.9 には，クラスターごとの重心と割り当てられた人数を示す。表 7.9 に示す数字は，【統計量】⇒【要約】⇒【頻度分布】（人数：図 7.11 参照），【統計量】⇒【要約】⇒【数値による要約】（各クラスターの重心：図 7.12 参照）の手順で集計できる。セグメント 1 は最も規模が大きいセグメントであり，1 軸の重心が正で大きい。5.2 項に示した内容にもとづき解釈するとこのセグメントは「能動的情報探索派」と考えられる。他のセグメントも同様の考え方で解釈すると，セグメント 2 は「他人情報依存派」，セグメント 3 は「マクロ状況依存派」，セグメント 4 は「信念派」といえる。

表 7.5　因子負荷量（因子 1：上位 5 項目）

質問 ID	Factor1	質問項目
q15	0.901	インターネットの SNS 等で得た情報が良好であった場合
q13	0.898	インターネットのブログで得た情報が良好であった場合
q14	0.869	インターネットのパブリックサイトで得た情報が良好であった場合
q12	0.805	インターネットの掲示板から得た情報が良好であった場合
q19	0.803	インターネットのコミュニティで得た情報が良好であった場合

表 7.6　因子負荷量（因子 2：上位 5 項目）

質問 ID	Factor2	質問項目
q26	0.911	国内の政治状況が安定的だと感じられたとき
q27	0.880	国外の政治状況が安定的だと感じられたとき
q25	0.693	証券市場が安定的だと感じられたとき
q24	0.555	為替動向が良好だと感じられたとき
q23	0.550	市場心理が良好だと感じられたとき

表 7.7　因子負荷量（因子 3：上位 5 項目）

質問 ID	Factor3	質問項目
q5	0.659	高い配当が期待できそうな企業だと考えられたとき
q3	0.638	将来的に高い利益成長がありそうだと考えられるとき
q22	0.531	国内景気が上向きだと感じられたとき
q7	0.522	投資先企業の業務内容に期待が持てた場合
q23	0.500	市場心理が良好だと感じられたとき

表 7.8　因子負荷量（因子 4：上位 5 項目）

質問 ID	Factor4	質問項目
q18	0.839	友人・知人から銘柄の推奨があった場合
q17	0.768	友人・知人から得た情報が良好であった場合
q11	0.351	金融機関担当者から銘柄の推奨があった場合
q10	0.314	金融機関担当者から得た情報が良好であった場合
q19	0.286	インターネットのコミュニティで得た情報が良好であった場合

図 7.10　$k\text{-}means$ 設定：データ指定（上図），オプション指定（下図）

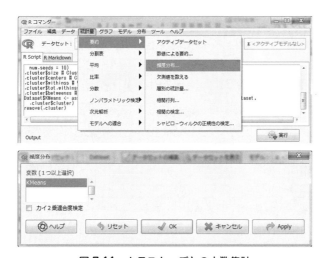

図 7.11　クラスターごとの人数集計

図 7.12　クラスターごとの重心の算定

表 7.9　各クラスターの重心と人数

セグメント	IN 情報 （1 軸）	政治状況 （2 軸）	収益期待 （3 軸）	口コミ情報 （4 軸）	人数
セグメント 1	0.8356	0.0143	0.0166	0.1888	514
セグメント 2	−0.5953	0.2155	0.2529	1.4000	192
セグメント 3	−0.5826	0.7177	0.1108	−0.8016	327
セグメント 4	−0.6172	−1.4031	−0.4618	−0.5134	202

5.4　セグメントのプロファイリング

　本項では，前項に示した 4 つのセグメントのプロファイリング結果を示す。当該ステップでは，3.1 項に示した 4 つの視点（頑健性，識別性，収益性，アクセス可能性）から検証するが，識別性と収益性は前項の議論よりおおむね担保されていると考えられる。また，紙幅の都合上割愛するが，階層的クラスタリング分析を用いてセグメンテーションを実施してもほぼ同様のセグメントが再現されるため，頑健性も担保されている。そのため，ここではアクセス可能性の観点からの検証結果を示す。

　ここまでの議論はすべて因子分析とクラスター分析の結果にもとづくものであった（表 7.9）。以降には，それらの分析で用いていない属性データを用いて，セグメントのプロファイリングを行う。なお，これらの集計は，表 7.9 の集計と同様に行うことができる。その手順は紙幅の都合上示せないが，ここではセグメントのプロファイリングの考え方を学んでほしい。表 7.10〜表 7.13 は，セグメントごとの性別比率，平均年齢，平均投資経験年数および投資の形態の比率をそれぞれ示す。まず性別比率を確認すると，セグメント 2 は女性比率が相対的に高い傾向である。平均年齢で見るとセグメント 3 が最も高く，セグメント 4 が最も若い。投資経験年数は，平均年齢の構造が反映されており平均年齢と同じ傾向である。投資を行う形態は，セグメント 2 が対面取引の比率が高く，セグメント 4 はインターネット取引の比率が高い。上記の検証にもとづけば，実際には性別と年齢に着眼すれば希望のセグメントに到達できるとわかる。

　実際の解析では，本項で示した解析より精緻に検証すべきであるが，セグメントのプロファイリングのイメージは理解してもらえるはずである。このステップの検証がないと分析が不十分となり，活用するうえでの障害になる。その点の理解を深めてほしい。

表 7.10　性別比率

(%)

セグメント	男性	女性
セグメント 1	65.4	34.6
セグメント 2	60.4	39.6
セグメント 3	70.3	29.7
セグメント 4	69.3	30.7
全体	66.6	33.4

表 7.11　年齢比率

(歳)

セグメント	平均年齢
セグメント 1	42.1
セグメント 2	44.0
セグメント 3	45.5
セグメント 4	39.9
全体	42.9

表 7.12　投資経験年数

(年)

セグメント	投資経験年数
セグメント 1	7.3
セグメント 2	8.3
セグメント 3	9.2
セグメント 4	6.3
全体	7.8

表 7.13　投資の形態

(%)

セグメント	対面取引	インターネット取引	対面とインターネットの併用
セグメント 1	15.8	72.0	12.2
セグメント 2	20.3	64.1	15.6
セグメント 3	13.2	74.9	11.9
セグメント 4	14.9	78.2	6.9
全体	15.6	72.6	11.8

ま と め

　本章では，マーケティング戦略を立案する際の枠組みとして採用されることの多い STP アプローチの第 1 ステップに位置付けられる，セグメンテーションに関して解説した。事例では，個人投資家に対して実施したアンケートデータから得られる，投資意図（あなたは以下のような状況の際に，どの程度投資〔購入〕したいと考えますか？）の項目を例とした。分析は，R コマンダーに組み込まれている因子分析とクラスター分析（*k-means*）で行った。

　セグメンテーションは，本章で例示したようなデータに限らずさまざまな種類のデータで実施可能であるし，その分析手法についても解説したようにいろいろなアプローチが採用されうる。しかし，セグメンテーション自体に絶対的な解は存在せず，いつも探索的な態度で分析をすることが必要である。その点は重要な点なので改めて指摘しておく。

第7章　文献案内

岡太彬訓・守口剛（2010）『マーケティングのデータ分析——分析手法と適用事例』朝倉書店。

➡　クラスター分析を含む多変量解析を，マーケティングの事例から平易に解説したテキストで，この周辺の手法を詳しく学びたい読者には有益である。

Column⑦ 店舗のセグメンテーション

　本章では，消費者のセグメンテーションの周辺を解説した。また，第6章7節でも一種の製品セグメンテーションであるサブマーケットを発見するための分析について詳述した。これらは，分類する対象こそ異なるが（消費者と製品），何らかの基軸で対象（消費者や製品）を少数のグループに分類するという意味では共通している。ここでは，類似の考え方で小売業の店舗を分類した（店舗セグメンテーション）分析事例を紹介する。

　小売業では，現在，商圏と呼ばれる1つの小売店舗がカバーするエリアが小さくなってきている（小商圏化）。売上を確保するためには，個店対応という個々の店舗に焦点を当てた戦略が重要であると，小売業は気付いてきている。フリークエント・ショッパーズ・プログラム（FSP）などの取り組みは，小売業の個店対応の一環と考えることもできる。しかし，小売業が現実的に個々の店舗の異質性を把握し，個々に対して違った戦略を実施できるかといえば，人的，費用などの理由で困難である。だからといって，チェーン小売業が数百の店舗を1つの戦略で運営するのは，あまりに非効率であり，それでは競争優位な小売業にはなりえない。この論点は，消費者を対象としたワントゥワン・マーケティング，セグメンテーション・マーケティング，マス・マーケティングの関係性と同様だと考えれば理解してもらえるはずである。店舗のセグメンテーションは，中間レベルの細かさの分析である。店舗のセグメンテーションは，通常，売れ方が似ている店舗をグループ化することをねらう。小売業は，構成された少数の店舗グループごとに戦略を考えることになる。

　ここでは，あるコンビニエンスストア・チェーン（1チェーン）の首都圏に存在する83店舗のPOSデータを用いて店舗のセグメンテーションを行った。入力データは店舗（表側：83店舗）×カテゴリ（表頭：64カテゴリ）の金額PI（来店客1000人当たり販売金額）とする。分析は，本章で紹介したように因子分析とクラスター分析を用いて行う。ただし，本文では非階層的クラスター分析を用いたが，ここでは階層的クラスター分析を用いた。

　因子分析で抽出した軸数は累積寄与率が70%を超える10軸までとし，回転法はバリマックス回転，因子スコアの推定法は回帰法を用いた。**表7.14**は，因子分析の結果得られる因子負荷量の解釈結果である（詳細な数字は紙幅の都合上割愛する）。

　図7.13は，因子分析で推定された回転後の因子スコアを入力データとし

表 7.14 因子負荷量による軸の解釈

軸	解釈
第 1 軸	量販代替購入
第 2 軸	コンビニ定番購入
第 3 軸	外出先購入
第 4 軸	健康食品関連購入
第 5 軸	女性用品購入
第 6 軸	酒関連購入
第 7 軸	即席食品購入
第 8 軸	甘くない飲料購入
第 9 軸	男性関連購入
第 10 軸	冷凍関連商品購入

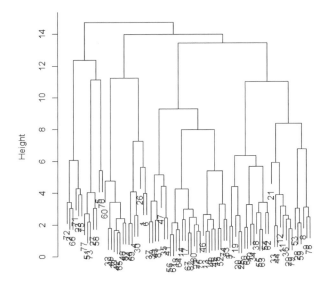

Observation Number in Data Set Dataset
Method=ward; Distance=euclidian

図 7.13 デンドログラム

て行った階層的クラスター分析の結果を示すデンドログラムである。この図から判断し，9つの店舗グループを抽出した。さらに，**表 7.15** では，クラスターごとの平均因子スコアと分類された店舗数を示す。

店舗とはいえ，セグメンテーションであるため消費者のセグメンテーショ

表 7.15　平均因子スコア

クラスター	F1	F2	F3	F4	F5	F6	F7	F8	F9	F10	店舗数
1	−0.4760	−0.5538	−0.6574	0.5250	−0.8964	−1.0843	−1.3942	0.2560	−0.9384	−0.0248	7
2	−0.0908	−1.2708	−0.4003	−0.9113	−0.7056	−0.2310	2.0603	−0.0165	−0.8031	−0.4107	6
3	−0.3431	−0.3720	−0.4186	0.8707	0.0014	0.2564	0.4125	0.0845	0.7098	0.2611	14
4	**−0.0792**	**−1.9189**	**0.1905**	**0.7401**	**4.3077**	**−0.0798**	**−0.2679**	**0.5161**	**−0.5472**	**0.0670**	**2**
5	1.2771	0.3831	−0.1257	0.4568	−0.0254	−0.2586	−0.2121	−0.1184	0.3273	−0.4310	14
6	−0.3069	0.4125	0.2675	−0.7057	0.2645	−0.1107	−0.0996	0.4402	0.3805	0.0033	20
7	−0.0878	0.3495	2.2633	0.0829	0.0115	−1.0013	0.2905	−0.9007	−0.5974	0.1211	5
8	−0.3071	−0.4616	0.3196	−0.3883	−0.6172	1.3503	−0.8098	−0.6650	−0.1015	0.1759	8
9	−0.0008	1.2687	−0.7117	−0.2096	0.2600	0.7977	0.3066	−0.1761	−0.8354	0.4005	7

ンと同様の検証を行う。ここでは，2店舗だけで構成されるクラスター4を題材に検証を試みる。**表7.15**を確認すると，第5軸（女性用品購入）の平均因子スコアが際立って高いのが，クラスター4だとわかる。すなわち，このグループは女性用品購入に関連したカテゴリ（詳細は示していないが，ストッキングや生理用品）の売上が高い店舗だとわかる。女性の買い物の仕方に特性がある店舗グループであると推察できる。ここまでは，因子分析とクラスター分析に用いたデータのみから議論できる。さらに外生的データとして店舗の立地場所を用いて，この2店舗を個々に確認すると，銀座と西麻布であり，いわゆる大規模な繁華街に立地しているので，その点を勘案すると前述の特徴が生じる理由がイメージできるであろう。実際には，他のクラスターも同様に検証できる。

　消費者であろうと製品であろうと，またここで紹介した店舗であろうと，セグメンテーションのアプローチは汎用的に用いることができる。セグメント・レベルは，実務上管理しやすい（できる）範囲の細かさのため，マーケティングのさまざまな場面で活用される。読者には，この考え方をよく理解してほしい。

製 品 開 発
コンジョイント分析

1 製品戦略と製品開発

　企業の行う製品開発は，重要なマーケティング戦略の1つである。そして，市場の状態と製品の特性から4つの製品戦略が考えられる。1つめは，既存市場に新製品を開発して参入を図る**製品開発戦略**。2つめは，既存製品をもって新市場へ参入する**市場開発戦略**。3つめは，既存製品を既存市場でさらに浸透させる**市場浸透戦略**。そして4つめは，新製品を開発して新市場を開発する**多角化戦略**である。いずれを採用するかは，市場規模，企業の特性（技術力，規模，革新性など），市場環境（規模，競争の状態など）に依存して決定される。

　これらの意思決定は同じ企業でも戦略的事業単位（SBU: strategic business unit）で行われることが多く，企業の経営資源を配分するうえでSBU単位で事業評価を行う必要がある。その際に**プロダクト・ポートフォリオ・マネジメント**（PPM: product portfolio management）という考え方が用いられることがある。

　PPMは横軸に，SBUのマーケット・シェア，縦軸に市場成長率をとって4象限のマトリクスを描き，この2次元上に各SBUをポジショニングする。

　図 8.1ではPPMの例を示しており，A，B，C，Dの4つの事業が2次元の空間上に布置されている。円の大きさはそれぞれの事業規模を表している。これによれば，事業Aはマーケット・シェアが高くさらに市場成長率も高いの

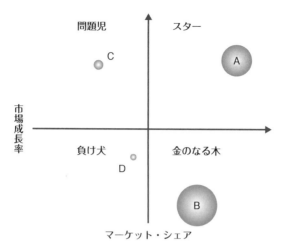

図 8.1　プロダクト・ポートフォリオ・マネジメント

で「スター」の次元に配置されている。逆に事業Ｄは，シェアと市場成長率がともに低く「負け犬」の状態にある。事業規模がＡより大きい事業Ｂは，市場成長率が低い状態でシェアを獲得している「金のなる木」の状態であり，さらに事業Ｃは，市場成長率が高いマーケットにありながらシェアを獲得できていない「問題児」という評価を受ける状態にある。

　これらの製品戦略の考え方を背景として，本章では，製品戦略の１つである新製品開発について，計画された実験調査により消費者の求める製品やサービスの仕様を決定するリサーチ手法であるコンジョイント分析を解説する。

2 コンジョイント分析とは何か

　コンジョイント分析は，消費者の製品やサービスに対する好みがどのように構成されているかを理解するための分析手法であり，新製品開発の際にルーティンとして実務でも多く使われている代表的なマーケティング・リサーチ手法である。この手法は，心理学者ルースと統計学者チューキー（Luce and Tukey, 1964）によって考案された多変量解析法であり，社会科学としてはめずらしく実験を行うことに最大の特徴がある。近年の実験経済学などにおける，消費

者に刺激を与え，その反応を観測して新しい理論をみつけ出そうとする動きの先駆けであり，マーケティング・リサーチでは古くから利用されてきた。コンジョイント（conjoint）の名前は，消費者は製品・サービスを定義する各属性を連結して評価する，つまり連結を意味する "conjoin"，または "**con**sider **joint**ly" に由来するとも言われている。

　分析では，消費者は，製品・サービス全体から得られる価値あるいは効用を，「製品・サービスを構成する属性から得られる個別の効用を合計して評価している」という仮定を置く。前者の効用は製品・サービスの**全体効用**，後者の個別の効用は**部分効用**と呼ばれる。さらに，耐久時間，色，形など製品・サービスを構成する要因を**属性**と呼び，また，耐久時間であれば1時間，2時間，3時間，色ならば赤，青，黄色などのように属性のとる値を**水準**と呼ぶ。

　コンジョイント分析では，リサーチャーが各属性の水準を選んで組み合わせることで，まず仮想的な製品・サービスを構成し，さらにこれを消費者のサンプルとして選ばれた被験者に提示して，これらを評価をしてもらうことが特徴的である。そこでは，属性あるいは水準がどれくらい重要であるのかについて一切尋ねておらず，仮想的につくられた製品・サービスの選好順位だけが被験者に求められる。属性およびその水準がとりうる値はリサーチャーが設定するので，分析が有効であるためには，これらを適切に設定することがきわめて重要である。

　電化製品の例を考えよう。まず，ある電化製品では，バッテリ時間（バッテリの連続稼働時間），保証期間，色の3つが製品を構成する主要な属性と考え，バッテリ時間と色の属性にはとりうる値が3水準，保証期間には2水準があるとし，**表 8.1** のように設定されたとしよう。そのときの各属性と水準の組合せから生じる部分効用が同表の右側の列に記されている。このとき，3つの属性から水準が1つずつ選ばれ，それぞれを組み合わせることで1つの製品ができあがる。たとえば，属性1のバッテリ時間が水準1の6時間，属性2の保証期間が水準2の1年，属性3の色が水準3の黒である電化製品の全体効用を U_{123} としたとき，全体効用は，

$$U_{123} = u_{11}(\text{バッテリ時間 6 時間}) + u_{22}(\text{保証 1 年}) + u_{33}(\text{黒}) \tag{8.1}$$

で定義される。ここで，全体効用を構成するそれぞれの部分効用 u_{ij}（ここで

表 8.1　電化製品の属性と水準：部分効用

属性	水準			部分効用		
バッテリ時間	6 時間	4 時間	2 時間	u_{11}	u_{12}	u_{13}
保証期間	2 年	1 年	-	u_{21}	u_{22}	-
色	赤	シルバー	黒	u_{31}	u_{32}	u_{33}

は i は属性，j はその属性の水準を示す）が測定できれば，その組合せでつくられる製品サービスの全体効用 $\{U_{ijk}\}$（ここでは i は属性 1 の水準，j は属性 2 の水準，k は属性 3 の水準を示す）が評価できる。

補償型と非補償型意思決定ルール

　各属性の部分効用の総和で製品全体の効用を定義するというこの考え方は，属性で相互に補い合う関係を想定したものであることから**補償型意思決定ルール**にもとづくものである。このほか，**非補償型意思決定ルール**としては，特定の属性についてまず足切りをするというものがある。たとえば，バッテリは 4 時間以上持つものでないと購入しないとあらかじめ決めてスクリーニングする「分離型」や，バッテリに加えて保証期間は 2 年以上と決め，2 つの基準を同時に満たすことを求める「連結型」などが代表的である。このほか，さまざまな非補償型の意思決定ルールがある。

　以下本章では，最も代表的である補償型意思決定ルールにもとづくコンジョイント分析を紹介する。

3 基本的な考え方

3.1　属性ペアの比較

　いま色が同じであるとした場合，バッテリ時間と保証期間に関するすべての組合せである 6 種類の製品・サービスとして 2 つの属性を連結して考え，被験者が**表 8.2** の上表（(A) 保証期間／バッテリ時間）のような選好のランキングを与えたとしよう。さらに，今度はバッテリ時間が同じだとして，色と保証期間

表 8.2 選好ランキング：属性ペア比較

(A) 保証期間／バッテリ時間	6 時間	4 時間	2 時間
1 年	4	5	6
2 年	1	2	3

(B) 保証期間／色	赤	シルバー	黒
1 年	3	5	6
2 年	1	2	4

表 8.3 電化製品の属性と水準：部分効用の評価値

属性	水準			部分効用		
バッテリ時間	6 時間	4 時間	2 時間	$u_{11} = 20$	$u_{12} = 10$	$u_{13} = 0$
保証期間	2 年	1 年	-	$u_{21} = 50$	$u_{22} = 0$	-
色	赤	シルバー	黒	$u_{31} = 60$	$u_{32} = 40$	$u_{33} = 0$

表 8.4 部分効用（選好ランキング）：属性ペア比較

(A) 保証期間／バッテリ時間	6 時間	4 時間	2 時間
1 年	20(4)	10(5)	0(6)
2 年	70(1)	60(2)	50(3)

(B) 保証期間／色	赤	シルバー	黒
1 年	60(3)	40(5)	0(6)
2 年	110(1)	90(2)	50(4)

の組合せについてランキングが同表の下部（(B) 保証期間／色）のように与えられたとする。このとき，これらの意思決定をした背後にある被験者の部分効用を測定するのがコンジョイント分析である。

いま仮に，**表 8.3** の右側の列のように，各属性の部分効用が計算されたとする。このとき，上記 2 種類の属性ペアの比較表における部分効用は，**表 8.4** のようにそれぞれ計算される。**表 8.4** のカッコ内は与えた選好順位であり，2 つの属性に対する評価値の合計の順位と選好順位は一致していることがわかる。したがって，想定した部分効用の値は，被験者が示した選好ランキングと整合的な結果となる。

表 8.5 新製品の評価値

属性	新製品 1	効用 1	新製品 2	効用 2	新製品 3	効用 3
バッテリ時間	6 時間	20	4 時間	10	6 時間	20
保証期間	2 年	50	1 年	0	1 年	0
色	シルバー	40	黒	0	赤	60
全体効用	-	110	-	10	-	80

3.2 新製品の購入確率

3 つの属性を組み合わせることにより，被験者（購入予定者）の新製品に対する全体効用を求めることができる。たとえば，**表 8.5** には 3 つの新製品の属性および対応する部分効用，さらに全体効用がまとめられている。すなわち，3 つの新製品のうち最も全体効用の高いものは新製品 1 の 110 であり，最も低いものは新製品 2 の 10 である。したがって，この被験者は新製品 1 を選択すると予測できる。これ以外にも，さまざまな属性水準の組合せにより構成できる新製品の全体効用は同様に計算できる。

さらに，もしこれが市場を代表するような多くの消費者に対して評価されたものであると考えれば，3 つの製品が市場に出されたときのマーケット・シェアは，各製品の全体効用の総和に占める各製品の全体効用で評価することが可能である。たとえば，

$$新製品 1 のマーケット・シェア = \frac{110}{110 + 10 + 80} = \frac{110}{200} = 55\%$$

$$新製品 2 のマーケット・シェア = \frac{10}{110 + 10 + 80} = \frac{10}{200} = 5\%$$

$$新製品 3 のマーケット・シェア = \frac{80}{110 + 10 + 80} = \frac{80}{200} = 40\%$$

という形で市場のシェアについての予測ができる。

3.3 コンジョイント分析の考え方

このように，コンジョイント分析の基本的な考え方は，複数の仮想の新製品

について，その選好順位を被験者に質問し，そこから得られたランキング情報
を利用して，被験者によって表明された選好順序とできるだけ一致するよう
に，各属性から得られる部分効用の値を決めようというものである。

4 コンジョイント分析

4.1　効用測定モデル

　上述の電化製品の新製品開発の場合，2 つの属性で 3 水準，1 つの属性で 2
水準あるので，可能性のある新製品の組合せは全部で 18 通りある。このとき
コンジョイント分析では，3 つの属性の部分効用を重回帰モデルの説明変数
の一部分に対応させた形で表現した，効用測定モデルを設定する。すなわち，
選好順位からつくられる目的変数 y を属性水準の有無を表す複数の（ダミー）
説明変数で説明する重回帰モデル，

$$y = \alpha + \beta_{11}x_1 + \beta_{12}x_2 + \beta_{21}x_3 + \beta_{31}x_4 + \beta_{32}x_5 + \varepsilon \tag{8.2}$$

を設定して，偏回帰係数の推定値 $\hat{\beta}_{ij}$ から部分効用の値を求める。

　ここで，5 つの説明変数は実数値ではなく，以下で説明する水準の違いを表
す質的変数（カテゴリ変数）である。この属性水準を区別する質的説明変数は，
バッテリ時間の属性については 3 水準（カテゴリ）であるので 2 つの説明変数
を導入し，以下のように定義する。

$$x_1 : 時間1 = \begin{cases} 1, & 6\,時間 \\ 0, & それ以外 \end{cases} \qquad x_2 : 時間2 = \begin{cases} 1, & 4\,時間 \\ 0, & それ以外 \end{cases} \tag{8.3}$$

保証期間については 2 水準であるので，

$$x_3 : 保証 = \begin{cases} 1, & 保証2年 \\ 0, & それ以外（保証1年） \end{cases} \tag{8.4}$$

と定義され，色については 3 水準なので，

$$x_4 : \text{色 1} = \begin{cases} 1, & \text{赤} \\ 0, & \text{それ以外} \end{cases} \qquad x_5 : \text{色 2} = \begin{cases} 1, & \text{シルバー} \\ 0, & \text{それ以外} \end{cases} \qquad (8.5)$$

のように定義する。

　これら 5 つの質的変数を説明変数に持つ重回帰モデル (8.2) 式により，すべての部分効用 (u_{ij}) が測定でき，すべての組合せの製品に対する全体効用 (U_{ijk}) が評価できる。

　たとえば，(4 時間，保証 2 年，シルバー) の属性を持つ製品の効用 U_{212} は，部分効用を用いて，

$$U_{212} = u_{12} + u_{21} + u_{32}$$

と定義できる。これは重回帰モデルでは，

$$y = \alpha + \beta_{11}(x_1 = 0) + \beta_{12}(x_2 = 1) + \beta_{21}(x_3 = 1)$$
$$+ \beta_{31}(x_4 = 0) + \beta_{32}(x_5 = 1) + \varepsilon$$
$$= \alpha + \beta_{12} + \beta_{21} + \beta_{32} + \varepsilon$$

で表される。同様に (2 時間，保証 2 年，黒) の属性を持つ製品の効用 U_{313} は，

$$y = \alpha + \beta_{11}(x_1 = 0) + \beta_{12}(x_2 = 0) + \beta_{21}(x_3 = 1) + \beta_{31}(x_4 = 0)$$
$$+ \beta_{32}(x_5 = 0)$$
$$= \alpha + \beta_{21} + \varepsilon$$

と定義され，さらに (2 時間，保証 1 年，黒) の属性の製品の効用 U_{323} は，

$$y = \alpha + \beta_{11}(x_1 = 0) + \beta_{12}(x_2 = 0) + \beta_{21}(x_3 = 0)$$
$$+ \beta_{31}(x_4 = 0) + \beta_{32}(x_5 = 0)$$
$$= \alpha + \varepsilon$$

となる。とくに最後の式から，α は 3 つの属性それぞれで最も部分効用の低い水準の組合せのときの全体効用を表していることがわかる。

実際の推定法

推定については，y を被験者に対し調査した仮想製品群に対する選好順位から構成される全体効用の代理変数とした重回帰分析を行い，偏回帰係数の推定値 $\hat{\beta}$ を部分効用の値として計算する。

いま，全体効用が (8.1) 式のように定義されるとしたとき，全体効用の観測値を被験者の示した選好順位 z から構成することを考えよう。順位の大きさと効用の大きさは逆方向に動くので，順位の小さい値のときに大きい効用の値を持つように変数 z を変換しておく必要がある。この変換には特定の方法や決まりがあるわけではなく，たとえば，$y = 19 - z$ などとし，選好順位が $z = 1$ のときに効用 $y = 19 - 1 = 18$ と最大値をとり，選好順位が最下位 $z = 18$ のときに最小値 $y = 1$ をとるように変換し，製品の全体効用の代理変数とすればよい。

回答者の選好順位と計算される効用値のレベルの違いは切片 α で調整される。このように定めることで，選好順位を説明するように部分効用（偏回帰係数）を決めているといえる。

また，各属性の最低水準はすべて 0 と置いていることに注意する。つまり，推定された重回帰モデルと部分効用の推定値の関係は次のように表される。

$$
\hat{y} = \hat{\alpha} + \left\{ \begin{array}{l} \hat{\beta}_{11}(u_{11}\ 6\ 時間) \\ \hat{\beta}_{12}(u_{12}\ 4\ 時間) \\ 0\quad (u_{13}\ 2\ 時間) \end{array} \right. + \left\{ \begin{array}{l} \hat{\beta}_{21}(u_{21}\ 保証\ 2\ 年) \\ 0\quad (u_{22}\ 保証\ 1\ 年) \end{array} \right. + \left\{ \begin{array}{l} \hat{\beta}_{31}(u_{31}\ 赤) \\ \hat{\beta}_{32}(u_{32}\ シルバー) \\ 0\quad (u_{33}\ 黒) \end{array} \right.
$$

$$(8.6)$$

上記は各属性の最低水準の部分効用を 0 と置いているが，属性 k の水準 i の部分効用を平均からの偏差で定義し，属性内の各水準の部分効用の総和を 0 として分析することが多い。すなわち，3 水準のバッテリ時間および色の属性については，

$$
u^*_{ki} = \hat{\beta}_{ki} - \frac{\hat{\beta}_{k1} + \hat{\beta}_{k2} + 0}{3}, \quad k = 1, 3, \quad i = 1, 2, 3 \tag{8.7}
$$

また，2 水準の保証については，

$$
u^*_{2i} = \hat{\beta}_{2i} - \frac{\hat{\beta}_{21} + 0}{2}, \quad i = 1, 2 \tag{8.8}
$$

と定義する。

属性の各水準に対する部分効用の最大値と最小値の差は，この属性の変動の大きさである。これが大きい属性ほど全体効用に与える影響が大きい。各属性の影響度を以下のように測定する。

部分効用のレンジと重要度

属性 k の部分効用の**レンジ**は，

$$R_k = \max_i \{u_{ki}^*\} - \min_i \{u_{ki}^*\} \tag{8.9}$$

で定義され，すべての属性のレンジの総和 $TR = R_1 + R_2 + R_3$ に占める割合，

$$\frac{R_k}{TR} \tag{8.10}$$

は属性 k の影響の大きさを意味することから，**重要度**と呼ばれる。

4.2 個人分析：R コマンダーによる分析

いま，上記の電化製品の例でコンジョイント分析を行ってみよう。まず，3つの属性の各水準の組合せ数は 18 通りあり，これらは**図 8.2** にあるような組合せである。次に各カード番号にある属性を 18 枚のカードにそれぞれ記入し，18 枚のプロファイルを作成する。次に被験者に 18 枚のカードを提示して，選好順位に従ってソートしてもらう（**図 8.3** を参照）。

図 8.4 では，各カード番号の仮想的電化製品の属性変数に対応するダミー変数 0, 1 の値を貼り付け，表の右側には被験者の評価した選好順位 z を記載している。これによると，カード番号 4 の製品を最も選好していることがわかる。またすべての属性の水準変数が 0 である，つまりすべての属性の水準が最も低い組合せであるカード番号 15 の製品が 18 位で最も選好されない製品と評価していることもわかる。さらに，全体効用の代理変数として $y = 19 - z$ を作成し，**図 8.4** の右列に追加している。

図 8.5 の上図では，全体効用 y を目的変数，バッテリ 1（6 時間）から色 2（シルバー）までの 5 つの属性水準変数 $x_1 \sim x_5$ を説明変数とする重回帰モデルを R コマンダーで実行するウィンドウ画面，また下図はその結果を示してい

全組合せのコンジョイントカード

カード No.	バッテリ	保証期間	色
1	6	1	赤
2	6	1	シルバー
3	6	1	黒
4	6	2	赤
5	6	2	シルバー
6	6	2	黒
7	4	1	赤
8	4	1	シルバー
9	4	1	黒
10	4	2	赤
11	4	2	シルバー
12	4	2	黒
13	2	1	赤
14	2	1	シルバー
15	2	1	黒
16	2	2	赤
17	2	2	シルバー
18	2	2	黒

図 8.2　コンジョイント・カード：フルプロファイル

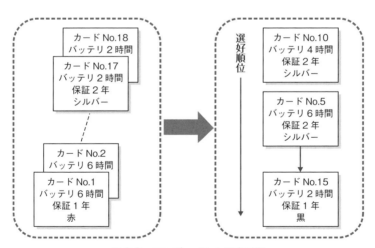

図 8.3　コンジョイント調査手順

る。説明変数の選択では，“2 年”，“4 時間”，“6 時間”（日本語処理の関係で先頭に X が付いている）が反転しているが，その下に隠れた部分に他の変数があり，コントロールキーを押しながら “シルバー”，“赤” をクリックして，5 つ

カード No.	6時間	4時間	2年	赤	シルバー	選好順位(z)	全体効用(y)
1	1	0	0	1	0	7	12
2	1	0	0	0	1	9	10
3	1	0	0	0	0	17	2
4	1	0	1	1	0	1	18
5	1	0	1	0	1	6	13
6	1	0	1	0	0	8	11
7	0	1	0	1	0	10	9
8	0	1	0	0	1	12	7
9	0	1	0	0	0	16	3
10	0	1	1	1	0	2	17
11	0	1	1	0	1	3	16
12	0	1	1	0	0	11	8
13	0	0	0	1	0	14	5
14	0	0	0	0	1	13	6
15	0	0	0	0	0	18	1
16	0	0	1	1	0	5	14
17	0	0	1	0	1	4	15
18	0	0	1	0	0	15	4

図 8.4　コンジョイント・データ（`conjoint1.txt`）

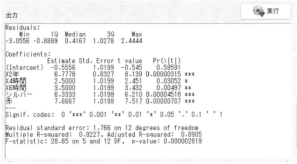

図 8.5　R コマンダーによる重回帰分析結果

表 8.6　電化製品の属性と水準：部分効用の測定値

属性	水準			部分効用		
バッテリ時間	6 時間	4 時間	2 時間	$u_{11} = 3.50$	$u_{12} = 2.50$	$u_{13} = 0$
保証期間	2 年	1 年	-	$u_{21} = 6.78$	$u_{22} = 0$	-
色	赤	シルバー	黒	$u_{31} = 7.67$	$u_{32} = 6.33$	$u_{33} = 0$

属性	部分効用（平均偏差形）		
バッテリ時間	$u_{11}^* = 1.50$	$u_{12}^* = 0.50$	$u_{13}^* = -2.00$
保証期間	$u_{21}^* = 3.39$	$u_{22}^* = -3.39$	-
色	$u_{31}^* = 3.00$	$u_{32}^* = 1.67$	$u_{33}^* = -4.67$

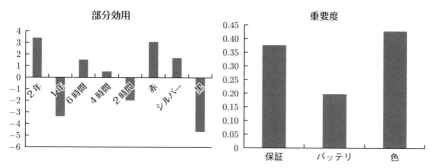

図 8.6　部分効用（平均偏差）と属性の重要度

の変数を選択できる。

　分析結果によれば，まず自由度修正済決定係数（Adjusted R-squared）の値が 0.8905 であることから，選好順位の変動のうち 89.1% は 3 つの属性で説明されていることがわかる。

　また部分効用の推定値は，偏回帰係数の推定値から**表 8.6** のようにまとめられる。

　さらに属性の部分効用のレンジは，バッテリ時間 3.5，保証期間 6.78，色 7.67 と計算される。これらより，各属性の重要度は**図 8.6** 右図のように，色が 40% 弱で最も重要な属性であり，次に保証期間で，バッテリ時間は最も重要視されていないことがわかる。

　また，平均偏差で計算された各属性水準の部分効用および重要度が**図 8.6** 左図に描かれている。なお，これらの図は別のツール（ここでは Excel）を用いて

描いている。

5 直交表利用によるコンジョイント分析

　前述のコンジョイント分析は，各属性水準のすべての組合せ（フルプロファイル）を考慮して選好順序を被験者に質問しているが，属性数や水準数が大きくなると可能な新製品の組合せは指数的に増大してしまい，質問に対して負荷がかかり，必ずしも正しく回答できない状況となる。そこで，**直交表**を用いて，組合せの数を減少させて効率よく部分効用を測定することが現実的なコンジョイント分析となる。

　直交表は統計学の始祖の1人であるロナルド・A. フィッシャーによって1920年代に考案された統計手法の1つであり，実験を効率的に行うために結果の要因の組合せを効率よく減少させる手法である。

5.1　同じ水準数を持つ属性に対する直交表

　ここで，n はコンジョイント・カードの数，m は属性の水準数，l は属性の数を表すとき，これに対応する直交表を $L_n\left(m^l\right)$ と書く。

　たとえば，$L_8\left(2^7\right)$ の直交表は**表 8.7** のように与えられる。この表は，各属性を表す列が互いに相関係数が 0（無相関）となるようにつくられていることから，**直交配置**と呼ばれる。2 水準で属性の数が 7 以下であれば，この直交表を利用できる。つまり属性数が 4 の場合は，最初の 4 列を利用して水準を割り当てればよい。各列は直交するので，利用されない列は他の列の効果に影響を与えない。

　水準数が 2 以外の直交表は，**ラテン方格**をもとにしてつくられる。ラテン方格は，$k \times k$ の正方行列（方格）において k 個のラテン文字（アルファベット）が各行各列に 1 回ずつ現れるものである。詳細は省略するが，すべて 3 つの水準を持つ 4 つの属性に対する直交表は，$L_9\left(3^4\right)$ で表され，**表 8.8** で与えられている。ここでも各列は互いに無相関であり，全部で $3^4 = 81$ 通りの新製品プロファイルが可能であることに対して，9 種類に限定できることがわかる。

表 8.7　直交表（2 水準）: $L_8(2^7)$

カード No.／列	1	2	3	4	5	6	7
1	1	1	1	1	1	1	1
2	1	1	1	2	2	2	2
3	1	2	2	1	1	2	2
4	1	2	2	2	2	1	1
5	2	1	2	1	2	1	2
6	2	1	2	2	1	2	1
7	2	2	1	1	2	2	1
8	2	2	1	2	1	1	2

表 8.8　直交表（3 水準）: $L_9(3^4)$

カード No.／列	1	2	3	4
1	1	1	1	1
2	1	2	2	2
3	1	3	3	3
4	2	1	2	3
5	2	2	3	1
6	2	3	1	2
7	3	1	3	2
8	3	2	1	3
9	3	3	2	1

このほか，属性数が 5 のときは 12 種類のプロファイルが直交表 $L_{12}(3^5)$ から作成でき，属性数が 7 以下のときは 18 種類のプロファイルが直交表 $L_{18}(3^7)$ から作成できる。

5.2　混合型直交表

属性によって水準数が異なる場合の直交表は，**混合型直交表**と呼ばれている。本章の電化製品の例では，3 水準の属性が 2 つ，2 水準の属性が 1 つであり，これに対する混合型直交表として，**表 8.9** が利用できる。

電化製品の事例の割付け

上述の電化製品の例では，被験者は $3 \times 2 \times 3 = 18$ 通りのプロファイルを提示され，これらの間で選好順位を回答しなければならなかった。この場合は，1 つの 2 水準の属性と 2 つの 3 水準の属性の混合型である。**表 8.9** の 1 列目は 1 および 2 のみの数列であり，2 列目，3 列目は 1, 2, 3 の数列である。そこで 1 列目は 2 水準の属性である保証期間を対応させ，1 には 2 年，2 には 1 年を割り付ける。さらに 2 列目は 3 水準のバッテリ時間とし，1 に 6 時間，2 に 4 時間，3 に 2 時間，同様に 3 列目は色の属性として，1 には赤，2 にはシルバー，3 には黒を割り付ける。

したがって，直交表 $L_9(2 \& 3^2)$ を用いると，**表 8.10** のような 9 種類のプロファイルを作成して提示すればよいことになる。

この 9 種類のコンジョイント・カードを作成し，被験者に提示して選好順

表 8.9 混合型直交表（2&3 水準）：$L_9 (2\&3^3)$

カード No./列	1	2	3
1	1	1	1
2	1	2	2
3	1	3	3
4	2	1	2
5	2	2	3
6	2	3	1
7	1	1	3
8	1	2	1
9	1	3	2

表 8.10 電化製品の事例：$L_9 (2\&3^3)$ によるコンジョイント・カード

カード No./属性	保証期間	バッテリ時間	色
1	2 年	6 時間	赤
2	2 年	4 時間	シルバー
3	2 年	2 時間	黒
4	1 年	6 時間	シルバー
5	1 年	4 時間	黒
6	1 年	2 時間	赤
7	2 年	6 時間	黒
8	2 年	4 時間	赤
9	2 年	2 時間	シルバー

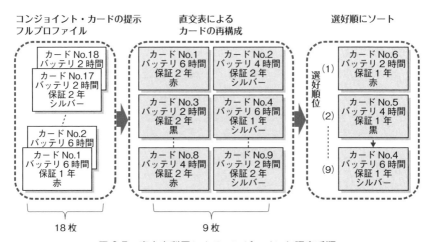

図 8.7 直交表利用によるコンジョイント調査手順

カード No.	2 年	6 時間	4 時間	赤	シルバー
1	1	1	0	1	0
2	1	0	1	0	1
3	1	0	0	0	0
4	0	1	0	0	1
5	0	0	1	1	0
6	0	0	0	1	0
7	1	1	0	0	0
8	1	0	1	1	0
9	1	0	0	0	1

図 8.8　直交表利用によるコンジョイント・データ
（`conjoint2.txt` の説明変数部分）

を回答してもらうことで，上述のように重回帰分析を用いて部分効用や重要度などを測定できる。先のフルプロファイル法では，被験者に 18 の仮想的製品の順序付けを求めるのに対し，この方法では 9 種類の比較で済むため，負荷は大幅に軽減されるので，こちらを利用することが多い。問題は，パラメータを推定するためのデータ数が減少することである。これは，個別の被験者の部分効用を測定する個人別分析の際に生じる問題である。その場合，次項で示すように同質性を仮定できるターゲット母集団から被験者複数人を無作為抽出し，選好順位データを集計すればよい。**図 8.7** には，直交表を用いたコンジョイント分析の調査手順が描かれている。

5.3　集計分析：R コマンダーによる分析

一般には，ターゲットとなる消費者のサンプルを被験者とし，それらの選好順位データをプールしてモデルを推定する。

直交表利用により 9 枚に減少したコンジョイント・カード（**表 8.10**）に対応したコンジョイント・データの説明変数が**図 8.8** に記載されており，これに**図 8.4** の右側に対応する選好順位および全体効用のデータを調査結果から加えてデータセットを作成する。

いま，被験者を n 人としたときには，$9 \times n$ のデータ数で 6 つの偏回帰係数を推定することとなる。この場合，被験者の調査対象に対する好みには同質性が仮定できなければならない。フルプロファイルによる手続きと同様，重回帰

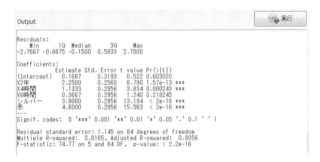

図 8.9　直交表利用，集計分析：R コマンダーによる重回帰分析結果

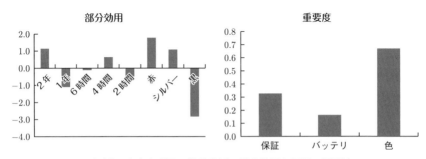

図 8.10　直交表利用，集計分析：部分効用と属性の重要度

分析を適用して偏回帰係数推定値から部分効用の推定値が得られ，また部分効用（平均偏差）や属性の重要度などの測定結果が得られる。

　いま例として，被験者 10 人について調査を行い，$9 \times 10 = 90$ のデータ数で推定した結果を見てみよう。まず，被験者の選好順位 z から効用の代理変数を $y = 10 - z$ で定義し，重回帰モデルを R コマンダーで実行した結果を**図 8.9**で示している。変数の設定は**図 8.5**の下図と同じである。分析結果によれば，まず自由度修正済決定係数（`Adjusted R-squared`）の値が 0.8056 であることから，選好順位の変動のうち 80.6% は 3 つの属性で説明されている。これは，個人の推測の場合と比べて説明力が落ちる。

　また，回帰係数の推定値の有意性は，バッテリ 6 時間の係数を除いて，t 値が大きく P 値も小さく 1% 有意である。これは，10 人の被験者の異質性のために全体の適合度やモデルの信頼性が低下したものと解釈できる。

　いま，これらの有意性を考慮せずに，個人分析と同様に，平均偏差で計算さ

れた各属性水準の部分効用および重要度が**図 8.10** に描かれている。ここでも異なる被験者の選好の異質性を反映して，部分効用，重要度が個人の分析結果と異なっていることに注意する。

5.4　個人分析と集計分析：消費者の異質性

4.2 項の個人分析，および前項の集計分析との結果を比較して見ると，消費者間の選好の異質性をどのように処理するかは重要な問題であることがわかる。集計分析では，できるだけ同質な選好を持つ消費者を集めることが，分析の仮定や結果の整合性，さらには結果の応用を考えるうえで大変重要となる。

他方，やや高度な手法を使えば，ダミー変数を用いた重回帰モデルによるコンジョイント分析に，消費者の異質性を取り入れた分析を行うことが可能である。すなわち，偏回帰係数が消費者 h ごとに異なる重回帰モデル，

$$y_h = \alpha_h + \beta_{h11}x_1 + \beta_{h12}x_2 + \beta_{h21}x_3$$
$$+ \beta_{h31}x_4 + \beta_{h32}x_5 + \varepsilon_h \tag{8.11}$$

を設定する。個人ごとの部分効用を表す回帰係数 $\beta_h = (\alpha_h, \beta_{h11}, \cdots, \beta_{h32})'$ は，個人のデータだけでは推定できない。そこで β_h は，消費者に共通な値 β_o を中心に安定的に変動しているという仮定を採用し，それを正規分布，

$$\beta_h \sim N(\beta_o, I)$$

で表現して，事前情報としてモデルに取り入れて推定する**階層ベイズモデル**という手法が利用できる。これは本書の範囲を超えるので，興味のある読者は，たとえば，照井（2008, 2010a）を参照するとよい。

┃6┃ 一般の場合のコンジョイント分析とその手順

一般には，水準数が属性によって 2 の場合と 3 の場合が混在するときには，

- 2 水準の属性数が 3 以下で，3 水準の属性数が 1 以下のとき：$L_8\,(2\&3^4)$

- 2 水準の属性数が 1 以下で，3 水準の属性数が 2 以下のとき：$L_9\,(2\&3^3)$
- 2 水準の属性数が 2 以下で，3 水準の属性数が 3 以下のとき：$L_{12}\,(2\&3^5)$
- 2 水準の属性数が 1 以下で，3 水準の属性数が 7 以下のとき：$L_{18}\,(2\&3^8)$

など，さまざまな直交表が考えられており，これに応じて，属性水準を割り当てていけばよい。本章末に付録としてこれらのうちのいくつかを掲載しておく。

　以上のコンジョイント分析の手順をまとめると，次のようになる。

━━━━━━ コンジョイント分析の手順 ━━━━━━

(1) 新製品の属性を構成する要因と水準をリストアップする

(2) コンジョイント・カード作成のため，直交表に属性と水準を割り付ける

(3) 割付表に従って，ダミー変数からなる説明変数行列を作成する

(4) 被験者に各カード（プロファイル）の評価値（選好順位，得点など）を回答してもらう

(5) 被験者の評価値から製品の全体効用の代理変数を構成して目的変数とし，(3)を説明変数とする重回帰モデルを推定する

(6) 各水準の偏回帰係数（部分効用）から全体効用の予測値を作成する

(7) どの属性が効いているかを重要度によって要因分析を行う

(8) 要因と水準の組合せから評価値（全体効用）が最大となる新製品を探す

---

7 その他のコンジョイント分析

　評価方法は，上述のように選好順位を答えてもらうほかに，得点評価をしたり，一対比較を行う場合もある。得点評価の場合は，これを目的変数とすればよいが，一対評価の場合には，プロファイル全体に評価値が付くように変換する工夫が必要となる。

PC 画面

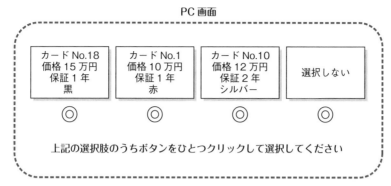

| カード No.18
価格 15 万円
保証 1 年
黒 | カード No.1
価格 10 万円
保証 1 年
赤 | カード No.10
価格 12 万円
保証 2 年
シルバー | 選択しない |

上記の選択肢のうちボタンをひとつクリックして選択してください

図 8.11　選択ベース・コンジョイント画面

　これらもフルプロファイル数が大きい場合は有効な方法とならず，属性数が 6 つ程度までが限度と言われている。これを超えた属性数の分析をする場合は，コンピュータ画面上で被験者の状況に適応する形で調査する，**適応的コンジョイント**（ACA: adaptive conjoint analysis）と呼ばれる方法が必要となり，すべての属性に関して質問をせずに測定する方法や，プロファイルを部分的に利用する方法が考案されている。

　なかでも，購入予定者の新製品プロファイルのなかからいくつかの組合せを提示して，購入したい製品を 1 つ選択してもらい，この選択データを離散選択モデルに適用して部分効用を測定する方法が考案されている。これは**選択ベース・コンジョイント**（CBC: choice based conjoint）と呼ばれ，商業ベースの Web 画面上での調査で実用化されている。**図 8.11** に表示されているように，"選択しない" ことも許容する調査であり，フルプロファイル法や一対比較法など他のコンジョイント手法に比べて最も実際の購入状況に近い選択行動を観測できるとする評価がある。

　さらには先述の**階層ベイズ**（HB: hierarchical Bayes）モデルを利用して，ターゲット消費者間での共通性のみならず，個人の異質性も同時に測定する方法も提案されている。

ま と め

　本章では，製品開発に際して実験調査によって消費者のニーズを把握したうえで製品・サービスの仕様を決めるためのリサーチ手法を学んだ。そこでは製品・サービスの全体効用は，それが有する属性・水準の持つ部分効用の総和で表現できるとする。さらに，被験者に仮想の製品・サービス群を提示して，それらを選好する順番を問い，それを属性／水準のあるなしのダミー変数で説明する重回帰分析によって部分効用を推定した。

　また推定結果から，各属性水準の部分効用の推定値を積み上げることで新製品の全体効用を測定できることを確認した。さらに，いくつかの候補製品の全体効用を比較することにより，最もニーズの高い製品の選抜やマーケット・シェアの予測が可能であることも学んだ。被験者から得られた調査データを用いて，属性の水準の部分効用をそれぞれただ1つ推定するので，調査対象者の同質性が仮定される。調査ではターゲット市場の顧客を代表する被験者を選出することが何より重要である。

　消費者の嗜好は異質であるとする考え方が重要になってきている最近の状況では，5.4項で解説したように，消費者の異質性を取り入れて，部分効用自体が被験者によって異なると仮定した分析方法の重要性が増している。

第8章 文献案内

朝野熙彦・山中正彦（2000）『新製品開発』朝倉書店。
- ➡ 製品開発の際に求められる考え方やプロセスを実際の例に即して解説している。開発時に行われるコンジョイント分析ばかりでなく，試作品を実験店舗や実験市場で調査するプレテスト・マーケティングやテスト・マーケティングの考え方も紹介している。

照井伸彦＝ウィラワン・ドニ・ダハナ＝伴正隆（2009）『マーケティングの統計分析』朝倉書店。
- ➡ Rを用いてさまざまなマーケティングの分析を解説したもので，そのなかにはRでコンジョイント分析を実行し，重要度のグラフまでを書かせるプログラムが掲載されている。

照井伸彦（2008）『ベイズモデリングによるマーケティング分析』東京電機大学出版局。
- ➡ 消費者の異質性の統計モデリングの考え方を解説した専門書であり，数理統計や多変量解析を学んだ読者を前提に書かれている。

照井伸彦（2010）『Rによるベイズ統計分析』朝倉書店。
- ➡ ベイズ統計の基礎から応用までを解説したテキスト。このなかで説明されるRのプログラムパッケージを用いた階層回帰モデルの分析手順に従えば，消費者の異質性を取り入れたコンジョイント分析が実行できる。

付録：直交表

　本付録では，さまざまな属性および水準のケースの場合に対応して，いくつかの直交表を掲載しておく。また，自分の調査表にある属性および水準数に応じて利用可能な直交表を用いてプロファイルを作成し，分析を行うフリーのソフトウェアも Web 上で公開されている。

表 8.11　2 水準：$L_4(2^3)$

カード No./列	1	2	3
1	1	1	1
2	1	2	2
3	2	1	2
4	2	2	1

表 8.12　2 水準：$L_8(2^7)$

カード No./列	1	2	3	4	5	6	7
1	1	1	1	1	1	1	1
2	1	1	1	2	2	2	2
3	1	2	2	1	1	2	2
4	1	2	2	2	2	1	1
5	2	1	2	1	2	1	2
6	2	1	2	2	1	2	1
7	2	2	1	1	2	2	1
8	2	2	1	2	1	1	2

表 8.13　3 水準：$L_{12}(3^5)$

カード No./列	1	2	3	4	5
1	1	1	1	2	2
2	1	1	2	1	2
3	1	3	3	2	1
4	1	3	3	3	3
5	2	2	1	3	1
6	2	2	1	3	3
7	2	2	2	1	1
8	2	2	2	1	3
9	3	3	1	2	2
10	3	3	2	1	2
11	3	1	3	2	3
12	3	1	3	3	1

表 8.14　(2, 3) 水準混合：$L_8(2\&3^4)$

カード No./列	1	2	3	4
1	1	1	2	3
2	1	1	1	1
3	1	2	1	2
4	1	2	2	1
5	2	1	2	2
6	2	1	1	1
7	2	2	2	1
8	2	2	1	3

*Column*⑧ 実験から仮説やルールを見出す

　マーケティングは，社会科学のなかでも古くから実験が可能な領域とされ，実際に行われてきた。とくに製品開発では，テスト市場を設定して限定販売し売上動向を調査するものや，模擬店舗を設置して被験者に買い物をしてもらう実験を行い，その結果から新製品の売上の予測をする方法が 1970 年代後半に提案され，脚光を浴びた。その代表的なものが，TRACKER (Blattberg, and Golanty, 1978)，および ASSESSOR（Silk and Urban, 1978）である。前者は，テスト市場で限定販売された結果で，全国導入以前に新製品の売上ポテンシャルを判断するものであり，テストマーケットでの 3 カ月の売上を情報源として 1 年後の売上予測を行う。後者は，模擬店舗（プレテスト・マーケット）での被験者の行動を観察してブランドのシェアを予測しようとするものである。

　近年では，Web 上での広告実験は日常的に行われている。実験に際しては適切な実験計画の設定が必要となるが，大規模な無作為抽出が可能であれば，これらの問題は無視できるほど小さくなる。たとえば，イアン・エアーズの著書である *Super Crunchers*（邦訳，『その数学が戦略を決める』）では，その書名を決めるのに実験を利用した。原著の書名の対案は，"The End of Intuition（直感の終わり）" であり，この 2 つのいずれかをグーグルのアドワーズ広告にランダムに表示させた結果，"Super Crunchers" が 63％ 多くクリックされやすいことがわかり，このタイトルに決めたと本書のなかで説明している。本書の著者は，米国イェール大学の計量経済学者であり，大量の数字の中から回帰分析などで規則性を見出してさまざまな知見を世の中に発信している。

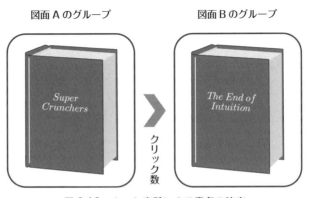

図 8.12　ネット実験による書名の決定

（参考文献）　エアーズ，イアン（山形浩生訳）（2010）『その数学が戦略を決める』文藝
春秋（文春文庫）。（Ayres, Ian, *Super Crunchers: Why Thinking-by-
numbers is the New Way to be Smart*, Bantam Books, 2008）

Blattberg, R. C. and J.Golanty (1978), "Tracker: An Early Test
Market Forecasting and Diagnostic Model for New Product Plan-
ning," *Journal of Marketing Research*, 15(2), 192-202.

Silk, A. J. and G. L. Urban (1978), "Pre-Test-Market Evaluation
of New Packaged Goods: A Model and Measurement Methodology,"
Journal of Marketing Research, 15 (2), 171-191.

第**9**章

新製品の普及
バスモデル

1 新製品の重要性と課題

　さまざまな製品カテゴリで毎年数多くの新製品が発売され，その数は増大の一途をたどっている。必然的に，小売業で販売されている製品カテゴリでは，製品の改廃が非常に高い頻度で発生し，多くの新製品が店頭に導入される代わりに，既存製品の多くが店頭から消えていっている。

　企業が数多くの新製品を市場に導入する理由は，次の2つの認識に集約できる。1つめは，「消費者ニーズの多様化」という認識である。経済が右肩上がりであった時代，消費者は他者と同じ製品を持ち，使用するだけで満足感を得た。そのような状況で，企業は画一的な製品ラインを構築し，「少品種・大量生産」型のビジネスモデルを構築して成長してきた。しかし，経済の成長が鈍化し，物が売れにくいと言われる今日では，そのビジネスモデルで他社に対して競争優位性を築くことはできなくなっている。企業はこれまでのビジネスモデルを変革するために，その重要性は認識していながらも積極的に目を向けてこなかった個々の消費者に注目するようになった。現在の消費者のニーズは個々に大きな違いがあり，人と同じものを持っているだけでは大きな満足を感じなくなっている。そのため，企業はそうした認識のもとで新たなビジネスモデルを構築しなければならない。そこで登場するのが「多品種・少量生産」型のビジネスモデルである。個々の消費者ニーズを満たしうるよう，数多くの品

種をつくり販売すれば，旧型のビジネスモデルよりも多くの利益を生み出せると考えたのである。以上が，新製品を数多く市場に導入する 1 つめの理由である。

2 つめは，「市場の成熟化（市場が成長しない）とコモディティー化（差別化できない）の進展」という認識である。この認識は個々の世帯を考えてみれば明らかである。たとえば，「テレビがない世帯があるだろうか？」と考えれば，そのような世帯は非常に少ないと気づく。すなわち，テレビは現在の市場で必然的に売れにくいのである。また，同じテレビの例で考えてみると，解像度や消費電力量などの，機能的な側面でどのメーカーのテレビでも差がないと気づくだろう。すなわちテレビはコモディティー化の進展によって差別化が難しくなっているのである。しかし企業が，いまより売上や利益を高めようとした場合，消費者に少しでも新しく他の製品とは違うと感じてもらい，しかも競合製品にはない特徴を有していると理解してもらわなければならない。ところが，消費者の頭のなかに製品に関する知識が蓄積されている既存製品で，そのようなマーケティング活動を行うことは難しいため，新製品に頼らなければならない状況が生み出されている。これが，新製品が数多く市場導入される 2 つめの理由である。

前述したように，数多くの新製品が市場に導入されているが，必ずしも成功しているわけではない。確かに，多くの新製品を市場に導入すれば，なかには成功する製品も存在するだろう。しかし，必然的に失敗する製品も増え，結果的に製品開発から市場導入までに要したコストを回収できず，損失をこうむる事態になる。失敗は，消費者がそもそも新製品であると認識できなかったり，消費者のニーズを満たすような新製品でなかったり，市場に導入する時期に誤りがあったり，競合他社との差別化に失敗したり，などの原因で生じる。したがって，新製品の投入が企業の永続的な活動を支える重要な要素である一方，その開発と導入には大きなリスクを伴うとわかる。

また，仮に市場導入した新製品が消費者のニーズを満たすものであったとしても，多くの消費者に採用されるまでには時間がかかる。なぜならば，消費者はその製品の有用性を理解し，採用しようという態度を形成したうえで購買プロセスに至るからである。また，消費者の特性の違いによっても新製品の採用時期に差が生じる。たとえば，新しもの好きの消費者や，保守的で世間で評判がよい製品を好む消費者を想起してもらえれば，この意味がわかるはずであ

る。以上をふまえれば，新製品の採用時期の異なる消費者の特性を把握することが，マーケティングを実施するうえで重要だと気づく。本章では，新製品の普及に関する理論を説明することを1つめの目的にしている。

　また，前段までの議論に対応するためには，新製品の需要を予測しなければならない。しかも，単に数字上の予測をするばかりではなく，新製品の普及プロセスの評価と，精度の高い需要予測を両立しなければならないのである。このような課題に対応可能なモデルが，本章で説明する**バスモデル**である。本章は，バスモデルを理解し，それを用いた新製品の普及構造の解析技術を習得してもらうことを2つめの目的にしている。

2 新製品の分類

　本節では，新製品の普及構造を考える際に重要な要素である，新製品の分類（タイプ）を説明する。ここでは，著名なマーケティング研究者であるコトラーの分類にもとづき解説する。コトラーは，「企業にとっての製品カテゴリの新しさ」と「ブランド名の新しさ」の2軸で新製品の分類を行った（コトラー，2001）。**図9.1**がその分類の定義であり，以下ではそれぞれの概略を示している。

新製品の分類

(1) **ライン拡張**（**図9.1**左上）：企業にとってそのカテゴリで製品を販売した実績があり，しかも既存のブランド名を用いた新製品

(2) **マルチブランド**（**図9.1**右上）：企業にとってそのカテゴリで製品を販売した実績があるが，ライン拡張と異なり，これまで使用したことのない新しいブランド名を用いた新製品

(3) **カテゴリ拡張**（**図9.1**左下）：企業にとってそのカテゴリで製品を販売した実績はないが，他のカテゴリで販売実績のある既存のブランド名を用いた新製品

(4) **新ブランド**（**図9.1**右下）：企業にとってそのカテゴリで製品を販売した実績はなく，しかもこれまで使用したことのないブランド名を用いた新製品

企業にとって	ブランド名	
	既存ブランド名	新規ブランド名
すでにその製品カテゴリに製品を出している	ライン拡張	マルチブランド
これまでその製品カテゴリに製品を出したことがない	カテゴリ拡張	新ブランド

図 9.1　新製品の分類

　図 9.1 に示す新製品の分類は，消費者による新製品の採用時期に影響する。
たとえば，ライン拡張型の新製品であれば，消費者はそのブランドに関してある程度の知識を有しているため，他の分類に比べて新製品の採用時期が早まる。一方，新ブランドの場合には，完全に新しい製品であるため，消費者側からすればその新製品を採用しようとする際に感じるリスク（知覚リスク）は高く，採用までに時間がかかる。このように新製品の分類は，その普及までの期間を考える際に考慮すべき要因の 1 つである。

3 プロダクト・ライフサイクル

　新製品として発売されても，一般にその製品が市場に永続的に存在することは少なく，必ず寿命がきて市場から退出することになる。この市場導入から販売されなくなるまでを，「導入期」「成長期」「成熟期」「衰退期」の 4 つの期間に分けて捉えようとするものが，**プロダクト・ライフサイクル理論**である。図 9.2 には，そのイメージを模式的に示した。また以下では，4 つの期間の特徴をそれぞれ示している。

──── プロダクト・ライフサイクルの各期の特徴 ────
(1)　**導入期**：市場に導入した製品を消費者に知ってもらうために，消費者コミュニケーションなどのプロモーションに多くの労力と多額の費用を

必要とする。この時期の売上自体は低く，利益はマイナスとなることも
ある

(2)　**成長期**：開発に要した費用の回収が済み，利益が出始める時期であ
る。導入期における情報提供型のプロモーションから，当該製品の有用
性や利点などを訴求するプロモーション施策へ変更すべき時期でもある

(3)　**成熟期**：市場にかかわるデータの蓄積が進み，それらを活用した戦略
の再考が必要になる時期である。ここでの活動の成否によって，製品の
寿命が延びるか縮むかが決まる

(4)　**衰退期**：売上，利益とも大きく減少してくる時期である。当該製品を
このまま販売し続けるのか，市場から退出して新たな製品を投入するの
か，などといった，重要な戦略の意思決定をしなければならない時期で
ある

　第1節にも示したように，現在の小売業は店頭に陳列する製品の入れ替え
を高い頻度で行っている。メーカーの立場から考えれば，新製品を導入できる
機会が増える一方で，導入した新製品を育成できないというジレンマを抱え
ている。この状況は，プロダクト・ライフサイクルが短くなっていることを示
唆する。このような状況で導入した新製品を成功させるためには，成長期での
売上の立ち上がりを早くし，成熟期の売上を多く，さらにはその期間を長く維

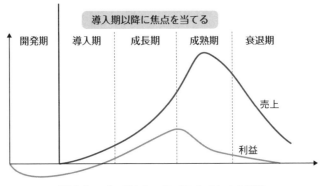

図9.2　プロダクト・ライフサイクルの構造

持する戦略が求められる。その実現には，**図9.2**に示す各期で，その製品が置かれている状況に応じた適切なマーケティング活動をしなければならない。なお，第5節で解説するバスモデルは，上記のプロダクト・ライフサイクルの，導入期，成長期，成熟期初期を対象に分析するものであり，プロダクト・ライフサイクル理論がカバーする，比較的長い期間の全体を対象に分析できるわけではないことに留意してほしい。

4 新製品の普及

4.1　新製品の採用プロセス

　消費者が新製品の採用に至るまでのプロセスにはさまざまな段階がある。一般的に，消費者が新製品を認知してもすぐに購買することは少なく，さまざまなプロセスを経た後で購買に至るため，ある程度の時間がかかる。消費者は「後悔の削減」という行動をとると言われ，認知した新製品が自分のニーズに適合していなかったり，他者の評判がよくなかったり，新製品の品質がよくないなどのリスクを避けるよう行動する。消費者は，こういったリスクを低減するために情報探索行動を行う。言うまでもなく，この情報探索行動が消費者の新製品採用時期を遅らせる。

　消費者行動理論では，消費者が新製品を認知してから最終的に採用するまでを，下記に示す5つの心理的プロセスに分けて議論している。

新製品の採用プロセス
---
(1)　**認知**：消費者は新製品を認知するが，その製品に関する情報を持っていない
(2)　**関心**：消費者は認知した新製品に関する情報を探索する
(3)　**評価**：消費者は情報収集した新製品を試用するかどうか評価する
(4)　**試用**：消費者は評価した新製品の価値を評価するために試用する

(5) **採用**：消費者は試用した新製品の価値を認めれば，採用することを決める

　新製品のマーケティング活動を効果的に行うためには，この採用プロセスを考慮すべきである。たとえば，まだ対象の新製品を認知している消費者がほとんどいない時期に，認知を促進するものとは別のメッセージを訴求したプロモーションを行っても，その効果は限定的になる。また，試用段階の消費者が増えてきた時期に，認知促進を訴求したプロモーションを実施しても意味がない。新製品の普及プロセスを検討する場合には，採用プロセスのどこのステップにいる消費者が多いかを見極めなければならないのである。

4.2 新製品の採用時期

　新製品の普及を考える際に「新製品の採用プロセス」と同様に重要なのが，「新製品の採用時期」である。ロジャーズは，**図9.3** に示すように新製品の採用時期で5つの消費者セグメントに分け，各セグメントの特性を議論している（ロジャーズ，2007）。

　各セグメントの特性は，以下のように整理できる。

━━ 新製品の採用時期による消費者セグメント ━━

(1) **革新的採用者（2.5%）**：このカテゴリに分類される消費者は，「新製品に対して高い関心を持ち，積極的に情報収集する」特性を持つ。また，「不確実性のリスクへの許容度が高い」消費者だと言える

(2) **初期少数採用者（13.5%）**：このカテゴリに分類される消費者は，「革新的採用者に比べてリスクに対して慎重だが，変化を好む傾向」にある

(3) **前期多数採用者（34%）**：このカテゴリに分類される消費者は，「新製品の採用に踏み切る前に慎重に新製品の評価を行う」傾向にあり，「知覚リスクを低減させるために，信頼できる情報を収集する」消費者だと言える

(4) **後期多数採用者（34%）**：このカテゴリに分類される消費者は，「リスクに対して非常に敏感で，新製品の有用性が理解できても，不確実性が一掃されるまで採用に踏み切らない」消費者だと言える

(5) **採用遅滞者（16%）**：このカテゴリに分類される消費者は，「新製品に関する情報収集に消極的であるか，その情報が得られにくい状況にいる」消費者であり，「価格が下がってから新製品を採用する」傾向にある

　上述したロジャーズによる知見は，定性的な分析によるものである。しかし，次節以降に示すバスモデルから得られる新製品の普及構造に関する知見を解釈し，マーケティングへの示唆を導くためには，上記の知見が重要な役割を演じるので，本項の内容をよく理解してほしい。

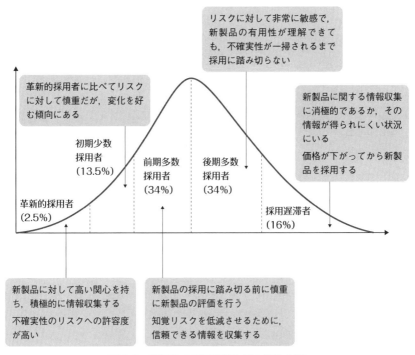

図 9.3　新製品の採用時期とその特性分類

5 バスモデルによる解析

5.1 バスモデル

バスモデルは代表的な新製品の普及モデルで，購買周期の長い耐久消費財の新規需要の分析に適したモデルである（Bass, 1969）。耐久消費財の場合，その需要は新規需要，追加需要，置換需要に分類できる。長期的な視点で耐久消費財の普及構造を分析する場合，これら3種類の需要の違いを考慮した分析は重要である。しかし，バスモデルを用いた新製品の普及構造の分析では，第3節に示したプロダクト・ライフサイクルの導入期から成長期までを対象とする。その時期のほとんどの需要は新規需要であるため，実はバスモデルにおいては需要の区分を意識する必要はない。新規需要では，対象の新製品が初期段階で順調に普及するかどうかが重要であり，この観点に対応可能な分析法が必要である。バスモデルを用いれば，新製品の市場導入から成長期までの普及構造を簡潔に表現できる。バスモデルでは，新製品の潜在的購買者を「自らの意思のみで購買する革新者」と「新製品の普及状態を見ながら購買意思決定する模倣者」により構成されると考える。バスモデルの構造は，もう少し具体的に言えば，「t期にある新製品を購買する人数」は「$t-1$期までにすでに購買した人の影響を受けずに購買する人数」と「$t-1$期までにすでに購買した人の影響を受けて購買する人数」の和として表現できると考える。

　以降の定式化のために，初めに記号を導入する。n_t，N_tは，それぞれ「t期の購買者数」と「t期までの累積購買者数」を示す。また，mは「潜在市場規模（潜在的な最終購買者数で，これ以上普及が進まない飽和水準を示す）」，pは「既存の購買者とは独立な影響を示すパラメータ」，qは「既存購買者の影響を示すパラメータ」である。(9.1)式が上述の記号を用いたバスモデルの定式化になる。また，(9.2)式は累積購買者数の定義式である。

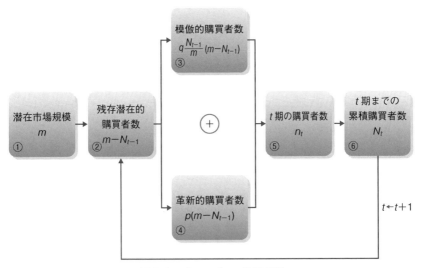

図 9.4 バスモデルの計算手順

$$n_t = p\left(m - N_{t-1}\right) + q\frac{N_{t-1}}{m}\left(m - N_{t-1}\right) \tag{9.1}$$

$$N_t = N_{t-1} + n_t \tag{9.2}$$

(9.1) 式の右辺の第 1 項 $(p(m - N_{t-1}))$ は,t 期の購買者のうち,前期まで
の購買者数に影響されない人数 (革新的購買者数) を示す。また,第 2 項
$(q\frac{N_{t-1}}{m}(m - N_{t-1}))$ は,前期までの既購買者数に影響される購買者数 (模倣的
購買者数) を表す。その意味で,p を「イノベーター係数」,q を「イミテー
ター係数」と呼ぶ。また,(9.1) 式は,革新的購買者が残存潜在的購買者数
$(m - N_{t-1})$ の一定割合を占め,一方で模倣的購買者も残存潜在的購買者の一
定割合を占めるが,その割合は前期までの累積購買者数に比例する,とも解釈
できる。重要なのは,革新的購買者は自立的に生じるが,模倣的購買者は革新
的購買者の影響を受け生じる点である。

図 9.4 では,(9.1) 式のモデルの計算手順を模式的に示した。さらに,**図 9.5**
では,バスモデルの構造を別の観点から模式化した。**図 9.5** の上図は,各時点
の購買者数 n_t の推移を,下図は累積購買者数 N_t の推移を示す。関数の形状
は,パラメータ m, p, q の値によって変動する。まず上図の購買者数は,ピー
クをむかえる時点 T に関して,T までの形と T から $2T$ までの形が対称にな

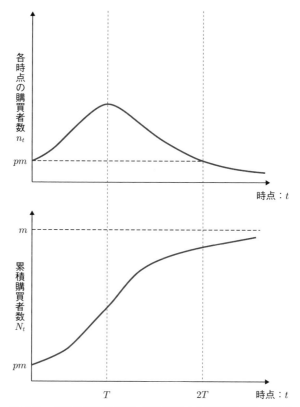

図 9.5 バスモデルの構造：購買者数と累積購買者数の関係

る。また累積購買者数は，潜在市場規模 m に漸近する特徴を持つ。

5.2 推 定 法

(9.1) 式に示したバスモデルは，m（潜在市場規模），p（イノベーター係数）および q（イミテーター係数）の３つのパラメータを持つ。新製品の普及プロセスを分析するためには，この３つのパラメータを推定しなければならない。本項では，それらのパラメータの推定法を説明する。

(9.1) 式は，下記 (9.3) 式のように展開できる。

$$n_t = pm + (q - p) N_{t-1} - \frac{q}{m} N_{t-1}^2 \tag{9.3}$$

ここで，$a = pm$，$b = (q - p)$，$c = -\frac{q}{m}$ として，パラメータを変換すると，(9.3) 式は (9.4) 式のように表現できる。

$$n_t = a + bN_{t-1} + cN_{t-1}^2 \tag{9.4}$$

(9.4) 式は，パラメータに関して線形な表現で，第 5 章 5 節（97 頁）で説明した重回帰モデルであると理解できるはずである。そのため，このモデルは最小 2 乗法を用いれば，パラメータ a, b, c を推定できる。この a, b, c が得られれば，それを (9.5)〜(9.7) 式を用いて逆算することで，m，p および q を算定できる。

$$m = \frac{-b - \sqrt{b^2 - 4ac}}{2c} \tag{9.5}$$

$$p = \frac{a}{m} \tag{9.6}$$

$$q = p + b \tag{9.7}$$

6 ┃ R コマンダーによる新製品普及構造の分析

6.1　回帰分析

R コマンダー内に読み込んだデータを線形回帰モデルに当てはめる。**表 9.1** と**図 9.6** では，本節の分析で用いる仮想的な新製品普及データを示す。データのデータセット名は「Dataset」となっているものと仮定し，以降の説明を進める。バスモデルの予測能力を検証するために，「Dataset」に読み込んだデータを前半 10 サンプル（推定用サンプル）と後半 5 サンプル（検証用サンプル）に分け，検証を進める。「Dataset」から推定用サンプルを抽出するには，【データ】⇒【アクティブデータセット】⇒【アクティブデータセットの部分集合を抽出】でコマンドボックスを立ち上げて実行する（**図 9.7** 参照）。【部分集合の表現】に「時点<11」と，【新しいデータセットの名前】に「Dataset2」とそれぞれ入力し，【OK】をクリックする。以降のモデル推定は，「Dataset2」を用

表9.1 解析に用いるデータ (Bass.txt)

時点	購買者数	累積購買者数	1期前累積 購買者数	1期前累積 購買者数の2乗
1	4,998	4,998	0	0
2	5,398	10,396	4,998	24,980,004
3	5,611	16,007	10,396	108,076,816
4	5,574	21,581	16,007	256,224,049
5	5,292	26,873	21,581	465,739,561
6	4,798	31,671	26,873	722,158,129
7	4,157	35,828	31,671	1,003,052,241
8	3,445	39,273	35,828	1,283,645,584
9	2,762	42,035	39,273	1,542,368,529
10	2,141	44,176	42,035	1,766,941,225
11	1,609	45,785	44,176	1,951,518,976
12	1,199	46,984	45,785	2,096,266,225
13	871	47,855	46,984	2,207,496,256
14	629	48,484	47,855	2,290,101,025
15	448	48,932	48,484	2,350,698,256

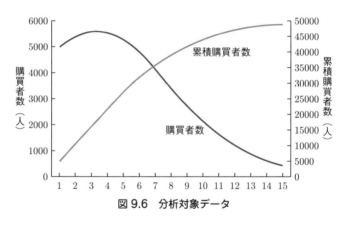

図9.6 分析対象データ

いて行う。

　Rコマンダー上で回帰分析は,【統計量】⇒【モデルへの適合】⇒【線形回帰】でコマンドボックスを立ち上げて実行する。具体的には,(9.4) 式に示すように,t 期の購買者数 n_t を被説明変数とし,$t-1$ 期までの累積購買者数とその2乗を説明変数として,線形回帰モデルを推定する。**図9.8** はRコマンダー上での線形回帰モデルの設定画面を示す。

　図9.9 が線形回帰の推定結果の出力になる。ここからパラメータ推定量と t 値を抽出したのが,**表9.2** である。表中のパラメータ a, b, c は,(9.4) 式のパ

図 9.7　推定用データの抽出

図 9.8　回帰モデル設定画面

ラメータに対応する。いずれのパラメータも有意に推定できている。

　次に，このパラメータ推定結果を (9.5)〜(9.7) 式を用いて，m, p, q に変換すると，潜在市場規模は $m = 50023$，イノベーター係数は $p = 0.0999$，イミテーター係数は $q = 0.1998$ となる。

　次に，モデルの予測能力を検証する。検証は「Dataset」を用いる。「Dataset」を指定するには，【データ】⇒【アクティブデータセット】⇒【アクティブデータセットの選択】でコマンドボックスを立ち上げて，実行する（**図 9.10** 参照）。【データセット（1 つ選択）】で「Dataset」を指定し，【OK】をクリックする。この処理で「Dataset」が使用できるようになる。

```
Output                                                      実行

lm(formula = 購買者数 ~ 一期前累積購買者数 + 一期前累積購買者数の二乗,
    data = Dataset2)

Residuals:
    Min      1Q  Median      3Q     Max
-4.8250 -1.4318 -0.3015  1.5493  5.1581

Coefficients:
                      Estimate Std. Error t value Pr(>|t|)
(Intercept)          5.000e+03  2.453e+00  2038.4  < 2e-16 ***
一期前累積購買者数        9.983e-02  2.708e-04   368.7 2.85e-16 ***
一期前累積購買者数の二乗  -3.994e-06  6.104e-09  -654.3  < 2e-16 ***
---
Signif. codes:  0 '***' 0.001 '**' 0.01 '*' 0.05 '.' 0.1 ' ' 1

Residual standard error: 3.051 on 7 degrees of freedom
Multiple R-squared:     1, Adjusted R-squared:     1
F-statistic: 7.471e+05 on 2 and 7 DF,  p-value: < 2.2e-16
```

図 9.9　Ｒコマンダーによる回帰分析の結果

表 9.2　パラメータ推定結果

パラメータ	推定量	t 値
a	$5000e+03$	2038.4
b	$9.983e-02$	368.7
c	$-3.994e-06$	-654.3

図 9.10　アクティブデータセットの切り替え

図 9.11　アクティブデータセットへの予測値の追加

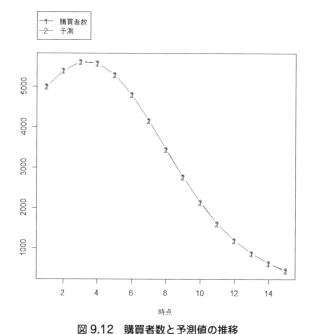

図 9.12　購買者数と予測値の推移

　次に，「Dataset」にモデルによる予測値を変数として追加する．アクティ
ブデータセットへの変数の追加は，【データ】⇒【アクティブデータセット内
の変数の管理】⇒【新しい変数を計算】でコマンドボックスを立ち上げて，実
行する（図 9.11 参照）．図 9.11 に示すように，【新しい変数名】に「予測」と，
【計算式】に (9.4) 式と推定されたパラメータを用いて「5.000e+03+一期前累
積購買者数*9.983e-02+一期前累積購買者数の二乗*(-3.994e-06)」と入力し，
【OK】をクリックすればデータセットに予測値が追加される．本章の検証は，
前半 10 サンプル（推定用サンプル）として用い，後半 5 サンプルはパラメータ
推定には用いていない．しかし，図 9.12 に示すように非常に高い精度で予測
できている（図の 10 時点以降に注目）．

6.2　パラメータの解釈

　図 9.13 は，パラメータ p, q の違いによって普及パターンにどのような差が
生じるかを確認するために示した．図中の黒の線は $p = 0.2$, $q = 0.05$ のケー

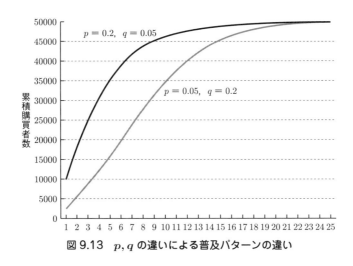

図 9.13　p, q の違いによる普及パターンの違い

スに，グレーの線は $p = 0.05$，$q = 0.2$ のケースに対応する。

　図から読みとれるように，イノベーター係数 p がイミテーター係数 q より
も大きい（黒の線）と，革新的消費者が市場を牽引し普及が進む。そのため，
上に凸型の普及パターンになる。一方，イミテーター係数 q がイノベーター
係数 p よりも大きい（グレーの線）と，革新的消費者の増加に呼応する形式で
模倣的消費者が追随し普及が進むといった普及パターンになっている。このよ
うに，p，q の値の違いによって普及パターンに違いが生じる。以上の点をふ
まえると，普及プロセスに関して理解が深まるはずである。

　なお，前項の推定結果は，イミテーター係数 q がイノベーター係数 p より
も大きいため，**図 9.13** のグレーの線のパターンに近い形式で普及が進んだこ
とがわかる。

　マーケティング的観点からよりよい普及パターンは，市場導入の初期段階か
ら多数の購買者を獲得でき，その後も多くの追随的購買者が発生することであ
る。そのような普及パターンになるには，p，q ともに大きくなる必要がある。
しかし，現実的にはそのようなことは少なく，普及の特性を的確に捉えなが
ら，マーケティング活動を行うことが重要である。

ま　と　め

　本章では，新製品の普及に関連する概念（新製品の分類，プロダクト・ライフサイクル，新製品の採用プロセス，新製品の採用時期）をはじめに解説し，その後バスモデルによる普及パターンの解析事例を紹介した。

　バスモデルは，非常に単純な構造で，しかも少ないデータでも推定できるため，有用なモデルである。実際に，バスモデルは少しの工夫で線形回帰モデルで推定できる形式に変換できるため，その解析は容易である。ただし，単純がゆえに現実を反映しない制約が存在している。そのいくつかを以下に示す。

バスモデルの制約

(1)　データ期間を通して，パラメータ m, p, q は一定

(2)　新製品の普及には，価格，広告などのプロモーション，外部経済環境などは影響しない

(3)　新製品の普及は，市場の特性変化に影響されない

　しかし，上記のような仮定や制約があるからといって，モデルの推定結果が信用できないわけではない。上述した点をふまえて推定結果を解釈すれば，有効な知見を獲得できる。この点は，バスモデルに限らず一般のモデルでも生じる問題であり，注意しなければいけない点である。この点は重要なので，ここであえて指摘しておく。

第 9 章　文献案内

里村卓也 (2015)『マーケティング・モデル〔第 2 版〕』(R で学ぶデータサイエンス 13) 共立出版。

　▶▶　バスモデルに関して，本書で解説した以外の推定手法が詳述されている。また，他の進んだモデルに関しても詳しい解説がなされており，有益である。

*Column*⑨ 最寄品の新製品

　本章で紹介したバスモデルは，コンビニエンスストアやスーパーマーケットのような小売業で販売される食品や日用雑貨等の最寄品の新製品よりは，家電などの耐久消費財のような財の新製品を扱うのに適している。「最寄品と耐久消費財の大きな違いは何か？」を考えてほしい。消費者の視点で考えれば，購買する際の関与に大きな違いがある。**関与**とは，チョコレートやデジタルカメラや自動車を買う場合に消費者が持つ関心の度合いをイメージしてもらえればよい。一般に，デジタルカメラや自動車を購買する場合，インターネットで製品情報を調べたり，口コミ情報を確認したりすることが多い。一方で，チョコレートを購買する際に同種の行動をとる消費者はきわめて少ない。消費者の購買前の関与は，財の特性によって違いがあるのが理解できるだろう。

　それでは購買という観点で，最寄品と耐久消費財では違いはないだろうか？ 実際には大きな違いがある。最寄品では，同じブランド，製品を繰り返し購買するリピート購買という現象があるが，耐久消費財ではリピート購買は考えづらい（長期間で考えればリピート購買も存在するが，最寄品と同じ程度の時間間隔では基本的に生じない）。以上の検討をふまえると，最寄品の普及にバスモデルを適用するのは，現実的なモデル化にはなりえないとわかる。すなわち，バスモデルは最寄品の言葉で表現すれば，初回購買であるトライアル購買だけで普及が規定される財に適用可能なモデルだと言える。

　最寄品の新製品の普及では，前段に示したようにリピート購買が重要な役割を担う。**図9.14**は，ドラッグストアで販売された歯磨きの新製品の普及状況（上段：成功，下段：失敗）を示す。上段の成功新製品の場合，発売当初に多くのトライアル購買が発生し，順調にリピート購買が伸び，中盤以降でリピート購買者数がトライアル購買者数を超えている。一方で，下段の失敗新製品の場合，成功新製品と比べてリピート購買者がまったく伸びない状況で，棚に並べられていたのも半年未満であったことがわかる。このように，最寄品の新製品の場合，リピート購買者が数多くいるか否かが成功新製品になるかどうかに強く影響する。

　前段で示したような最寄品の新製品の普及に関しては，さまざまなモデルが提案されている。ここでは，**トライアル・リピート・モデル**と呼ばれるモデルを紹介する。トライアル・リピート・モデルは，ASSESSOR モデル（Silk and Urban, 1978）のサブモデルとして提案されており，(9.8) 式で

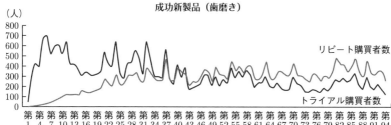

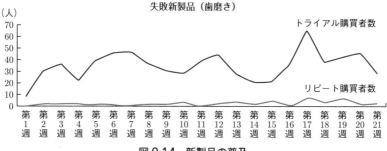

図 9.14 新製品の普及

示される。

$$M_n = T \times R \tag{9.8}$$

M_n は究極のマーケット・シェア，T は新製品の究極のトライアル購買率，R は新製品の究極のリピート購買率をそれぞれ示している。「究極の」（最大と読み替えてもらってもよい）という言葉を使用しているように，究極のマーケット・シェアは，究極のトライアル購買率と究極のリピート購買率の積になる，というのがこのモデル化の考え方である。このモデルが，現実的に適用可能かどうかに関しては，種々の議論がある。その主たる批判は，構造が単純化されすぎているというものである。その批判に応えるには，より精緻なモデル化が必要になる。一方で，このモデルのよい点はバスモデルとは異なり最寄品で重要となるリピート購買の要素が含まれており，トライアル購買とリピート購買をきちんと識別して議論しようとしている点である。最寄品の新製品の普及を考える際に，トライアル購買とリピート購買を識別しないことは，ミスリードする結果を生じさせる可能性が高い。その意味で，トライアル・リピート・モデルの考え方は有用なのである。当該モデルの詳細は，Silk and Urban（1978）や他の専門書を参照してほしい。

現在，膨大な数の最寄品の新製品が市場に導入されている。このような状

況では，新製品から利益をあげられない限り，メーカーや小売業は競争優位
な状況を構築できないのである。その意味では，新製品の普及に関してはこ
れまで以上の研究の蓄積が必要となるだろう。

（参考文献）　Silk, A. J. and G. L. Urban (1978), "Pre-Test-Market Evaluation
　　　　　　of New Packaged Goods: A Model and Measurement Methodology,"
　　　　　　Journal of Marketing Research, 15 (2), 171-191.

第 **10** 章

顧客の管理
RFM 分析，分散分析，ロジスティック回帰分析

$\boxed{1}$ マイクロ・マーケティングの重要性

　今日，マーケティングを取り巻く環境は厳しさを増している。マーケティングという言葉が一般的になってきた時代，市場の状況は右肩上がりで景気がよく，企業が需要サイドの個別のニーズに特段の配慮をせずとも，平均的な消費者ニーズをざっくりと把握しさえすれば，ある程度の売上は確保できた。消費者も製品選択において現在ほど多くの選択肢に触れることなく，販売されているものをよいものだ（少なくとも悪くない）と考えて購買意思決定を行った（マス・マーケティング）。この当時の企業のマーケティング目標は「市場シェアの拡大」であり，その目標を達成するためにマス広告を中心としたプロモーションに多くの資源を割いた。

　しかし，現在のマーケティングを取り巻く環境は，その当時とは状況を異にしており，マス・マーケティング型の活動では，企業は市場での競争優位性を担保できない。マクロ的視点で市場の状況を見ると，市場は飽和状態であり，市場全体としての売上は横ばい，ないしは低下傾向である。仮に市場シェア自体が拡大したとしても，実際には売上は減ってしまうというような現象も生じ，「市場シェアの拡大」をねらったマーケティング戦略だけでは失敗してしまう時代なのである。そのため，マーケティングを効果的に行うためにはミクロ的視点でのきめの細かい目標設定が必要であり，**顧客シェア**や**顧客ロイヤル**

ティの拡大が新たなマーケティング目標になった。顧客シェアと顧客ロイヤルティの定義は下記の通りである。

顧客シェアと顧客ロイヤルティの定義

(1) **顧客シェア**：市場シェアの対比語として用いられ，消費者1人ひとりが購入した特定の製品カテゴリの購入金額に対する，自社製品の割合を差す

(2) **顧客ロイヤルティ**：自社のブランドに対する顧客の忠誠度（ロイヤルティ）を指す言葉で，ある期間中に購買した製品のうち，自社製品が何回購買されたかなどで測定する

　前段に示したマーケティング目標の変化は，企業の消費者（顧客）に対する立ち位置にも変化を生じさせている。「市場シェアの拡大」を志向する際の前提は，「市場は1つ」というものであり，これは市場に存在する消費者は一様に等しい価値を持つと想定することと同じ意味である。「市場シェアの拡大」を志向するマス・マーケティングでは，基本的に消費者は「平等」であると考え，企業はどの顧客にも平等に便益を与えた。一方，「顧客シェア」や「顧客ロイヤルティ」の拡大を志向する際の前提は，「市場は多様」というものである。つまり，これは市場に存在する消費者はその状況に応じて1人ひとり違う価値を持つと想定することと同じである。このような前提のもとで顧客シェアや顧客ロイヤルティの拡大を志向するマイクロ・マーケティングでは，顧客を平等には扱わない。自社に多くの利益をもたらす顧客に多くの見返りを与え，自社に利益をもたらさない顧客にはそれなりの見返りしか与えないのである。すなわち，顧客に対する姿勢は「不平等」であるとも言える。

　図10.1は，マス・マーケティングとマイクロ・マーケティングの違いを，(1)対象市場，(2)マーケティング目標，(3)マーケティングの対象，(4)顧客に対する立ち位置，(5)マーケティングのツール，の5つの観点から対比し整理したものである。

　本章の目的は，上述のマーケティング環境の変化に対応した活動を実現するために必要になる「顧客管理」の考え方と，それに関連する基本的な分析法を

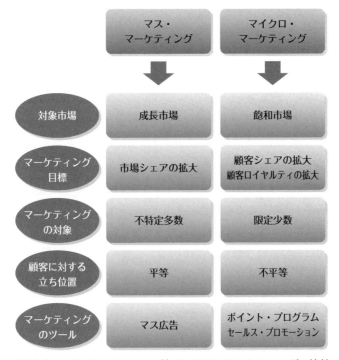

図 10.1　マス・マーケティングとマイクロ・マーケティングの比較

習得してもらうことである。

2 顧客関係性マネジメント（CRM）

　本節では，**顧客関係性マネジメント**（**CRM**: Customer Relationship Management）の考え方を説明する。CRM とは，小売業やメーカーなど供給サイドである企業が，需要サイドである顧客との良好な関係を構築・維持・育成することで，長期的な収益の最大化をねらう経営手法である。ここで重要なのは，「消費者」ではなく「顧客」という言葉を使用している点である。顧客とは「すでに自社製品やサービスを一度は買ったり利用してくれたりした人や組織」と定義できる。一方，消費者は「顧客も含めて買ってくれそうな人や組織も含めたターゲット市場全体」と定義できる。すなわち，CRM では消費者全体を対象にマー

ケティング戦略を考えるわけではなく，その一部（部分集合）である顧客を対象にマーケティング戦略を考え，実行するのである。

　CRM には，大きく次に示す3つの施策がある。すなわち，①新規顧客の獲得，②顧客のランクアップ，③優良顧客の維持，である。これらの施策は，その対象が消費者なのか顧客なのかで分類できる。①は，まだ自社の顧客になっていない消費者を自社の顧客に転換させるための施策に対応し，もし新規顧客が獲得できれば純粋に売上増に結び付くことになる。②，③の施策は，①の施策とは異なり既存顧客を対象とした施策である。②は，既存顧客の自社での買上金額の向上や利用回数を増加させるための施策に対応し，もしそれが実現できれば顧客1人ひとりから獲得できる売上や利益が向上する。また，③は，現在の優良顧客を維持し続けるために行う施策に対応し，もしそれが実現できれば安定的な経営に結び付く。これら3つの施策をコストの面から評価すると，① ＞ ② ＞ ③ の順に小さくなる。一般に，新規顧客獲得のために要するコストは，優良顧客維持のために要するコストの4～5倍程度であると言われている。一方，施策の難易度という点からも，① ＞ ② ＞ ③ の順で容易になる。これは，対象とする消費者へのアクセス可能性の違いによってその差が生じ，①は不特定の消費者に対して施策を行うのに対し，②，③は特定された顧客を対象に施策を行う。また，それぞれの施策が実現された場合の企業に対する利益貢献は，①小～大，②中～大，③大，となる。すなわち，① ＞ ② ＞ ③ の順に不確実性が小さくなる。以上をふまえると，CRM における施策の優先順位は ① ＜ ② ＜ ③ の順に高まるとわかる。**図 10.2** には，以上の議論を模式的に示した。

　また，企業のマーケティング活動において CRM が注目されているのは次の2つの理由によると考えられる。1つめの理由は，顧客が企業にもたらす売上や利益の観点から生じており，多くの企業で自社の顧客のうち上位 20% が総売上（総利益）の 80%（この数字自体は多少変動する）をもたらすと認識されていることである。一般的にこの法則はパレートの法則と呼ばれる（第1章3頁も参照）。この認識にもとづけば，すでに確保している優良顧客を維持し，顧客を優良顧客へとランクアップさせることが重要で，その後に新規顧客獲得のための施策が位置付けられる（**図 10.2** 参照）ことが理解できるはずである。

　2つめの理由は，**フリークエント・ショッパーズ・プログラム**（FSP）等の活

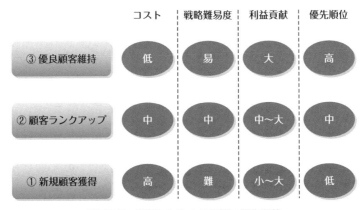

図 10.2　CRM の 3 つの施策の優先順位

動により蓄積が進んだ顧客の行動データが存在していることである。FSP と
は，購入金額に応じたポイント付与や割引を実施することで，顧客の囲い込み
や獲得をねらう小売業の活動である。類似の企業の活動が，FSP だけではな
くさまざまな分野でなされており，その活動の副産物として顧客の買物など
の行動履歴データが獲得されている。一般にこれらのデータは非常に大規模
なデータになる。企業はこの大規模データの有効活用を目論んでいる。なぜな
らば，この大規模データを有効に活用しなければ，FSP 等の活動に直接的・
間接的に必要なコストを正当化できないからである。また別の観点からも，企
業がこの種の大規模データの有効活用をねらう理由がある。データには，「誰
が」「いつ」「何を」「いくらで」「何個」購入したかの情報が含まれ，それを用
いれば当該企業の顧客の行動を部分的にではあるが追跡できる。顧客との関係
性は，顧客を知らなければ構築できないが，それに必要な情報が大規模データ
には含まれているのである。以上の背景によって，CRM に FSP データを活
用する方策が注目をあびているのである。

　以上をふまえたうえで，第 3 節では，顧客管理のために活用されることが
多い，RFM 分析，分散分析およびロジスティック回帰分析の概要を示す。第
4 節では，それら分析法を活用した FSP データ（ID 付き POS データ）の分析
事例を示す。

3 顧客管理のための分析手法

3.1 RFM 分析

　本項で解説する **RFM 分析**は，第 2 節で説明した顧客管理の実現に向けた知見を獲得するための第 1 ステップに位置付けられる。RFM 分析の主要な目的は，以下に示す「Recency（最新購買日）」「Frequency（累積購買回数）」および「Monetary（累積購買金額）」の観点から顧客を識別することである。これら 3 つの指標は次のようにまとめられる。

━━━━━ RFM 各指標の意味と見方 ━━━━━

(1) **Recency**（最新購買日）：ある顧客の最後の購買日を顧客識別の判断材料にするもので，最近購買した顧客のほうが何カ月も前に購買した顧客よりも良い顧客と考える

(2) **Frequency**（累積購買回数）：顧客がどの程度頻繁に購買しているかを顧客識別の判断材料にするもので，頻度が高いほど良い顧客と考える

(3) **Monetary**（累積購買金額）：顧客のある期間の合計購買金額を顧客識別の判断材料にするもので，購買金額が高いほど良い顧客だと考える

　RFM 分析では，顧客をこれら 3 つの指標を用いてスコアリングする。その分類の仕方には，いくつかの考え方がある。その 1 つは，各指標ごとに顧客の数が同数になるように分割区間を決めるというものである。とくに，指標ごとに大きい順に並びかえ，顧客を上位から 10 等分する分析を**デシル分析**と呼び，実務での活用例が多い。また別の考え方としては，**表 10.1** に示したように，あらかじめ各ランクの範囲を定め，そこに顧客を割り当てるというものがある。この場合，範囲の決め方は業種やビジネスの形態によって異なる。

　図 10.3 では，RFM 分析を 3 次元イメージで模式的に示している。図中，

表 10.1　RFM 分析におけるスコアリングの考え方

ランク	R（最新購買日）	F（累積購買回数）	M（累積購買金額）
5	30 日以内	30 回以上	50 万円以上
4	60 日以内	10 回以上 30 回未満	30 万円以上 50 万円未満
3	90 日以内	3 回以上 10 回未満	10 万円以上 30 万円未満
2	180 日以内	2 回	5 万円以上 10 万円未満
1	180 日以上	1 回	5 万円未満

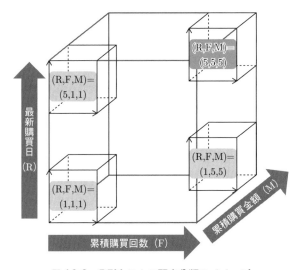

図 10.3　RFM による顧客分類のイメージ

$(R, F, M) = (5, 5, 5)$ という表記は，R，F，M のランクがいずれも 5 であることを示す。

　次頁の囲みには，RFM の各ランクがわかった際の判定の考え方を示した。RFM 分析を用いて顧客管理をする場合，とくに重要な指標は，最新購買日（R）である。もちろん，累積購買回数（F）と累積購買金額（M）も重要だが，顧客の動きを把握するためには R にとくに注意しなければならないという意味である。F や M のランクが高くても，前回購買してから長い期間経過してしまっている顧客は，転居したり他の小売業に顧客を奪われたりしている可能性が高い。完全に離反してしまった顧客は，優先的に便宜を図るべき対象に

はならない。また，Rのランクが下がり始めた段階では，営業的な施策を行えば顧客維持につながる可能性がある。この場合，該当する顧客に対して離反防止に結び付く施策を行わなければならない。Fのランクは低いがMのランクが高い顧客は購買力が高く，Fを高めるような施策を検討しなければならない。ここで例示したように，RFMの組合せによる顧客グループの状況を正当に評価し，CRM的観点からの施策を行っていかなければならない。RFM分析はその基本となる分析法である。

━━ RFM ランクの判定法 ━━

(1) Rのランクが高ければ，将来企業の収益に貢献してくれる可能性が高い

(2) Rのランクが低ければ，FやMのランクが高くても他社に移っている確率が高い

(3) Rのランクが同じ場合，Fのランクが高いほどよい顧客

(4) Rのランクが同じ場合，FやMのランクが高いほど購買力がある顧客

(5) RのランクやFのランクが高くても，Mのランクが低い顧客は購買力が低い

(6) Fのランクに着目して，累積購買回数の低い顧客への施策を行う

(7) Fのランクが低くて，Mのランクが高い顧客は，1回当たりの購入が多いので，それを意識した施策を行う

(8) Fのランクが低くて，Mのランクが高い顧客の場合は，Rのランクが高いほうが良い顧客

(9) Fのランクが高くて，Mのランクが低い顧客は，1回当たりの購入が少ない。1回当たりの購入金額を増やすような施策を講じるべき

(10) Fのランクが上がらないか下がっている顧客は他社に奪われている可能性が高い

(11) RFMすべてのランクが低い顧客は，最近購入していないことを意味し，何らかの理由で他社に流れた可能性が高い。場合によっては切り捨ても検討すべき

3.2　分 散 分 析

3.1 項に示した考え方にもとづいて，RFM 分析の観点から顧客分類を実施できる。ただし，それだけでは分類をしただけで，分析としては不十分である。より精緻に議論するためには，統計的観点から分類されたどのグループ間に差が生じるのかを判定しなければならない。その際に用いる統計手法が**分散分析**である。本項では，最も基本的な**一元配置分散分析**を説明する。

　分散分析は，ある要因の効果の群ごとの差を検定する手法である。分散分析は，「分散」にもとづく検定であり，初期段階では条件（群）が異なっている場合でも同一の母集団からの標本とみなす。これが検定する際の帰無仮説になる。つまり，言葉で表現すれば「群間で平均に差はない」となる。母集団の平均の真の値の推定値として各群の「平均の平均」を求める。これを**大平均**と呼ぶ。分散分析による検定では，この大平均からのズレに注目する。具体的には，

$$(データの大平均からのズレ) = (平均の差の影響によって生じたズレ)$$
$$+ (偶然の影響によって生じたズレ) \quad (10.1)$$

が成立し，(10.1) 式に示す分解を全データについて行う。そのうえで，データのズレ（データの値）を支配したのは，平均の差の影響力なのか，それとも偶然の影響力なのかを比較する。もし，平均の差の影響力が大きければ，平均の差は文字通り偶然以上である（有意差がある）と判定する。以下では，分散分析で用いる用語の定義を示している。

─────── **分散分析で用いる用語** ───────
(1)　**要因**：目的変数に影響を及ぼす可能性を有する「原因」であり，分散分析で検定する変数を意味する
(2)　**水準**：要因を構成する条件を指し，1 要因は最低でも 2 水準以上で構成されると考える
(3)　**説明変数**：要因または水準を意味する
(4)　**目的変数**：目的とするデータを意味する

表 10.2 分散分析表

変動要因	平方和	自由度	平均平方	F 値
群間	S_b	$df_b = k - 1$	$V_b = \dfrac{S_b}{df_b}$	$F_0 = \dfrac{V_b}{V_w}$
群内	S_w	$df_w = n - k$	$V_w = \dfrac{S_w}{df_w}$	
全体	$S_t = S_b + S_w$	$df_t = n - 1$	$V_t = \dfrac{S_t}{df_t}$	

また以下では，一元配置分散分析による検定手順を示す。以降では，群の数を k，全ケース数を n，各群のケース数を n_j，全体の平均値（大平均）を $\bar{X}$，第 j 群における平均値を $\bar{X}_j$ とする $(j = 1, 2, \cdots, k$，また，$\sum_{j=1}^{k} n_j = n)$。

─────── 一元配置分散分析の手順 ───────

(1) 仮説の検証についての前提を設定する

・帰無仮説 H_0：「各群の母平均値は等しい」

・対立仮説 H_1：「各群の母平均値は等しくない」

・有意水準 α を設定する

(2) 全体平方和 S_t を算定する（全体の不偏分散 U_t が求められていれば，$S_t = (n - 1)U_t$ としてもよい）

$$S_t = \sum_{j=1}^{k} \sum_{i=1}^{n_j} (X_{ij} - \bar{X})^2 \qquad (10.2)$$

(3) 群間平方和 S_b を算定する

$$S_b = \sum_{j=1}^{k} n_j (\bar{X}_j - \bar{X})^2 \qquad (10.3)$$

(4) 群内平方和 S_w を算定する（$S_w = S_t - S_b$ の関係式から求めてもよい）

$$S_w = \sum_{j=1}^{k} \sum_{i=1}^{n_j} (X_{ij} - \bar{X}_j)^2 \qquad (10.4)$$

(5) 表 10.2 で示した分散分析表を作成する

(6) 検定統計量 F_0 は，第 1 自由度が $df_b(= k - 1)$，第 2 自由度が $df_w(= n - k)$ の F 分布に従うため，第 1 自由度が df_b，第 2 自由度が df_w の F 分布から有意確率 $P = \Pr\{F \geqq F_0\}$ を求める

(7) 帰無仮説の採否を判断する
  ・$P > \alpha$ のとき，帰無仮説を採択する。「各群の母平均値は等しくないとはいえない」
  ・$P \leqq \alpha$ のとき，帰無仮説を棄却する。「各群の母平均値は等しくない」

　なお，分散分析は要因の効果が有意かどうかを確かめるものであり，条件間（群間）の差を検定するものではない。もし，条件間の平均値の差を検定したい場合は「多重比較」によって行うことになる。多重比較という呼び方は通常 3 群以上の場合に用い，2 群の場合には t 検定と呼ぶ。多重比較に関しては，永田・吉田 (1997) を参照してほしい。

3.3 ロジスティック回帰分析

　3.1 項に示したように，顧客管理のためには RFM 分析が用いられることが多い。しかし，それで分析が終了するわけではない。顧客の RFM で見た場合の特性の違いによって，施策効果に違いがあるかどうかを探ることが次の課題になる。その際，線形回帰分析（目的変数が連続量），ロジスティック回帰分析（目的変数が離散量），および決定木などが分析に活用しうる。ここでは，DM送付の有無，クーポン利用の有無といったように CRM で出現することが多い離散変数を念頭に置き，**ロジスティック回帰モデル**を説明する。ロジスティック回帰モデルは，第 4 節での分析事例で用いる。

　本項で説明するロジスティック回帰分析は，（満足，不満足）や（反応あり，反応なし）のような 2 値名義変数に対する回帰モデルである。2 値名義変数は，通常 0 と 1 のデータとして考えることが多い。ロジスティック回帰モデルは，2 値名義変数が目的変数になる場合でも回帰分析が行えるように工夫されたモデルである。ロジスティック回帰モデルは，以下の (10.5) 式，(10.6) 式のように定式化する。なお，y_h および $\boldsymbol{x_h} = (x_{h,0}, \cdots, x_{h,p})^t$ は目的変数（2 値変数），$(p+1)$ 次元説明変数ベクトルとする。また，$\boldsymbol{\beta} = (\beta_0, \beta_1, \cdots, \beta_p)^t$ はパラメータ・ベクトルとする。

ロジスティック回帰モデルでは，$y_h = 1$ となる確率 p_h を (10.5) 式でモデル化する。

$$p_h = \Pr(y_h = 1) = \frac{\exp(v_h)}{1 + \exp(v_h)} \tag{10.5}$$

$y_h = 0$ となる確率は $1 - p_h$ であり，$1 - p_h = \Pr(y_h = 0) = \frac{1}{1+\exp(v_h)}$ となる。確率比 $\left(\frac{p_h}{1-p_h}\right)$ はオッズと呼ばれる量で，ロジスティック回帰モデルにおいて重要な役割を演じる。ロジスティック回帰モデルでは，オッズを対数変換したものを目的変数とした回帰モデルを仮定する。以上により，(10.6) 式がロジスティック回帰モデルになる ($x_{h,0} = 1$)。

$$\log\left(\frac{p_h}{1 - p_h}\right) = v_h = \beta_0 x_{h,0} + \beta_1 x_{h,1} + \cdots + \beta_p x_{h,p}$$
$$= \boldsymbol{x}_h^t \boldsymbol{\beta} \tag{10.6}$$

なお，ロジスティック回帰モデルでは説明変数として連続量も離散量（ダミー変類）もどちらも使用できる。当該モデルの推定法など技術的な詳細に関しては，丹後・山岡・高木（2013）を参照してほしい。

4 ┃ R コマンダーによる顧客管理のための分析

4.1 RFM 分析

R コマンダー内に読み込んだデータを用いて RFM 分析を行う。**図 10.4** には，RFM 分析で用いるデータの一部を示した。図中，「Customer」「M」「F」「R」「DM」は，顧客 ID，累積購買金額，累積購買回数，最新購買日からの日数および DM への反応の有無（"yes"：反応あり，"no"：反応なし）をそれぞれ示す。

R コマンダー上で RFM 分析を行うためには，はじめに M, F, R にもとづきそれぞれ顧客をランク付けしなければならない。ランク付けは R コマンダー上で行う。なお，ここで用いる区分数はいずれの指標も 5 区分とし，**表**

10.1（215 頁）にもとづきランク付けする。

　R コマンダー上でのランク付けは，【データ】⇒【アクティブデータセット内の変数の管理】⇒【変数の再コード化】で行う。図 10.5 は，M, F, R それぞれでランク付けを行った画面である。実際の操作手順は，【再コード化の変数（1 つ以上選択）】で，ランク付けに用いる変数を選択し，【再コード化の方法を入力】に図のように条件を入力する。その際，【新しい変数名または複数の再コード化に対する接頭文字列】に使用する変数名を入力する（今回はそれぞれ「M_Rank」「F_Rank」「R_Rank」を使用した）。この処理を実施することで図 10.6 に示すように，図 10.4 に示したデータセットに「M_Rank」「F_Rank」「R_Rank」が付加される。

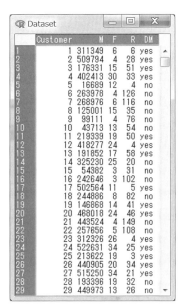

図 10.4　RFM 分析に用いるデータ（RFM.txt）

　次に，この指標を基軸として分析を行うことになる。グラフ化と分散分析が，この場合の分析として採用されることが多い。以下では，R_Rank の群を基軸として，M と F の分布に群間で差があるかどうかを検討してみる。これは，M_Rank や F_Rank を基軸にしても同様に分析できる。なお，これらの分析結果は 3.1 項の囲み（216 頁）に示した「RFM ランクの判定法」を参考に評価することになる。

　図 10.7，図 10.8 は R_Rank ごとの累積購買金額と累積購買回数の分布の違いである。R_Rank が高い群（前回来店からそれほど日数が経過していない）のほうが，そうでない群に比べて累積購買金額は多い傾向であるが，それほどの大きい差はない。一方で，R_Rank ごとに累積購買回数を比較すると，R_Rank が良い群のほうが大きくなる傾向で群間では比較的差が大きい。なお，図 10.7，図 10.8 に示す層別の箱ひげ図を R コマンダー上で描くためには，次の処理を行えばよい。【グラフ】⇒【箱ひげ図】の順でクリックするとグラフの設定画面が立ち上がる（図 10.9 参照）。【変数（1 つ選択）】で図示する変数を選択し，【層別のプロット】をクリックし層別して描く変数を指定する。

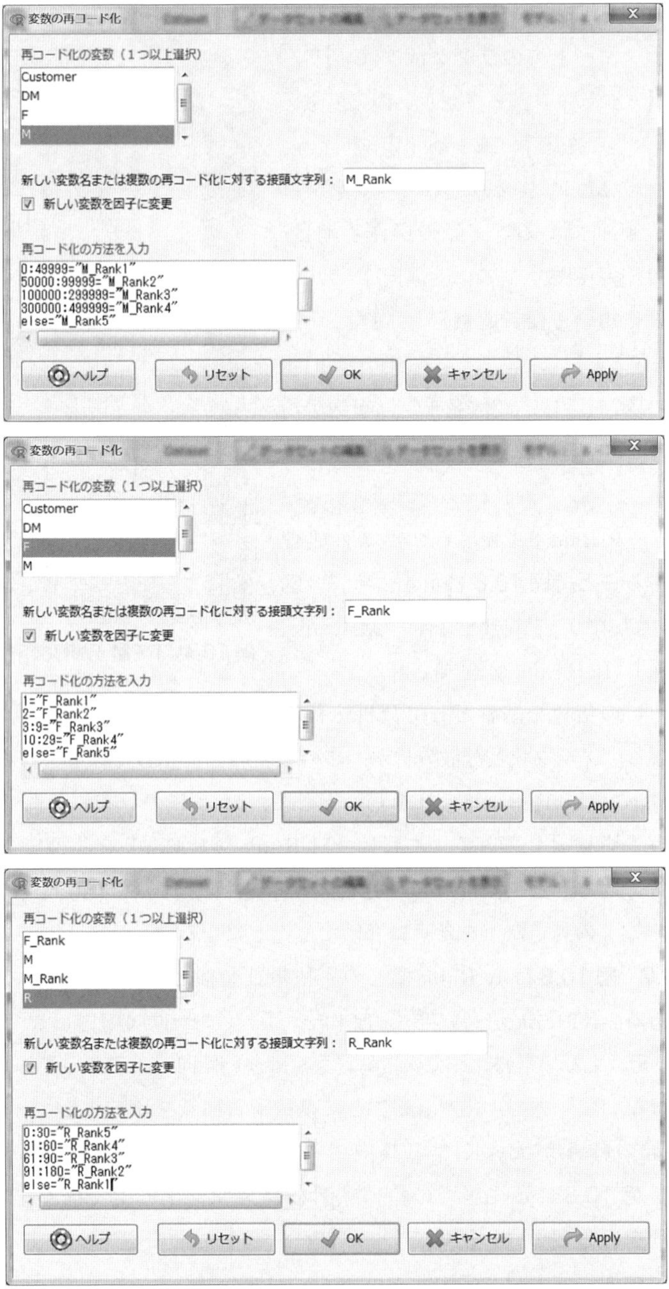

図 10.5 ランク付けの方法（上段：M，中段：F，下段：R）

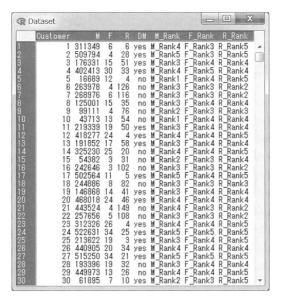

図 10.6　各変数にもとづくランクが付加されたデータ

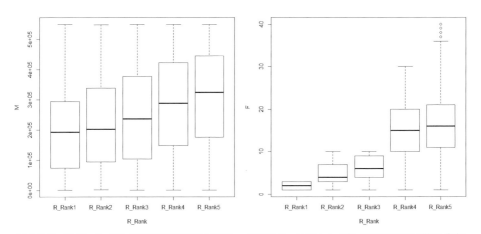

図 10.7　R_Rank ごとの累積購買金額の分布　　**図 10.8　R_Rank ごとの累積購買回数の分布**

実際に**図 10.7** と**図 10.8** は上記の手順で出力したものである。

　前段に示した内容を統計的に厳密に評価するために，3.2 項で説明した一元配置分散分析を行う。R コマンダーでの具体的な手順は，【統計量】⇒【平均】⇒【1 元配置分散分析】の順でクリックすると，一元配置分散分析の設定画面

図10.9 箱ひげ図設定画面：データ指定（上図），オプション指定（下図）

図10.10 一元配置分散分析設定画面

が立ち上がる（**図10.10**）。そこで，【グループ（1つ選択）】で1つ選択し（今回は R_Rank），【目的変数（1つ選択）】で1つ選択する（今回の場合は M か F）。また，【2組ずつの平均の比較（多重比較）】にチェックを入れる。そこまで設定したら，【OK】をクリックするとこの設定で実行される。**図10.11** は分散分析の結果出力画面である。図中の Pr(>F) で判断すると，有意水準 1% で有意だとわかる。すなわち，「各群の母平均値は等しい」という帰無仮説は棄却される。次に，各グループ間の平均の差を多重比較の結果から評価する。**図**

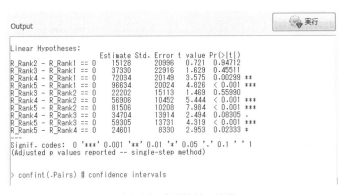

```
Output                                              実行

> summary(AnovaModel.1)
             Df   Sum Sq   Mean Sq F value Pr(>F)
R_Rank        4 2.054e+12 5.134e+11   20.78 <2e-16 ***
Residuals  1995 4.929e+13 2.471e+10
---
Signif. codes:  0 '***' 0.001 '**' 0.01 '*' 0.05 '.' 0.1 ' ' 1

> numSummary(Dataset$M , groups=Dataset$R_Rank, statistics=c("mean","sd"))
           mean       sd data:n
R_Rank1 209930.0 151138.6     67
R_Rank2 225057.9 152059.6    343
R_Rank3 247259.6 152568.9    158
R_Rank4 281963.5 156606.0    664
R_Rank5 308564.1 161327.1    768

> .Pairs <- glht(AnovaModel.2, linfct = mcp(R_Rank = "Tukey"))

> summary(.Pairs) # pairwise tests

        Simultaneous Tests for General Linear Hypotheses
```

図 10.11　一元配置分散分析の結果

```
Output                                              実行

Linear Hypotheses:
                    Estimate Std. Error t value Pr(>|t|)
R_Rank2 - R_Rank1 == 0   15128      20996   0.721  0.94712
R_Rank3 - R_Rank1 == 0   37330      22916   1.629  0.45511
R_Rank4 - R_Rank1 == 0   72034      20149   3.575  0.00299 **
R_Rank5 - R_Rank1 == 0   96634      20024   4.826  < 0.001 ***
R_Rank3 - R_Rank2 == 0   22202      15113   1.469  0.55990
R_Rank4 - R_Rank2 == 0   56906      10452   5.444  < 0.001 ***
R_Rank5 - R_Rank2 == 0   81506      10208   7.984  < 0.001 ***
R_Rank4 - R_Rank3 == 0   34704      13914   2.494  0.08305 .
R_Rank5 - R_Rank3 == 0   59305      13731   4.319  < 0.001 ***
R_Rank5 - R_Rank4 == 0   24601       8330   2.953  0.02333 *
---
Signif. codes:  0 '***' 0.001 '**' 0.01 '*' 0.05 '.' 0.1 ' ' 1
(Adjusted p values reported -- single-step method)

> confint(.Pairs) # confidence intervals
```

図 10.12　多重比較の結果

10.12 は，R_Rank ごとの M の平均の差の多重比較結果である。R_Rank1 と
R_Rank2 は R_Rank4 以上のグループと M の差があるというように，個々の
群間の差を精緻に評価できる。同様の分析を行って得られた結果と 216 頁の
囲み「RFM ランクの判定法」を参考に，維持すべき顧客，ランクアップをね
らう顧客，切り捨てを検討する顧客等を検討することが，RFM 分析の目的
である。自身で，本章のウェブサポートページからダウンロードできるテス
トデータ（RFM.txt）を用いて，同様の分析を行い，顧客管理に関する知見を
RFM 分析から導いてみてほしい。

4.2 ロジスティック回帰分析

　顧客に対してアプローチする際に，誰をターゲットとし戦略を行うべきか
を考えることはきわめて重要である。とくに，「購買力がある」「購買回数が
多い」「最近購買していない」等の RFM 的観点でターゲティングできれば，
CRM をさらに高度化できる。本項は，RFM 指標と DM への反応の関係の評
価をねらいとした事例である。ただし，目的変数となる DM への反応の有無
は 2 値変数であるため，通常の回帰分析は使用できない。そこで，3.3 項に示
したロジスティック回帰モデルを用いて解析を行うことになる。(10.7) 式がこ
こで用いたモデル式である。

$$v_h = \beta_0 + \beta_1 \log(M_h) + \beta_2 \log(F_h) + \beta_3 \log(R_h) \tag{10.7}$$

M_h, F_h, R_h は顧客 h の累積購買金額，累積購買回数および最新購買日からの
日数をそれぞれ示す。このロジスティック回帰モデルを R コマンダーで推定
する。

　R コマンダーを用いたロジスティック回帰モデルの推定は以下の手順で行
う。【統計量】⇒【モデルへの適合】⇒【一般化線形モデル】の順でクリック
し，モデル設定画面を立ち上げ，(10.7) 式を設定画面で入力する。その際，
【リンク関数族】は "binomial"，【リンク関数】は "logit" を指定する。
図 10.13 は実際に設定した画面である。図 10.14 は，その推定結果を示して
いる。累積購買金額，累積購買回数（いずれも対数）は DM の利用に対して正
の影響を有するが，最新購買日からの日数（対数）は負の影響を有するとわか
る。すなわち，企業が DM を送付するのであれば購買金額が大きく，しかも
購買回数が多く，最近も購買しているといった顧客を対象にすべきであること
がわかる。

　この事例は非常に単純化したものであるが，たとえば年齢や性別などのデモ
グラフィック・データやその他の購買データなどがもし存在するのであれば，
そういったデータを用いて解析を行えばよい。実際の応用へ向けて，本項に示
した内容をよく理解してほしい。

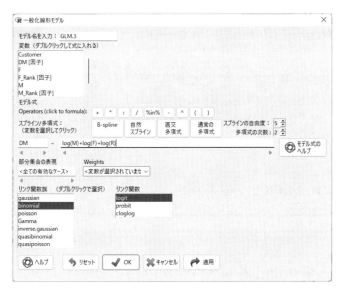

図 10.13　ロジスティック回帰モデルの設定

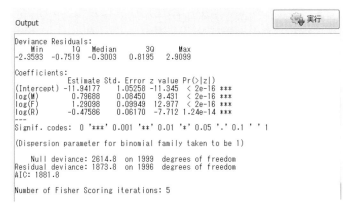

図 10.14　ロジスティック回帰モデル推定結果

まとめ

　本章では，まず顧客管理に関連するトピック（CRM，RFM分析，分散分析，ロジスティック回帰分析）を解説し，その後実際の解析事例を紹介した。本章で紹介した内容は，昨今のビッグデータの蓄積に伴うマーケティング手法の変化や企業を取り巻く外的環境の変化に伴い，その重要度が高まっている事項である。実際のデータを活用してマーケティングを高度化するためにも習得すべき事項である。よく読んで身に付けてほしい。

第10章 文献案内

佐藤忠彦・樋口知之（2013）『ビッグデータ時代のマーケティング――ベイジアンモデリングの活用』講談社。
　➡ マーケティングにおけるビッグデータの活用の考え方が詳述されている。その周辺を学習したい読者にとっては有益である。
丹後俊郎・山岡和枝・高木晴良（2013）『ロジスティック回帰分析――SASを利用した統計解析の実際〔新版〕』朝倉書店。
　➡ ロジスティック回帰分析に関する専門書である。当該手法に関して，モデル，推定法に関して詳細に説明されており，当該モデルを学習する読者にとっては有益である。
永田靖・吉田道弘（1997）『統計的多重比較法の基礎』サイエンティスト社。
　➡ 多重比較に特化した教科書である。分散分析などで多重比較を使用する読者は，その手法を学習する際に役立つはずである。

Column⑩　ビッグデータから消費者を理解する：その考え方の基本

　本章第 1 節で述べたように，現代のマーケティングではマイクロ・マーケティング的活動がより重要になっている。そのためには，顧客となる「消費者を理解」し，それにもとづきマーケティングを行わなければならない。ここで問題になるのは，「『消費者を理解する』の含意は何か？」ということである。

　本章も含めていくつかの章で言及しているように，近年マーケティング分野ではビッグデータが蓄積されている。実務では，それを活用したマイクロ・マーケティングを高度化するための知見の抽出が喫緊の課題となっている。前段に示した問いを考える前に，まず「複数の店舗のなかから買い物をする店舗を選択する」消費者の行動を検討してみる。消費者が店舗選択の意思決定をする際に，何がその意思決定に影響するだろうか。候補店舗群それぞれの価格戦略，チラシ，ポイント・プログラムのポイント率などが影響するかもしれないし，マス広告の一種であるテレビ CM が影響するかもしれない。消費者の店舗に対するロイヤルティのようにデータとしては観測されない，潜在的な変数が店舗選択に影響することも考えられる。また，現在のわれわれの知識では想像も及ばない別の要因が影響する可能性もある。

　このように，消費者の意思決定はさまざまな要因が複雑に影響しており，その解明は一筋縄ではいかない。こういった状況で，「消費者を理解する」ことは，消費者の店舗選択行動の真のメカニズムを解明することと即断してよいものであろうか。結論から述べれば，消費者の真の行動メカニズムを解明することは容易ではなく，基本的には不可能である。

　企業は，最終的に消費者の真の行動メカニズムの解明を求めているわけではなく（もちろん，真の行動メカニズムを解明できるのであればそうしたいが，前段に示したようにそれは基本的に無理），マーケティング意思決定をする際に最も必要となる，時を得た情報を，ビッグデータから抽出したいのある。換言すれば，企業がビッグデータにもとづき行っている「消費者の理解のための活動」は，消費者の意思決定の真の構造を解明することをねらっているわけではなく，消費者行動の仮説的役割を担う情報の抽出をねらっている。以上の検討にもとづけば，冒頭で提起した，「『消費者を理解する』の含意は何か？」という問いに対する答えは，以下のようになる。

―――――「消費者を理解する」の構図―――――

(1)　「消費者を理解する」＝「マーケティング活動の高度化に寄与す

　る仮説的役割を担う情報を発見する」
(2)　「消費者を理解する」≠「消費者の真の行動メカニズムを明らか
　　にする」

　前段までの議論にもとづくと，消費者の真の行動メカニズムを明らかにすることはできないし，そもそもそれを考えることは無意味だといっているように思われてしまうかもしれない。しかし，それは誤解である。消費者の真の行動メカニズムが解明できれば，それにこしたことはないし，当然，可能であるならばそれを実現したいが，現実的には，消費者の真の行動メカニズムを解明するのは容易ではないし，実際には何が真の構造なのかさえわからないため評価もできない。そういった状況でも，「消費者の理解」を深める活動を行わない限り，市場に存在するさまざまなマーケティング活動を高度化できない。この一連の考え方が，「『消費者を理解する』の含意は何か？」という問いに対する答えである。

　今日的観点でビッグデータから消費者理解するためには，統計的モデリングが必要不可欠のツールである。この辺りの話題に関しては，佐藤・樋口（2013）が参考になる。興味のある読者は一読することを勧める。なお，ここで紹介したビッグデータからの消費者理解の考え方は，第4章の *Column* ④で紹介した帰納的考え方によるものになる。アンケート調査データなどを用いた消費者の理解は，演繹的考え方にもとづきなされることが多い。演繹推論と帰納推論は，*Column* ④で言及したようにその形式に大きな違いがある。この点は，分析を進めるうえで重要な違いになるため，再度言及しておくことにする。

第 III 部

上 級 編

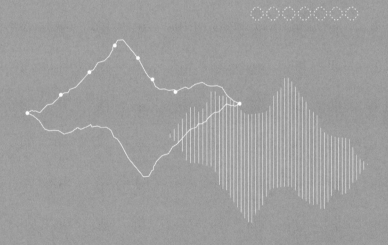

第**11**章

Chapter **11**

市場反応分析(Ⅱ)
離散選択モデル

1 個人別購買履歴データの特性

　マーケティングで扱うデータの特徴の1つとして，マーケティング戦略の実施や市場反応の多くが離散データであることがあげられる。たとえば，消費者の購買行動の記録では，購買について「1（購買），0（非購買）」や，プロモーション実施について「1（実施），0（非実施）」などの2値データであったり，またアンケート調査データでは，5点尺度，7点尺度で質問項目が設定され離散の値からなるデータが収集される。

　表11.1ではID付きPOSデータの一部が掲載されており，上部はA, B, Cの3つのブランドからなるあるカテゴリでの3人の顧客の購買行動の履歴と購買時のマーケティング変数の値が記録されている。たとえば，ID番号1の顧客は，この期間に4回の購買を行い，購買機会1では，ブランドAを価格77円で，プロモーションが行われていたときに選択した。また，そのとき選択されなかったB, Cについての価格とプロモーション実施の有無（1：実施，0：非実施）も同時に記録されている。顧客の市場反応としての行動は，A, B, Cの3つの選択肢のなかの1つであり，その選択肢は離散的である。

　さらに各顧客の個人属性として，性別，年齢，職業，年収がデータベースには記録されている。これがワントゥワン・マーケティングを実現する分析で個人の異質性を捉える情報として活用される。

表 11.1　パネルデータと属性データ

顧客 ID	購買機会	ブランド	価格 A	価格 B	価格 C	プロモーション A	プロモーション B	プロモーション C
1	1	A	77	50	155	1	0	0
1	2	B	90	50	157	0	1	0
1	3	C	90	50	122	0	0	1
1	4	A	90	53	126	0	1	0
2	1	A	68	51	94	0	0	0
2	2	B	90	50	155	1	0	0
3	1	C	70	50	160	1	0	0
3	2	C	90	55	150	0	0	0
3	3	C	80	40	140	0	0	0

顧客 ID	性別	年齢	職業	年収
1	男	20	建築	500
2	女	40	自営	800
3	女	35	主婦	0

2 離散選択モデル

　消費者の行動は,「購買を行ったか (1)」, あるいは「購買を行わなかったか (0)」, のいずれかの 2 値データで記録されたり, 複数のブランドに関する選択肢 ($j = 1, \cdots, J$) のなかから特定のブランド k を選択したり, などといった形で離散的な変数で扱われることが多い。この消費者行動を表現する離散変数を目的変数とし, 価格や広告などの各種マーケティング変数を説明変数とするのが, 本章で取り上げる**離散選択モデル**である。マーケティングでは**ブランド選択モデル**と呼ばれることが多い。このモデルは, もともと計量経済学の分野で労働者の就業を決定する関係を記述するモデルとして開発された。今日では, マーケティングのみならず, 交通機関の選択を扱う都市計画や, 選挙で候補者を選ぶ投票行動の分析など広範囲な領域で応用されている。

2.1　消費者の効用関数とブランド選択

　いま, 2 つのブランド 1 および 2 の選択に際して, 消費者は両者のうちでよ

り効用の大きいものを選択するという**効用最大化原理**に従って行動するものと
する。詳しくは以下のような行動原理である。

効用最大化原理

　ブランド 1 およびブランド 2 から得られる効用をそれぞれ U_1, U_2 とし
たとき，消費者 h がブランド 2 を選択するのは，以下のときである。

$$U_1 < U_2 \tag{11.1}$$

　いま，U_i を消費者 h のブランド i に対する効用は，次のモデルで表すこと
ができると仮定する。

$$U_i = \alpha + \beta x_i + e_i \tag{11.2}$$

ここで，e_i は不確定要因であり，規定したマーケティング変数以外の影響
としての誤差や消費者のその時々の心理的揺れを表しているものであると規定
する。これは，回帰モデルの確率的誤差項に対応する量である。また，β およ
び α は回帰モデルの回帰係数と同じ解釈ができる。ここで分析するマーケティ
ング活動が企業の短期的活動であるとすれば，β は短期的効果，α は短期的
なマーケティング活動と無関係な独立の長期的なベースライン部分と解釈できる。
　(11.2) 式のモデルのもとで，ブランド 2 が選択されることは，(11.1) 式から，

$$\alpha + \beta x_1 + e_1 < \alpha + \beta x_2 + e_2 \tag{11.3}$$

を意味する。この大小関係は，確率変数 e_i が入っているため確率的に決定さ
れる。したがって，ブランド 2 が選択される確率 $\Pr(y = 2)$ は，

$$\Pr\left(\alpha + \beta x_1 + e_1 < \alpha + \beta x_2 + e_2\right) = \Pr\left(e_1 - e_2 < \beta\left(x_2 - x_1\right)\right) \tag{11.4}$$

と表される。いま $e_1 - e_2 = \varepsilon$, $x_2 - x_1 = x$ と置き，ε の分布関数をある値 s
に対して $F_\varepsilon(s) = \Pr(\varepsilon < s)$ としたとき，ブランド 2 が選択される確率は，

$$\Pr\left(y = 2\right) = \Pr\left(\varepsilon < \beta x\right) = F_\varepsilon\left(\beta x\right) \tag{11.5}$$

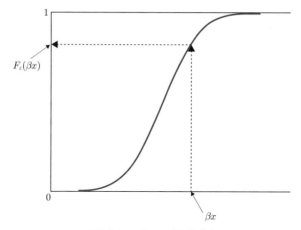

図 11.1　ブランド選択確率

と書かれる。つまり，分布関数は単調増加であるので，一定の値をとる β の符号を正としたとき，ブランド 2 が選択される確率は，マーケティング変数の差である x が正で大きいほど高まる。たとえば，x を広告費とすれば $\beta > 0$ となることが期待され，そのとき，$x(= x_2 - x_1) > 0$ で大きい，つまりブランド 2 がより多くの広告費を使うほど，ブランド 2 が選択される確率が高まることを表している。

　図 11.1 では横軸に βx の値，縦軸にブランド 2 の選択確率 $F_\varepsilon(\beta x)$ を描いている。この図から，線形回帰モデルと異なり，説明変数と目的変数である選択確率の関係が非線形であることがわかる。さらに，$0 \leqq F_\varepsilon(\beta x) \leqq 1$ なので，ブランド 1 の選択確率は，

$$\Pr(y = 1) = \Pr(U_1 > U_2) = 1 - F_\varepsilon(\beta x) \tag{11.6}$$

である。

　この誤差項 ε の確率分布を，極値分布と仮定した場合は**ロジット・モデル**，また，正規分布と仮定した分析モデルは**プロビット・モデル**と呼ばれる。いずれの場合も，平均値 0 に関して左右対称の分布である。同じデータセットをそれぞれのモデルに適用した場合の β の推定値および標準誤差には一定の関係があり，いずれの値もロジット・モデルのほうが大きめに計算されることが知られている。

さらに，誤差項は正規分布を仮定するほうが統計的には合理的である。また選択肢の集合が変化しても 2 つの選択肢の選択確率の比は変わらないという問題，すなわち **I.I.A.** (independence from irrelevant alternatives; 無関係な代替案からの独立性) の問題も内在することから，プロビット・モデルのほうが単純なモデルの場合は好ましいモデルと言えよう。ただし，ロジット・モデルは選択確率を表す分布関数が積分評価を伴わない形で書けることが最大の操作上の利点であり，実際には利便性を優先してこれを使う場合も多い。他方，プロビット・モデルの分布関数は積分評価が必要となり，より複雑な数値解析を必要とするため，複雑なモデルとなってしまい操作性がよくない。

2.2 ブランド価値を含むモデル

マーケティングでは，短期的なマーケティング戦略とは独立な部分を**ベースライン**あるいは**ブランド価値**と呼び，これらの部分の長期的特性を重要な価値として理解したうえで，これら自体の測定や管理が求められる。(11.2) 式のブランドに対する効用では切片 α がこれに相当する。この長期的特性はブランドごとに異なることが前提であり，(11.2) 式の定式化を拡張してブランドごとに固有な切片 α_i を持つとする。

$$U_i = \alpha_i + \beta x_i + e_i \tag{11.7}$$

このとき，ブランド 2 が選択される確率の (11.5) 式に対応する式は，

$$\Pr\left(\varepsilon = e_1 - e_2 < \alpha + \beta\left(x_2 - x_1\right) = \mathbf{x}'\gamma\right) = F_\varepsilon\left(\mathbf{x}'\gamma\right) \tag{11.8}$$

と書ける。ここで，$\mathbf{x} = (1, (x_2 - x_1))'$, $\gamma = (\alpha, \beta)'$, $\alpha = \alpha_2 - \alpha_1$ である。このとき α は，各ブランドに固有の切片の差のみが推定される。通常は，ブランド 1 の切片を 0 $(\alpha_1 = 0)$ として，これからの差としてブランド 2 の切片 α_2 を評価する。

すなわち，ブランドごとにブランド価値が異なるモデルは，それを表す異なる切片の差 α を追加パラメータとし，それに応じた重回帰モデルの形に拡張して定義される。

2.3　パラメータ推定

モデルの推定法については，**最尤法**が一般的である。n 期間にわたる観測値がある場合，t 期の選択データ $y_t = 1$ または $y_t = 0$ に応じて，モデルから定義される確率 $F_\varepsilon(\beta x_t)$ または $1 - F_\varepsilon(\beta x_t)$ がそれぞれ決まる。ロジット・モデルの場合には，分布関数 $F_\varepsilon(\beta x_t)$ および $1 - F_\varepsilon(\beta x_t)$ がそれぞれ $F_\varepsilon(\beta x_t) = \frac{\exp(\beta x_t)}{1+\exp(\beta x_t)}$，$1 - F_\varepsilon(\beta x_t) = \frac{1}{1+\exp(\beta x_t)}$ と明示的に評価できるところが特徴である。

たとえば，観測値全体を $\{y_1 = 1, y_2 = 0, y_3 = 0, \cdots, y_n = 1\}$ とし，選択は各期で独立に行われると仮定すると，この観測値集合が発生する確率，

$$\Pr(y_1, y_2, \cdots, y_n | \beta) = F_\varepsilon(\beta x_t)^s (1 - F_\varepsilon(\beta x_t))^{n-s}$$
$$= \left(\frac{\exp(\beta x_t)}{1 + \exp(\beta x_t)} \right)^s \left(\frac{1}{1 + \exp(\beta x_t)} \right)^{n-s} \tag{11.9}$$

が定義される[1]。ここで s は $y_t = 1$ となる回数である。これを最大にするようにパラメータ β を求めるのが最尤法であり，数値的最適化計算から推定値が導出される。

これに対してプロビット・モデルの場合は，前にも述べたようにこれらは積分の形で書かれることから，より複雑な数値計算を必要とする。

3 Rコマンダーによる分析

3.1　ブランド価値を含むモデル

いま，40 回の購買機会を持つ 2 つの競合ブランド B1 および B2 について，選択したブランドに 1，選択しないブランドに 0 が与えられ，それぞれの価格が P1 および P2 として**表 11.2** のように配列されている（ファイル名：

---

1)　これは**同時確率**と呼ばれ，これをパラメータ β の関数として見たものは**尤度関数**と言われる。

表 11.2 二項選択データ (`binomial-choice.txt`)

購買機会	ブランド B1	ブランド B2	価格 P1	価格 P2
1	0	1	450	340
2	0	1	450	280
3	0	1	450	370
.	.	.	.	.
.	.	.	.	.
.	.	.	.	.
40	1	0	309	309

"binomial-choice.txt")。このデータを用いてロジット・モデルを推定してみよう。

R コマンダーでは,ロジット・モデル,プロビット・モデルの推定はツールバー【統計量】⇒【モデルへの適合】⇒【一般化線形モデル】で実行できる。

ロジット・モデルの推定

図 11.2 は,R コマンダーを用いて二項ロジット・モデルを推定するウィンドウを示している。実行手順は次の通りである。

(1) まず**図 11.2** の【一般化線形モデル】ウィンドウにおいて,モデル式部分に選択結果である目的変数を【変数(ダブルクリックして式に入れる)】から B1 を選択して入力する。

(2) 次に右側の説明変数のところには価格の差 "P1 − P2" と入力する。

(3) さらに【リンク関数族(ダブルクリックで選択)】で "binomial" を選択し,その右隣の【リンク関数】で "logit" を選択して【OK】をクリックする。

その結果,**図 11.3** の左図のように,ロジット・モデルの出力ウィンドウが得られる。デフォルトでは説明変数に切片項を含んでいるので,基準ブランド B2 の切片を 0 としたときのブランド B1 のブランド価値 $\hat{\alpha} = \hat{\alpha} - 0$ を推定する設定となっている。したがって,$U_1 = \alpha + \beta x_1$ および $U_2 = \beta x_2$ であり,$u = U_1 - U_2 = \alpha + \beta x$ となる。

出力ウィンドウに現れた推定されたモデルは,

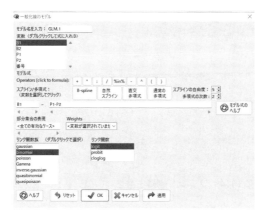

図 11.2　二項離散選択モデル：実行ウィンドウ

図 11.3　ロジット・モデルとプロビット・モデル

$$u = 11.539963 - 0.030168x$$

である。そして，価格（差）に掛かる係数の最尤推定値は-0.030168 であり，その標準偏差は 0.008989 であり，検定の t 値に相当する統計量が "z value" のところに-3.356 と出力され，さらに検定の P 値はその横に 0.000791 と表示されている。これらより，価格変数はブランド選択について 1% 有意であることを示している。最尤推定は最適値を求めるのに繰り返し計算が必要となる。出力ウィンドウの最下部には，推定値および関連する統計量に加えて，最尤推定値に伴う繰り返し計算回数が 6 回であったことも出力されている（Number of Fisher Scoring iterations:6）。また "(Intercept) 11.539963" とあるの

図 11.4　ブランド価値を含まないロジット・モデル

は，ブランド価値を含むモデルで基準ブランド B2 の切片を 0 としたときのブランド B1 のブランド価値 $\hat{\alpha} = \hat{\alpha}_1 - 0$ の推定値であり，B1 は B2 に比べて有意にブランド価値が高いことがわかる。

プロビット・モデルの推定

同様に，リンク関数として "probit" を選択した場合，**図 11.3** の右図の出力ウィンドウが現れる。解釈は，ロジット・モデルの場合と同じである。係数推定値が絶対値の意味でロジット・モデルよりも小さめに計算されている。

3.2　ブランド価値を含まないモデル

ブランド価値を含まないモデルで推定を行うためには，切片項を入れない設定として，**図 11.4** の左図のように説明変数に "0" を加えたモデル式を設定すればよい。その結果，**図 11.4** の右図のような出力が得られる。ここでは，（相対）価格への反応係数が-0.0011618 で P 値が 0.173 と大きく 5% でも有意ではない。このことから，2 つのブランドはブランド価値の相違がブランド選択に大きく影響を与えており，これと同時に価格を考えると有意となるが，価格だけでは影響は有意とはならないことがわかる。最適化の収束回数が 4 回と少なくなっているのもパラメータ数が減少し，より単純なモデルとなったことから合理的である。

$\boxed{4}$ 多項離散選択モデル

　選択対象となるブランド数が m 個の一般的な形の場合には，上記の議論を拡張する必要がある。この場合，消費者がブランド j を選択する（$y = j$）出来事は，2 ブランドの場合の $U_1 < U_2$ を拡張して，ブランド j の効用 U_j が最大であること，すなわち，

$$U_j = \max \{U_1, \cdots, U_J\} \tag{11.10}$$

を意味する。この場合は，**多項離散選択モデル**と呼ばれ，誤差項の分布の仮定に応じて**多項ロジット・モデル**および**多項プロビット・モデル**がある。

4.1 **R による分析：多項ロジット・モデルの推定**

　R コマンダーでは，上述の多項ロジット・モデルは直接扱うことができない。ツールボタンを進めていくと【統計量】⇒【モデルへの適合】⇒【多項ロジットモデル】の表記があるが，これは上述のモデルとは異なるものであるので注意をしよう。

　そこで，R のパッケージ「mlogit」を用いて多項ロジット・モデルを R コマンダー上に乗せて推定してみよう。まずはじめに，「mlogit」のパッケージをインストールする必要がある。まず R コマンダーをインストールする手順（補論 C）と同様に mlogit パッケージをインストールする。次に R コマンダーの【ツール】⇒【パッケージのロード】⇒【パッケージ（1 つ以上選択）】で，"mlogit" を選択し，パッケージを読み込む。**図 11.5** および**図 11.6** では，R のコードと出力結果を示している。そこでは，パッケージ内で提供されているケチャップのサンプルデータ "Catsup" を利用している。データを読み込むには，【データ】⇒【パッケージ内のデータ】⇒【アタッチされたパッケージからデータセットを読み込む】⇒【パッケージ（ダブルクリックして選択）】から "mlogit" を選択し，【データセット（ダブルクリックして選択）】から "Catsup" を選択する。このデータは，4 つのブランドについて，各パネルの選択行動と

図 11.5　R の実行例：多項ロジット・モデルのコード（mlogit.R）

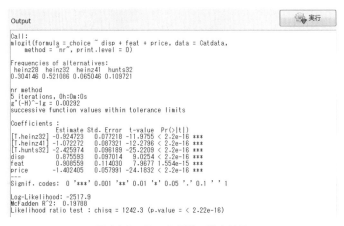

図 11.6　R の実行例：推定結果

対応する価格（price），および 2 つのプロモーション：エンド陳列（display），チラシ広告（feature），の 3 つのマーケティング変数が 300 パネルに対して記録されている全購買回数 2,798 のデータである。

　このパッケージは，R コマンダーに組み込まれていないので，R で実行する必要がある。その際のコードが R コマンダーのスクリプト・ウィンドウに記載してある。これをすべて範囲指定して実行ボタンを押すことで出力ウィンドウ内に推定結果が表示される。

　図 11.5 にある R の実行画面のスクリプト・ウィンドウの各行は次を意味するコマンドである。

- `library(mlogit)`：パッケージ「mlogit」利用の宣言

- data(Catsup)：データの指定
- Catdata<-：データの加工
- Cat1<-mlogit：推定の実行
- Summary(Cat1)：推定結果の出力

　R コマンダー上でデータの読み込みを行えば，ボタン "データセット" で "Catsup" を指定後，"データセットを表示" ボタンをクリックしてデータセットを表示させて形式などを確認できる。

　推定結果の出力画面である**図 11.6** では，"Call:" 以下で指定したモデルの確認のための "mlogit" の定義に続き，選択肢頻度 (Frequencies of alternatives:) として，heinz28: 30.41%, heinz32: 52.10%, heinz41: 6.50% hunts32: 10.97% であったことを要約して表示している。

　次には推定状況として，5 回の繰り返し計算で最尤推定値が求められたことが記述されている。

　さらに係数 (Coefficients:) 以下では，パラメータ推定値と標準誤差，t 値および P 値が記載されている。まず，ブランドに固有の切片（ブランド価値）は，4 つの選択肢のうち最初の heinz28 を基準ブランドにして 0 と固定したときの他の 3 ブランドの相対的な値が計算されている。さらにエンド陳列 (disp)，チラシ広告 (feat)，価格 (price) の各行では変数に掛かる係数に関する統計値が出力されている。有意性を表すコードはいずれも $***$ とあり，0.1% 以下の有意水準でもそれぞれがブランド選択に影響を与えないとする帰無仮説を棄却できることを示している。推定値を見ると，価格の係数が -1.40 と妥当な結果であり，さらにエンド陳列とチラシの係数は，それぞれ 0.876，および 0.909 である，これらの変数はいずれも，実施：1，非実施：0，となる 2 値変数で構成されているので，相互に直接係数推定値の大きさで効果を比較でき，ほぼ同等の効果であるがチラシ広告の効果が若干高いと言えよう。

4.2　異質な消費者の行動モデル：ベイズモデリング

　これまでの分析モデルでは，市場反応パラメータは個人に共通な値 β を持つものであった。これに対して，各種のマーケティングに対する反応 β やブ

ランドに対する評価 α は，セグメントごとに異なると考えるのがマーケティングの基本的考え方である。つまり，第10章でも説明したように，広告などすべての消費者に一様にアプローチするマス・マーケティングに続いて，いくつかのセグメントを仮定したマーケティングの考え方が長い間主流を占めてきたが，IT の進化に伴い消費者個人の購買履歴や属性データが入手可能になるにつれて，現在では，この異質性を究極まで高めて1人ひとりの消費者の嗜好や市場反応を捉えて効率よくマーケティング戦略を考えるという，ワントゥワン・マーケティングあるいはマイクロ・マーケティングの考え方が求められている。ここで重要となるのが，消費者の異質性である。

　消費者の異質性を持つ離散選択モデルは，消費者ごとに異なる市場反応パラメータ α_{jh}, β_h を持つ効用関数，

$$U_{jht} = \alpha_{jh} + \beta_h x_{jht} + e_{jht} \tag{11.11}$$

で表される。

　個人の情報が入手可能となってきたとはいえ，消費者ごとにこれを測定するだけの十分な情報量が得られることは期待できない。個人別の情報量は安定的な統計的推測を保証するほど多くはなく，そこで各消費者は異質ではあるが共通する部分もあるという論理のもとで，データの持つ情報を「異質性」と「共通性」とにバランスよく分配し，異質性を推定するのに不足する情報を共通性として消費者全体をプールした情報で補うという，階層ベイズモデルがマーケティングでは非常に注目され一定の成果を収めている。詳細は，本書のレベルを超えるのでここでは説明できないが，興味のある読者は，たとえば，照井（2008, 2010a）などを参照してほしい。

ま　と　め

　本章では，目的変数が離散変数である場合の市場反応分析モデルであるロジット・モデルとプロビット・モデルを学んだ。マーケティングで蓄積される消費者の行動データは，いくつかの選択肢のなかの選択として記録されることが多く，これを第5章の数量変数の回帰分析の枠組みで扱うことは適切ではない。そのために，ロジット・モデル，プロビット・モデルなどの離

散選択モデルが使われる。さらに今日のようにマイクロなデータが利用できる環境では，個人の行動が記録された非集計データの分析はますます重要になっている。

第11章　文献案内

照井伸彦 = ウィラワン・ドニ・ダハナ = 伴正隆（2009）『マーケティングの統計分析』朝倉書店。

➡ 消費者行動のモデルについて R を用いて実践できるよう解説した章を含んでいる。理論ばかりでなく実際の分析例も読者が追体験できるよう，本書と同様の立場で書かれたものである。

照井伸彦（2008）『ベイズモデリングによるマーケティング分析』東京電機大学出版局。

➡ 現代のマーケティングに求められる消費者の異質性を取り入れたモデル分析を，統計的に詳細に解説したもの。実際の適用例も紹介している。

照井伸彦（2010）『R によるベイズ統計分析』朝倉書店。

➡ 消費者の異質性のモデル化で使われるベイズ統計について，階層ベイズモデルまでを含んで包括的に解説したものである。

Column ⑪ テレビ広告は有効なのか？

　電通「2020 年 日本の広告費」によれば，2020 年の総広告費は，6 兆 1594 億円である。これは GDP の 1% 弱を占める水準である。そのうちテレビ，ラジオ，新聞，雑誌のマスコミ 4 媒体は 2 兆 2536 億円であり，全体の 36.6% を占める。IT の進展とともにインターネット広告やプロモーション・メディア広告の割合が高くなってきているが，それでもテレビ広告は 1 兆 6559 億を占め，依然として大規模な広告メディアである。

　広告費は企業経営においても多額の投資となるため，広告効果の測定と管理は企業にとってきわめて重要な問題であるばかりでなく，広告市場規模は非常に大きく経済全体への影響も大きい。

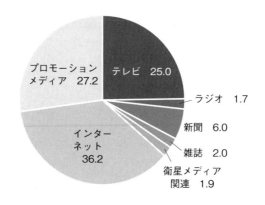

（出所）　電通「2020 年 日本の広告費」より作成。

図 11.7　広告費の媒体別構成

　広告の役割は，即時的効果，長期的効果あるいはブランド育成，ブランド想起維持など多様であり，目的としては，知名，購買，ブランド比較やブランド育成などとされている。いずれにせよ，定量的な判断なしには評価・管理ができないことは明らかである。

　消費者がブランド選択を行う際に果たす広告の役割は，次の 2 つに分けられる。

- 説得的役割：広告はブランドに対するイメージや購買意図に直接働きかける

● 情報提供の役割：広告はブランド属性や使い方，価格などの情報を提供
　し，属性やベネフィットを連想させて，ブランドを想起させる

　広告の効果については，売上や利益に対する直接的効果ばかりでなく，製
品のベネフィットを消費者に知らせる，ブランド評価や次回以降の購買に影
響を及ぼす，消費者に製品の真の品質を知らせる，価格感度などマーケティ
ング効果に間接的に影響を及ぼす，などの間接的効果も指摘されている。
　Terui, Ban, and Allenby（2011）では，消費者 1 人ひとりについて広告
を見た回数と購買行動の記録が結び付いたシングルソース・データを用い
て分析し，洗剤など成熟市場に関して，以下のような実証結果を得た（照井
〔2010〕に解説がある）。

(1)　テレビ広告は考慮集合の構成に影響を及ぼすが，製品の効用には直接
　　的影響を与えない
(2)　ひとたび考慮集合に入ると，その後の効果はほとんどない
(3)　ただし，広告量を減少させると，同程度増加させた場合に比べて著し
　　くマーケット・シェアが減少する

　とくに(3)は広告効果の非対称性を意味している。たとえ効果が見込めな
くとも，テレビ広告を減少させるのは大きな損失を誘発する可能性があるこ
とが示唆されている。

（参考文献）　照井伸彦（2010）「メディア広告の効果と役割——シングルソースデータを
　　　用いたモデル分析」『日経広告研究所報』44 巻 5 号，4-11 頁。
　　　　Terui, Nobuhiko, Masataka Ban, and Greg M. Allenby (2011), "The
　　　Effect of Media Advertising on Brand Consideration and Choice,"
　　　Marketing Science, 30 (1), 74-91.

第**12**章

ブランドと属性の同時マップ
コレスポンデンス分析

1 質的変数の関連性

　表12.1 は，東日本と西日本の2つの地域での消費者600人に対して，カレーの辛味についての嗜好を甘口，中辛，辛口の3種類のうちいずれかを選択してもらい，消費者が好む辛味を調査してクロス集計した二元クロス表である。

　このとき，「地域」と「嗜好」の要因は，関係があると言えるであろうか。これは独立性の検定を行うことで関係性の有無を判断できる。さらに，もし関係があるとなれば，どのような関係があるか，具体的には，東日本や甘口など各要因の項目同士がどのように対応しているかを考えるのがコレスポンデンス分析である。この分析法では，要因は**質的変数**，項目は**カテゴリ**と呼ばれる。質的変数であるカテゴリを数量化し，カテゴリ間の関連性を調べることを目的とするのがコレスポンデンス分析である。

　本章では，質的変数間の独立性の検定と，それに続いてコレスポンデンス分析を用いたブランドと属性の同時マップの作成と，その解釈の仕方について学ぶ。

1.1 二元クロス表と独立性の検定

　一般に，二元クロス表は，**表12.2** の左側のように，2つのカテゴリからな

表 12.1　二元クロス表：地域性と味の嗜好

地域 ＼ 嗜好	甘口	中辛	辛口	計
東日本	75	80	145	300
西日本	125	90	85	300
計	200	170	230	600

表 12.2　二元クロス表（左）と同時確率表（右）

要因 A ＼ 要因 B	B1	B2	B3	計	B1	B2	B3	計
A1	f_{11}	f_{12}	f_{13}	$f_{1.}$	$\frac{f_{11}}{N}$	$\frac{f_{12}}{N}$	$\frac{f_{13}}{N}$	$\frac{f_{1.}}{N}$
A2	f_{21}	f_{22}	f_{23}	$f_{2.}$	$\frac{f_{21}}{N}$	$\frac{f_{22}}{N}$	$\frac{f_{23}}{N}$	$\frac{f_{2.}}{N}$
計	$f_{.1}$	$f_{.2}$	$f_{.3}$	N	$\frac{f_{.1}}{N}$	$\frac{f_{.2}}{N}$	$\frac{f_{.3}}{N}$	1

る要因 A および B で観測値を集計したものである。そこではクロス表の各セルの度数 f_{ij} で表記されている。表の右側は度数を全体の数 N で割った相対度数 $\frac{f_{ij}}{N}$ で作成されている。この相対度数は2つの要因の対応するカテゴリに該当するデータが同時に観測される同時確率を表しているので**同時確率表**と呼ばれる。

　いま要因 A, B が独立であるとき，2つの確率変数の独立性の定義により，A と B が同時に起こる同時確率 $\Pr(A_i B_i)$ は周辺確率の積，

$$\Pr(A_i B_i) = \Pr(A_i)\Pr(B_i) \tag{12.1}$$

で表される。このとき，同時確率 $\Pr(A_i B_i)$ は $\frac{f_{ij}}{N}$，周辺確率 $\Pr(A_i)$，$\Pr(B_i)$ はそれぞれ $\frac{f_{i.}}{N}$，$\frac{f_{.i}}{N}$ で推定できる。いま，2つの要因が独立であるとき，(12.1) 式を使って同時確率 $\Pr(A_i B_i)$ は，

$$\Pr(A_i B_i) = \frac{f_{i.} f_{.i}}{N^2} \tag{12.2}$$

のように推定される。さらに，独立性のもとで発生が期待される**期待度数**は，全体の数を同時確率と掛け合わせることで，

$$f_{ij}^* = N \times \Pr(A_i B_i) = \frac{f_{i.}f_{.i}}{N} \tag{12.3}$$

と求められる。いま，2 つの要因が独立であれば，実際に観測された**観測度数** f_{ij} と期待度数 f_{ij}^* の差，

$$f_{ij} - f_{ij}^* = f_{ij} - \frac{f_{i.}f_{.i}}{N} \tag{12.4}$$

が全体として小さいことが期待される。

　これを判断する手続きは，クロス表の**独立性の検定**，あるいはピアソンのカイ 2 乗検定と呼ばれる。具体的には，以下の手順で検定を行う。

━━ 2 要因の独立性の検定 ━━

　すべてのセルの度数について，観測度数 f_{ij} と期待度数 f_{ij}^* の差をまとめた量

$$\chi^2 = \sum_{i=1}^{2}\sum_{j=1}^{3} \frac{(f_{ij} - f_{ij}^*)^2}{f_{ij}^*} \tag{12.5}$$

は帰無仮説

$$H_0 : 要因 A, B は独立である$$

のもとで自由度 $(2-1)(3-1) = 2$ のカイ 2 乗分布に従う。この性質を利用して，有意水準 5% の独立性の検定は，

$$\chi^2 > \chi_5^2(2) \tag{12.6}$$

となるとき独立性の仮説 H_0 を棄却する。ここで，$\chi_5^2(2)$ は自由度 2 のカイ 2 乗分布の上側 5% 点（臨界値）である。

　一般に，要因 A が l 分類，要因 B が m 分類されるクロス表の場合は，(12.5) 式に対応する検定統計量が自由度 $(l-1)(m-1)$ のカイ 2 乗分布に従う性質を用いて同様に検定できる。

1.2　R コマンダーによる質的変数の独立性の検定

R コマンダーでは，二元クロス表を入力して検定統計量や結果を計算することができる。**表 12.1** のデータを用いてこれを計算するには，次の手順に従う。

(1)　ツールバーの【統計量】⇒【分割表】⇒【2 元表の入力と分析】を選択し，実行するためのウィンドウを開く（**図 12.1** の左図）。

(2)　必要な行数および列数を選ぶと，空欄の表が自動的にウィンドウ内に作成される。

(3)　度数を【数を入力】に直接入力する。そして【統計量】タブをクリックし（**図 12.1** の右図），【仮説検定】の項目において，"独立性のカイ 2 乗検定"，"カイ 2 乗統計量の要素"，"期待度数の表示" にチェックを入れる。

(4)　【OK】をクリックして実行する。

その結果，出力ウィンドウには，**図 12.2** が出力される。

出力ウィンドウの中ほどには，検定結果が出力され，(12.5) 式の検定統計量 (X-squared) は 28.744 であり，P 値が 5.742e-07 = 0.0000005742 であることから，有意水準 5% でも 1% 検定でも有意であり，地域性と味の嗜好が独立である仮説が棄却される。これにより，地域によって味の嗜好が異なることが実証された。さらに，(12.3) 式の期待度数が Expected Counts の下に，またその下に (12.4) 式のカイ 2 乗統計量の要素が Chi-square Components としてそれぞれ出力されている。

‖*2*‖ コレスポンデンス分析

質的変数の独立性が棄却されれば，次にこれらの関連の強さを定義して分析するのが**コレスポンデンス分析**である。コレスポンデンス分析は対応分析とも呼ばれる。また日本で開発された数量化理論の 1 つのクラスである数量化理論 III 類と同じ分析目的を持つものである。

図 12.1 二元表の入力と分析

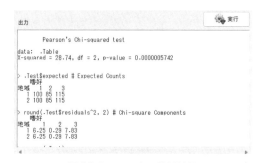

図 12.2 二元表の分析結果

表 12.3 二元クロス表

要因 A ＼要因 B	C_{B1}	C_{B2}	C_{B3}	C_{B4}	計
C_{A1}	f_{11}	f_{12}	f_{13}	f_{14}	$f_{1.}$
C_{A2}	f_{21}	f_{22}	f_{23}	f_{24}	$f_{2.}$
C_{A3}	f_{31}	f_{32}	f_{33}	f_{34}	$f_{3.}$
C_{A4}	f_{41}	f_{42}	f_{43}	f_{44}	$f_{4.}$
C_{A5}	f_{51}	f_{52}	f_{53}	f_{54}	$f_{5.}$
計	$f_{.1}$	$f_{.2}$	$f_{.3}$	$f_{.4}$	N

表 12.3 は，それぞれ 5 つと 4 つのカテゴリがある 2 つの要因 A および B に関して，N 人に調査した結果得られた回答をクロス集計した表である。

2.1 カテゴリの数量化

第 5 章の (5.3) 式で定義した相関係数は，2 つの量的変数 X, Y についての

N 組のデータ $\{x_i, y_i\}$ を用いて，

$$r = \frac{\sum_{i=1}^{N}(x_i - \bar{x})(y_i - \bar{y})}{\sqrt{\sum_{i=1}^{N}(x_i - \bar{x})^2 \sum_{i=1}^{N}(y_i - \bar{y})^2}} \tag{12.7}$$

と定義する量的変数の間の関連性の尺度であった。ここでの 2 つの要因間の関係の強さは，これらが質的変数であることから相関係数を用いて評価することはできない。その代わりに，コレスポンデンス分析では以下のように考える。

━━━━━ コレスポンデンス分析の考え方 ━━━━━

　各カテゴリの背後に量的変数 X, Y が存在すると仮定し，カテゴリの数量化を行う。

　すなわち，$C_{A1} \to x_1, C_{A2} \to x_2, C_{A3} \to x_3, C_{A4} \to x_4, C_{A5} \to x_5$ および $C_{B1} \to y_1, C_{B2} \to y_2, C_{B3} \to y_3, C_{B4} \to y_4$ と仮定する。

　コレスポンデンス分析では，クロス表の条件のもとで量的変数 X, Y に対する相関係数が最大となるように量的変数の値 $(x_1, \cdots, x_5; y_1, \cdots, y_4)$ を決定し，同じ平面にマッピングする方法である。

　たとえば，N 人の回答の背後には**表 12.4** のような量的変数が潜在していると考える。

　ここで，潜在的な量的変数は平均 0，分散 1 にそれぞれ標準化されているとする。このとき，仮定する 2 つの量的変数はクロス表のデータを用いて，

$$\bar{x} = \frac{f_{1.}x_1 + \cdots + f_{5.}x_5}{N} = 0, \quad \bar{y} = \frac{f_{.1}y_1 + \cdots + f_{.4}y_4}{N} = 0 \tag{12.8}$$

および，

$$s_x^2 = \frac{f_{1.}x_1^2 + \cdots + f_{5.}x_5^2}{N} = 1, \quad s_y^2 = \frac{f_{.1}y_1^2 + \cdots + f_{.4}y_4^2}{N} = 1 \tag{12.9}$$

と表される。さらに，これらの間の相関係数は，

$$r = f_{11}x_1y_1 + f_{12}x_1y_2 + \cdots + f_{54}x_5y_4 \tag{12.10}$$

表 12.4 数量化された調査回答

回答者	要因 A	要因 B
1	x_2	y_1
2	x_3	y_4
3	x_1	y_1
4	x_5	y_3
·	·	·
·	·	·
N	x_N	y_N
平均	$\bar{x} = 0$	$\bar{y} = 0$
分散	$s_x^2 = 1$	$s_y^2 = 1$

と表現される。これをクロス表のデータ $f_{11}, \cdots, f_{54}$ をデータとし，(12.8) 式
および (12.9) 式の条件下で x, y の相関係数 r を最大化する 2 つのベクトル x
$= (x_1, \cdots, x_5)'$ および $y = (y_1, \cdots, y_4)'$ を求める。詳細は章末の文献案内
（たとえば，土田・山川〔2011〕など）に譲るが，この条件付き最適化は，クロス
表から定義される行列の固有値と固有ベクトルを用いて求めることができる。
さらに，1 ではない最大の固有値を持つ固有ベクトルとして，

$$x^{(1)} = (x_1^{(1)}, \cdots, x_5^{(1)})', \quad y^{(1)} = (y_1^{(1)}, \cdots, y_4^{(1)})'$$

が得られる。しかし，これは相関係数（行列）を 1 つの固有値・固有ベクトル
の情報で近似するものであり，さらにその次に大きい固有値を持つ固有ベク
トル，

$$x^{(2)} = (x_1^{(2)}, \cdots, x_5^{(2)})', \quad y^{(2)} = (y_1^{(2)}, \cdots, y_4^{(2)})'$$

までを考慮すると近似の精度が上がる。いくつの次元まで考えるべきかについ
ては，因子分析における寄与率と同じ考え方で判断ができる。R コマンダー
による分析ではこの寄与率が出力される。
　いま，2 次元までで近似は十分であるとしたとき，要因 "i" には $(x_i^{(1)},$
$x_i^{(2)})$，要因 "j" には $(y_j^{(1)}, y_j^{(2)})$ として，これらを同じ座標系に同時マッピン
グするのがコレスポンデンス分析の通常の使い方である。このとき 2 つの要
因のそれぞれの関係性の強いもの同士が近くにマッピングされ，弱いものは遠
くにマッピングされる。

表 12.5　製品の評価データ：家庭用掃除機（cleaner.txt）

ブランド	デザイン	使いやすさ	パワー	静音性	サイズ	手入れのしやすさ	取り回し	満足度
1	4.05	4.82	5.00	3.68	3.85	4.76	4.27	4.82
2	4.57	4.70	4.62	3.66	4.52	4.55	4.68	4.91
3	3.98	4.59	3.61	3.31	4.92	4.63	4.59	4.67
4	4.60	4.40	5.00	3.60	4.80	4.40	4.60	4.80
5	4.38	4.79	5.00	4.00	3.51	4.90	3.97	4.79
6	4.46	4.54	4.24	3.35	4.05	4.00	4.38	4.72
7	4.56	3.89	4.63	3.19	4.48	4.48	3.89	4.70
8	4.71	4.57	4.64	4.91	3.43	4.26	4.35	4.57
9	4.17	4.67	4.83	4.83	3.67	4.50	4.17	4.67
10	4.69	4.31	4.79	3.63	3.70	4.38	4.08	4.62

（出所）　価格.com（http://kakaku.com），2012 年 8 月。

2.2　ブランドと評価項目の同時マッピング

　次にコレスポンデンス分析により，ブランドと評価項目の同時マッピングを考えてみよう。

　表 12.5 は，"価格.com（http://kakaku.com）" が行った家庭用掃除機カテゴリの売上トップ 10 について，消費者評価を同 Web で行った調査データである。アンケートの評価項目は，デザイン，使いやすさ，パワー，静音性，サイズ，手入れのしやすさ，取り回し，満足度，の 8 項目でそれぞれ 5 点満点で評価するものであり，その平均点がブランドごとに**表 12.5** に与えられている。

　前節との対応では，要因 A がブランドを表し，そのカテゴリは 10 である。一方，要因 B は 8 つのカテゴリを意味する評価項目を表す。またクロス表は，全回答者の合計値 $n_{ij} = \sum_{h=1}^{N} z_{hij}$ ではなく，要因 A の各ブランドについての平均値，つまり，$\frac{n_{ij}}{N}$ で定義されている。

||3| Rコマンダーによるコレスポンデンス分析

3.1 実 行 手 順

(1) プラグイン RcmdrPlugin.FactoMineR のロード

Rコマンダーでコレスポンデンス分析を実行するには，まずプラグイン
「RcmdrPlugin.FactoMineR」をロードする必要がある。これは，Rのパッケ
ージから「Rcmdr」をインストールしたのと同じ手続きでインストールでき
る。次にRコマンダーウィンドウのツールバー【ツール】⇒【Rcmdr のプラ
グインのロード】へ進むと「RcmdrPlugin. FactMineR」の選択画面が現わ
れ，【OK】をクリックして選択する。そのとき，これを有効とするためにR
コマンダーの再起動が求められ，再起動後に新たなウィンドウのツールバーに
は「FactoMineR」の表示が現われる。

なお，Rコマンダーを立ち上げ後，ツールバー【Rcmdr プラグインのロー
ド】は毎回行う必要がある。

(2) データの読み込み

ツールバー【データ】⇒【データのインポート】⇒【テキストファイルまたは
クリップボード，URL から（形式は選択可能)】により，**表 12.5** の形式で保存
されたデータを読み込む。

(3) コレスポンデンス分析の実行

ツールバー【FactoMineR】⇒【Correspondense Analysis(CA)】を選
択し，**図 12.3** のように現れたウィンドウの左側選択画面で評価対象の1〜10
までを選択して反転させる。右側選択画面では，評価項目のデザインから満
足度までを同様に選択する。その後，【OK】をクリックすることで実行され，
図 12.4 のマップが描かれる。次元1（Dim1）では 61.7%，次元2（Dim2）では
17.72% が説明され，合計では 79.42% がこの2次元で表現されていることが

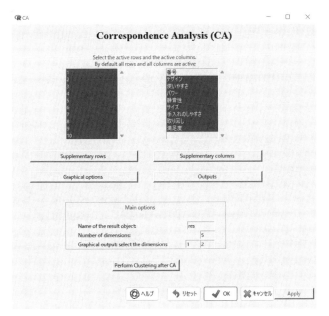

図 12.3　コレスポンデンス分析の実行

わかる。

　さらにブランド 8，9 は評価項目 "静音性" と近い位置にマッピングされており，これらは静音性に優れているという評価に特徴がある。ブランド 10 は "デザイン" と "パワー" の点で評価が高いと言えよう。

⑷　製品のクラスタリング

　次に，再度コレスポンデンス分析を選択し，**図 12.3** のコレスポンデンス分析の実行ウィンドウの下部で【Perform Clustering after CA】をクリックするとクラスター分析を実行できる。現れたウィンドウ**図 12.5** で行（ここではブランド）方向でクラスタリングするか列方向（ここでは評価項目）のいずれでクラスタリングするかを選択する項目【Perform clustring on:】で行（rows）【Choice of the number of clusters】で "iterative" をを選択して【OK】をクリックし，知覚マップのサブマーケットを構成することができる。列方向を選択した場合は，評価項目間の類似性をクラスタリングで評価することにな

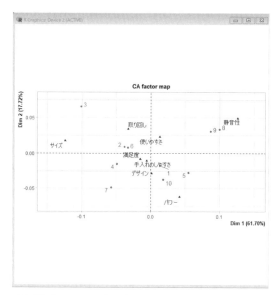

図 12.4　コレスポンデンス分析結果：家庭用掃除機

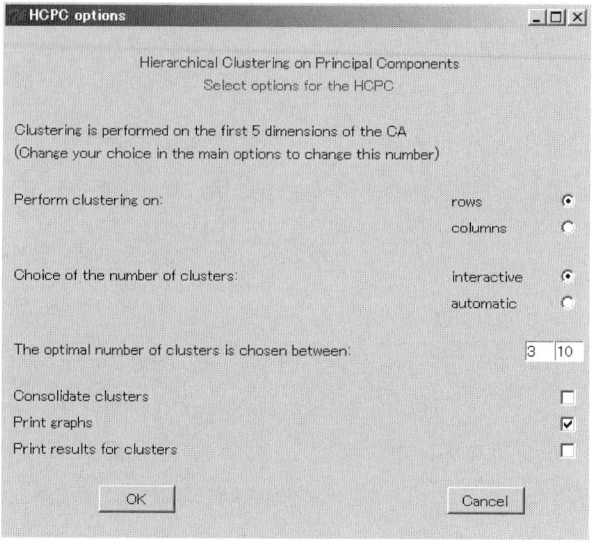

図 12.5　クラスタリングの設定

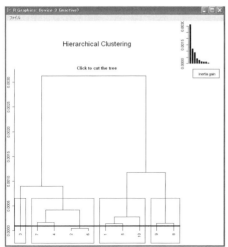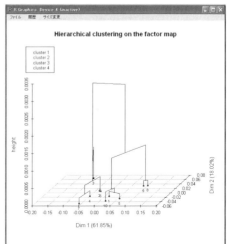

図 12.6　コレスポンデンス分析後のクラスタリング：サブマーケットの構造

る。このほか，クラスター分析ではさまざまな設定が可能である。

　次に，コレスポンデンス分析の実行ウィンドウの下部にある【Apply】をクリックすると，分析が実行され最初のデンドログラムが出力される。その後，そのデンドログラムにおいて，クラスター間の距離を表す縦軸の適当なところでクリックするとその高さでクラスターが決定される。**図 12.6** の左図では，縦軸の目盛りの 0.0007 のところにカーソルをあわせてクリックし，すなわち，クラスター間距離を 0.0007 としてデンドログラムを切断した結果，4 つのクラスターが生成されている。さらに，2 つのウィンドウが開きクラスタリングされた製品のマップが 2 次元および 3 次元の図で示される。**図 12.6** の右図は，これを 3 次元で表現したグラフが自動的に出力されたものである。

　ブランド 8，9 は静音性の点で同じサブマーケットに入り，ブランド 3 はユニークな位置付けでありサイズの属性が評価されている。ブランド 1，5，10 は，デザイン，取り回しのよさ，パワーなど複数項目で評価されるグループである。最後にブランド 7，4，2，6 は取り回しのよさ，手入れのしやすさ，などで相対的に評価されている。

表 12.6 製品の評価データ：デジタルカメラ (`camera.txt`)

ブランド	デザイン	画質	操作性	バッテリー	携帯性	機能性	液晶	ホールド感	満足度
1	4.78	4.77	4.72	4.67	4.64	4.72	4.84	4.84	4.97
2	4.80	4.80	4.40	4.00	5.00	4.80	4.90	4.40	4.90
3	4.02	3.95	3.83	2.71	3.30	4.03	4.71	3.23	4.64
4	4.72	4.66	4.38	4.29	4.14	4.77	4.54	4.39	4.70
5	4.60	4.66	4.24	3.83	4.42	4.63	4.72	4.79	4.81
6	4.54	4.77	3.69	4.22	4.22	4.51	4.28	3.96	4.76
7	4.51	4.43	4.13	4.18	4.77	4.45	4.38	3.85	4.72
8	4.00	4.90	4.30	2.05	4.11	3.51	4.10	3.61	4.77
9	4.73	4.45	4.64	4.64	3.91	4.64	4.73	5.00	4.73
10	4.64	4.82	4.11	4.36	4.67	4.72	4.91	3.48	4.72

（出所）　価格.com（`http://kakaku.com`），2012 年 8 月。

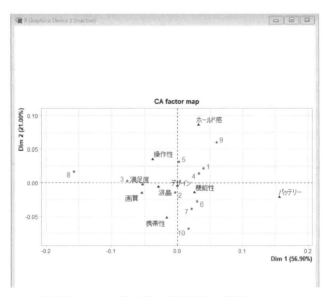

図 12.7　コレスポンデンス分析結果：デジタルカメラ

3.2　デジタルカメラの事例

　最後に，別の例を取り上げよう。**表 12.6** は，デジタルカメラの売れ筋ブランドのトップ 10 についての 9 項目の評価結果を示している。

　前項と同様の手順で同時マッピングを行った結果が**図 12.7** に示されている。

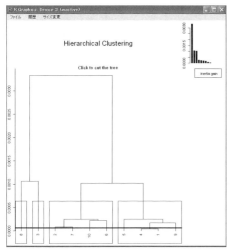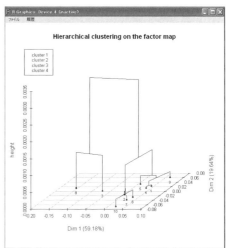

図 12.8　コレスポンデンス分析後のクラスタリング：サブマーケットの構造

　さらにブランドについてクラスタリングした結果が**図 12.8** で与えられている。次元 1 で 56.9%，次元 2 で 21%，合計 77.9% が説明されている。

　図 12.8 ではクラスター間の距離を 0.0005 でデンドログラムを切断したクラスターが描かれている。

　ブランド 8，3 は独立しており，3 は画質，満足度との関連性が強いが，8 は隣接する評価項目がなく，何らかの措置が求められるであろう。ブランド 2，7，10，6 は，機能性，携帯性，デザイン，液晶など複数項目で評価されるクラスターである。ブランド 5，4，1，9 は，ホールド感，操作性の点で評価されている。バッテリーの評価項目に近いブランドが布置されていないことはこれらに共通の欠点とも言えるであろう。

まとめ

　相関関係は，量的変数の間の関係の強さを測定する指標であるが，要因や性質などのカテゴリに分けられる質的変数については測ることはできない。
　本章では，カテゴリ変数の間の独立性の分析からはじめ，その背後に量的変数があることを仮定して，それらの相関係数を間接的に求めることで質的変数の関連性を分析するリサーチ手法であるコレスポンデンス分析を学んだ。この手法は日本の統計学の世界では数量化Ⅲ類と類似の手法である。マーケティング・リサーチでは，第6章で説明した知覚マップを作成するためのツールとして用いられることが多く，ブランド（調査対象）と属性（評価項目）を同じ空間に同時にマッピングする手法として使われる。

第12章 文献案内

土田昭司・山川栄樹（2011）『新・社会調査のためのデータ分析入門——実証科学への招待』有斐閣。
　⮞　コレスポンデンス分析の統計理論について，本書より詳細な説明がなされている。
林知己夫（1993）『数量化——理論と方法』朝倉書店。
　⮞　日本において数量化理論を提唱した第一人者による解説書である。コレスポンデンス分析は，この数量化理論の1つ（数量化理論Ⅲ類）と類似の手法である。

Column⑫　カスタマー・エクイティ（顧客価値）を測定する

　CRM やワントゥワン・マーケティングにつながるマーケティングの考え方は，ブランドに加えて市場におけるもう 1 つのプレーヤーである顧客に軸足を置く考え方であり，ブラットバーグらによって提唱された。これはブランド・エクイティに対してカスタマー・エクイティ（顧客価値）と言われる。

　カスタマー・エクイティ戦略は成熟市場において重要となるマーケティング戦略であり，次の 4 項目に沿って財務資産としての顧客価値の最大化を図ろうとする考え方である。

- 顧客のライフサイクルのマネジメント
- 顧客データベースの活用
- カスタマー・エクイティ（顧客価値）の数値的評価
- 顧客獲得，顧客維持，追加販売の組合せの最適化

とくにカスタマー・エクイティの数値的評価で使われる基本方程式は以下のように定義される。

(1)　t 期に獲得した顧客のカスタマー・エクイティ:

$$CE_t = t \text{ 期に獲得した顧客が } t \text{ 期にもたらす価値 } (A)$$
$$+ t \text{ 期に獲得した顧客が } t \text{ 期以降維持されてもたらす価値 } (B)$$

ここで，

$(A) = t$ 期の新規顧客数 × 1 人当たり粗利益 − 新規顧客獲得のコスト

$\quad = (t$ 期の潜在顧客数 × 顧客獲得率) × 1 人当たり粗利益

$\qquad$ − 新規顧客獲得のコスト

$(B) = \{\, t$ 期の新規顧客数 × $(t+k)$ 期までの顧客維持率 × 利益

$\qquad$ ×将来の割引率 $\}$ の k に関する総和

(2)　全カスタマー・エクイティ:

　初期時点 0 から現在時点までのカスタマー・エクイティの合計，すなわち，

$$CE = CE_0 + CE_1 + \cdots + CE_T$$

で定義される。

　この計算式のなかで新規顧客数を潜在顧客数から決める「顧客獲得率」および関係性を維持して得られる維持顧客を決める「顧客維持率」がカスタマー・エクイティの評価において重要なファクターである。

（参考文献）　ブラットバーグ，ロバート＝ゲイリー・ゲッツ＝ジャクリーン・トーマス（小川孔輔・小野譲司監訳）（2002）『顧客資産のマネジメント──カスタマー・エクイティの構築』ダイヤモンド社。

第13章

マーケットバスケットとクロスセリング
アソシエーション分析

1 ビッグデータとクロスセリング

　昨今，マーケティング分野ではビッグデータと呼ばれる大規模なデータの蓄積が進んでいる。ビッグデータの多くは，消費者の行動の履歴を示すデータである。小売業が蓄積している ID 付き POS データは，「誰が」「いつ」「何を」「いくらで」「何個」購買したかの情報を保持しており，また，Web 上で取得可能なアクセスログ・データは，一般的に「誰が（閲覧者の IP アドレス）」「いつ（ファイルへのアクセス日時）」「何を（リクエストされたファイルの情報）」「どこから（どのページから来たかがわかるリファラー）」および「ブラウザー環境がわかるエージェント」の情報を保持している。これらのデータは日々蓄積が進んでいる。

　企業は，このような形で蓄積されたビッグデータを高度に活用することを模索している。企業がビッグデータの活用を模索するには理由がある。ID 付きPOS データは，そもそもマーケティングでの活用をねらって取得されたデータではない。顧客に対して購買金額に応じたポイント付与や割引を実施するための情報として，それらの ID 付き POS データは取得されてきたものである。同様にアクセスログ・データは，ユーザーの Web 上の行動のトレースをねらっているわけではなく，仕組み上自動的に蓄積されるものであると考えたほうが自然である。ただし，これらのデータを取得するためには，直接的，間接

的に費用がかかっていることを意識しなければならない。実際には，単純に当初のねらいにもとづいてデータを用いるだけでは，それらのコストを正当化できない。コストを正当化するためには，データから企業の活動の高度化に資する情報抽出をしなければならない。これが，ビッグデータの活用を企業がねらう理由である。もちろん，ビッグデータに企業にとって有益な情報が含まれていないのであれば，そのねらいを実現できないが，前段に示したようにビッグデータは消費者，顧客，ユーザーといった個々の意思決定主体の行動を記録しており，活用の仕方次第では企業の活動を高度化できる情報を含んでいる。そのため，前述した企業のねらいは実現しうる課題だと言える。

　ビッグデータの活用法はさまざまに考えられる。本書の第10章で議論した顧客管理の分析などもその1つの例である。本章では「クロスセリング」と呼ばれる小売業のマーケティング活動に焦点を当てる。クロスセリングとは単純に言えば，関連商品についての販売促進活動を指す言葉である。たとえば，Webにおけるマーケティング活動として耳にすることが多い「リコメンデーション」はクロスセリングの1つである。これらは，「同時に買われやすい商品（ショッピング・バスケット）」や「ある期間中にA商品を購買した人は別のB商品を購買する」といった，消費者の行動特性に注目したマーケティング活動である。すなわち，この活動では1つひとつの商品の販売個数の増加ではなく，顧客1人ひとりのバスケット・サイズの増大をねらうことになる。

　図13.1は，クロスセリングの重要性を説明するために示した。上図は1商品当たりの売上の構造がどのようになっているかを示している。一方，下図はある顧客のある日の1回の購買における購買金額の構造がどのようになっているのかを示している。1商品当たりの売上を増やすためには，「販売個数を増やす」か「売価を高くする」ことで実現できる。ただし，販売個数と売価には一般的に負の相関関係があるため，売価を高くすれば販売個数は少なくなるし，販売個数を増やすために売価を下げればそれを補う分だけ販売個数が伸びなければ，売上金額は伸びない。その点を理解できれば，売価を下げる以外の販売促進活動によって販売個数を増やす施策が必要だとわかるはずである。そのような施策を考えるために，購買者のバスケットに着眼するのがクロスセリングである。バスケット単位の売上は，バスケットに入ったすべての商品の買上金額を足しあげれば計算できる。しかし，通常は1商品につき1個購買と

1 商品当たりの売上構造

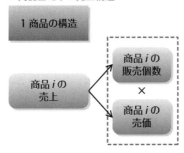

1 回の購買における購買金額の構造

図 13.1　売上（商品〔上図〕，バスケット〔下図〕）の構造

いう事象が多いため，それにもとづけばバスケット単位の売上は**図 13.1** の下
図に示すように，（購買種類数）×（バスケット平均売価）に分解できる。すな
わち，購買種類数を増やすことができれば結果としてバスケット単位の売上を
伸ばすことができる，と考えるのである。これを実現するために，クロスセリ
ングでは購買商品間の相関構造に焦点を当てることになる。

　それでは，購買商品間の相関構造とは何を指すのだろうか？　具体的には，
「牛肉を購買したバスケットには焼肉のたれが入っている」や「パスタを購買
したバスケットにはパスタソースが入っている」ということが相関構造のイ
メージである。実際にはバスケットではないが，アマゾンや楽天といった EC
サイトで，「この本を購入した人はこちらの本にも興味を持っています」や
「この化粧水を購入した方は，こちらの美容液も購買しています」といったリ
コメンデーションも相関構造を利用した例である。いずれにしても，このよう
な知見がビッグデータを解析することで得られれば，マーケティングの実際
のフィールドで活用できる。本章では，データからこのような関係性を抽出す
る際に活用できる**アソシエーション分析**を説明する。さらに，R によるアソシ
エーション分析の実行方法に関しても説明する。なお通常は，消費者の態度や
行動を明らかにする問題設定で本章のアプローチを用いることはできない。な

ぜならば，商品間の相関構造の潜在的なメカニズム（たとえば，同時購買が生じ
る理由など）は，この分析からは何も明らかにできないからである。本章のアプ
ローチはあくまでも「仮説」をみつけることに主眼があるので，消費者の態
度や行動の理由やメカニズムまでは明示的に取り扱うことはできない。この点
は重要なので注意してほしい。

2 アソシエーション分析

2.1 アソシエーション分析の概要

　本項では，アソシエーション分析の考え方を解説する。アソシエーション
分析とは，ID 付き POS データなどのトランザクション・データ（取引デー
タ）から「インスタントカレーを買っていると豚肉を買いやすい」といった，
「A → B」という関連性（アソシエーション・ルール）をみつけるためになされ
る分析法であり，よくある商品の組合せを抽出し，そのなかから興味深い組合
せをみつけ出すことを目的とする。自分自身の買物を想起してもらえれば，買
物をする商品間に何らかの関連性があることは納得してもらえるはずである。
アソシエーション・ルールは，日本語では相関ルールと呼ばれることが多い。
なお，「A → B」となる比率を以降では，$\Pr(B|A)$ と書くことにし，A を条件
部，B を結論部と呼ぶ。比率で考えるのは，購買発生件数が違うカテゴリー
（商品）を対象にしても比較ができるようにするためである。
　図 13.2 には，アソシエーション・ルールで必要となる基本概念を示した。
単純化のため，2 つの商品カテゴリ（A, B）だけを対象に示した。図中 $n(A)$
は A カテゴリの購買バスケット数（人数），$n(B)$ は B カテゴリの購買バスケ
ット数（人数），$n(A\&B)$ は A カテゴリおよび B カテゴリの同時購買バスケッ
ト数（人数）をそれぞれ示す。また，$n(\Omega)$ は総バスケット数（人数）を示す。
アソシエーション分析では，これらの数字を用いて以下の 4 つの指標を算定
し，アソシエーション・ルールを発見していく。

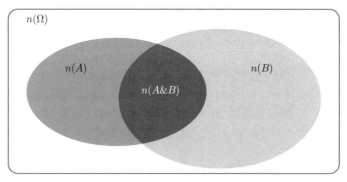

図 13.2　アソシエーション・ルールの準備

───── アソシエーション・ルールの指標 ─────

(1)　**支持度**（support）：A カテゴリと B カテゴリの両方を含むバスケット数が全バスケット数に占める比率

$$\Pr(A, B) = \frac{n\,(A\&B)}{n\,(\Omega)} \tag{13.1}$$

(2)　**期待信頼度**（expected confidence）：B カテゴリを含むバスケット数が全バスケット数に占める比率（A カテゴリも同様に定義できる）

$$\Pr(B) = \frac{n\,(B)}{n\,(\Omega)} \tag{13.2}$$

(3)　**信頼度**（confidence）：A カテゴリを含むバスケット数に占める B カテゴリを含むバスケット数の比率

$$\Pr(B|A) = \frac{n\,(A\&B)}{n\,(A)} = \frac{\Pr(A, B)}{\Pr(A)} \tag{13.3}$$

(4)　**リフト**（lift）：信頼度を期待支持度で割った値として定義され，B カテゴリの購買比率（無条件）と，A カテゴリ購買という条件を与えた場合の B カテゴリの購買比率を比較し条件付けした場合に，無条件の場合の何倍購買されやすいかを示す指標。リフトが 1 を超えていなければそのルールはあまり意味がない

$$\frac{\Pr(B|A)}{\Pr(B)} = \frac{\Pr(A, B)}{\Pr(A)\Pr(B)} \tag{13.4}$$

		支持度	
		低い	高い
信頼度	低い	グループ2	グループ1
	高い	グループ3	グループ4

図 13.3 支持度と信頼度による区分

　支持度が低いほど，そのルールが現れる比率が低い。しかし，ビッグデータを想定した場合には，商品数や商品カテゴリ数は多く，個々の支持度が大きくなることは少ない。そのためルールの評価は，支持度，期待信頼度，信頼度，リフトを総合的に考慮しなければならない。**図 13.3** は支持度と信頼度の高低による区分の考え方を示している。また，アソシエーション・ルールを用いて分類した各グループの指標から，以下のように解釈することができる。

アソシエーション・ルールの指標

(1)　グループ1：頻繁に生じる組合せであり，同時購買されるのは当たり前だが，日常的に購買されるものではない。そのため，マーケティングへの影響度は小さい

(2)　グループ2：組合せも同時購買も稀なもの。そのため，マーケティングへの影響度は小さい

(3)　グループ3：頻繁に生じる組合せではないが，個々の購買頻度は高い。そのため，マーケティングへの影響は大きい

(4)　グループ4：頻繁に生じる組合せであり，同時購買されるのは当たり前であるため，マーケティングへの影響度は大きい

　実際には，上記の考え方にリフトを勘案してルールを判断する。リフト自体は有益な指標だが，期待信頼度が低いと高めに出てしまうという特徴がある。

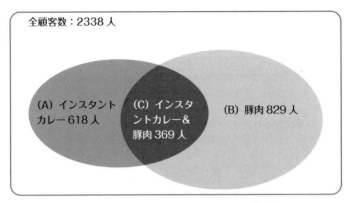

図13.4　アソシエーション・ルールの算定例

2.2　具体的な分析手順

　図13.4に示す簡単な例を参考に上記の指標を計算してみる。ここでは，Aカテゴリーをインスタントカレー，Bカテゴリーを豚肉と考える。ここでは，$n(A) = 618$ 人，$n(B) = 829$ 人，$n(A\&B) = 369$ 人，$n(\Omega) = 2338$ 人と設定している。

　(13.1) 式で定義した支持度は $\Pr(A, B) = \frac{n(A\&B)}{n(\Omega)} = \frac{369}{2338} = 0.16$，(13.2) 式で定義した期待信頼度は $\Pr(B) = \frac{n(B)}{n(\Omega)} = \frac{829}{2338} = 0.35$，(13.3) 式で定義した信頼度は $\Pr(B|A) = \frac{n(A\&B)}{n(A)} = \frac{369}{618} = 0.60$，(13.4) 式で定義したリフトは $\frac{\Pr(B|A)}{\Pr(B)} = \frac{0.6}{0.35} = 1.7$ となる。この簡単な算定例では複数の比較対象がないため，**図13.3**のような判定はできないが，リフトが1.7であるため「インスタントカレーを購買すると → 豚肉を買いやすい」は適切なルールだと考えられる（厳密にはより多くの相対的比較が必要）。実際には，データベース中に含まれる多くのアイテム（商品や商品カテゴリなど）の組合せで上記の計算を行い，前項に示した考え方にもとづき評価を行うことになる。

||*3*| Rによるマーケットバスケット分析

アソシエーション分析の事例

　第2節で説明したアソシエーション分析の考え方にもとづき，R コマンダー内に読み込んだデータ（以降では，"y" というデータセット名でデータを読み込んだものとして説明する）からアソシエーション・ルールを抽出する。**図 13.5** には，本分析で用いるデータの一部を示しており，顧客ごと（便宜上顧客と記載するが実際にはバスケット）の商品カテゴリ（20 カテゴリ：青菜，根菜，牛肉，豚肉，鶏肉，牛乳，パスタ，パスタソース，インスタントカレー，お茶，炭酸飲料，インスタントコーヒー，チョコレート，スナック菓子，米菓，アイス，洗濯洗剤，台所洗剤，シャンプー，リンス）の購買の有無を示すデータである。データ上「1」は購買があったことを，「0」は購買が生じなかったことを示す。データの規模は 1000 人（1000 バスケット）である。

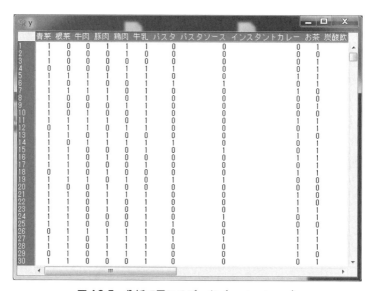

図 13.5　分析で用いるデータ（`apriori.txt`）

　本書では，Rコマンダー上のツールで分析を行うことを基本的な前提とし
ている。しかし，Rコマンダー上にアソシエーション分析は準備されていな
いため，プログラムを使用しなければならない。具体的には，上記のデータ
をRコマンダー上に読み込んだうえで，以下に示すプログラムをRコマン
ダーのスクリプトウィンドウに入力して実行しなければならない（なお，次
の囲みのプログラムは本書のウェブサポートページからダウンロードできる。ファ
イル名：arules.R）。なお，アソシエーション分析を行うためには，パッケー
ジ「arules」を事前にインストールしておく必要がある。インストールのやり
方は補論Cの3.2項と同様である。具体的には，Rで【パッケージ】⇒【パッ
ケージのインストール】から「arules」を選択してインストールしておく。

―――――― **アソシエーション分析のプログラム** ――――――

```
# アソシエーション分析で用いるパッケージ「arules」を読み込む。
#y というデータセット名でデータを読み込んでいるものとする。
library(arules)
# 読み込んだインプット・データの形式を確認する。
class(y)
# インプットデータ y（この場合はリスト形式）を行列データに変換して
から，transaction 形式という本パッケージで要請されるデータ形式で変
換する。
y.tran <- as(as.matrix(y),"transactions")
#transaction 形式に変換したデータから，アプリオリと呼ばれるアルゴ
リズムを用いてルールを抽出する。下記は，支持度が 0.4 以上で信頼度が
0.5 以上のルールのみを抽出する指定となっている。
rules <- apriori(y.tran, parameter=list(supp=0.4, conf=0.5))
# 分析結果の指標を表示するコマンドである。
summary(rules)
# 抽出されたルールをリフトが大きい順に並べ替え，上位 20 ルールだけ
を表示する。
inspect(head(sort(rules, by="lift"),n=20))
```

図13.6　Rコマンダー上での実行

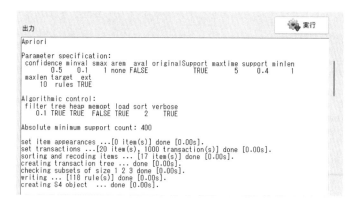

図13.7　Rコマンダー上での実行結果(1)

　実際には，スクリプトウィンドウに上記プログラムを入力して（**図13.6**），【実行】をクリックすれば分析を実行できる。

　図13.7はアプリオリの分析結果の出力画面を示す。**図13.8**は，抽出されたルールを出力し，リフトの大きい順に並べ替えたものを示す。たとえば，「炭酸飲料を購買したバスケット（条件部）にはスナック菓子が入っている（結論部）」というルールは，支持度が0.48で，信頼度が0.99，リフトが1.54である。

　上記の分析事例は，ID付きPOSデータをインプットとし，アソシエーション分析を行ったものである。このように得られたデータは，たとえばクロスセリングのための売場づくりの仮説抽出に使用できる。前段に示したルールであれば，炭酸飲料の売場でスナック菓子の情報提供を行ったり，エンドスペー

```
出力                                          実行

> inspect(head(sort(rules, by = "lift"),n=20))
       lhs                rhs           support confidence coverage
[1]  {炭酸飲料}        => {スナック菓子}  0.477  0.9855372  0.484
[2]  {スナック菓子}    => {炭酸飲料}      0.477  0.7453125  0.640
[3]  {根菜}            => {豚肉}          0.423  0.6558140  0.645
[4]  {豚肉}            => {根菜}          0.423  0.8528226  0.496
[5]  {牛乳, アイス}    => {スナック菓子}  0.418  0.8376754  0.499
[6]  {スナック菓子}    => {アイス}        0.519  0.8109375  0.640
[7]  {アイス}          => {スナック菓子}  0.519  0.8251192  0.629
[8]  {牛乳, スナック菓子} => {アイス}      0.418  0.8069498  0.518
[9]  {シャンプー}      => {リンス}        0.504  0.7949527  0.634
[10] {リンス}          => {シャンプー}    0.504  0.7801858  0.646
[11] {牛乳}            => {洗濯洗剤}      0.411  0.5176322  0.794
[12] {洗濯洗剤}        => {牛乳}          0.411  0.8170974  0.503
[13] {アイス}          => {チョコレート}  0.432  0.6868045  0.629
[14] {チョコレート}    => {アイス}        0.432  0.6447761  0.670
[15] {シャンプー}      => {チョコレート}  0.435  0.6861198  0.634
[16] {チョコレート}    => {シャンプー}    0.435  0.6492537  0.670
[17] {青菜}            => {チョコレート}  0.535  0.6858974  0.780
[18] {チョコレート}    => {青菜}          0.535  0.7985075  0.670
[19] {リンス}          => {根菜}          0.426  0.6594427  0.646
[20] {根菜}            => {リンス}        0.426  0.6604651  0.645
       lift     count
[1]  1.599902  477
[2]  1.599902  477
[3]  1.322206  423
```

図 13.8　R コマンダー上での実行結果（2）

スを利用し炭酸飲料とスナック菓子を同時陳列することなどが，分析結果の活用イメージになる。

　本節の分析事例は，スーパーマーケットにおけるクロスセリングでの活用を想定したものであるが，Web 上でのリコメンデーションでも同様にここでの分析を活用できる。その際，多くの場合では本節で扱った事例のような同時購買データではなく，期間併買（個々の消費者がある特定期間中に購買した商品）を同時購買データと同様に使用することになる。

ま　と　め

　本章では，マーケティング分野で蓄積の進むビッグデータの実務での活用を想定したクロスセリングを解説したうえで，そのための分析手法の1つであるアソシエーション分析の考え方を説明し，実際の解析事例を紹介した。本章で紹介した内容は，昨今のビッグデータの蓄積に伴う，マーケティング手法の変化といった環境変化に伴い，その重要度が高まっている事項である。実際のデータを活用したマーケティング高度化のためにも習得すべき内容である。よく読んで身に付けてほしい。

第 13 章 文献案内

マイケル・J. A. ベリー = ゴードン・S. リノフ（江原淳ほか共訳）（2005）『データマイニン
グ手法——営業，マーケティング，CRM のための顧客分析』海文堂出版。

➡ マーケティングで活用されるデータマイニング手法が平易に解説されている。初学者に
とっては読みやすく有益である。

Judea Pearl（黒木学訳）（2009）『統計的因果推論——モデル・推論・推測』共立出版。

➡ 統計的因果推論に関する専門書である。読み進めるためには，ある程度の統計的基礎が
必要になるが，統計的因果推論を学びたい読者にとっては有益な書籍だといえる。

福田剛志・森本康彦・徳山豪（2001）『データマイニング』共立出版。

➡ データマイニングに関する入門レベルのテキストである。

*Column*⑬　相関関係と因果関係

　本章では，相関ルールの抽出によるマーケットバスケットの分析の事例を示した。ここでは，その関連事項として相関関係と因果関係の意味を確認する。相関係数 (r) は，原因と結果は意識せず変数間の関係性を測る指標で，統計的には $-1 \leqq r \leqq 1$ になる。相関係数は，具体的に以下のように定義される。はじめに，変数 X, Y の散らばりの尺度の 1 つである共分散を，(13.5) 式で導入する。この共分散はデータの単位の違いにより変動する指標で，このままでは単純な比較ができない。共分散を比較可能にするには，標準化すればよい。標準化した共分散が変数 X, Y の相関係数 (r) になり，(13.6) 式で定義される。(13.5) 式の $\mathrm{Cov}\,(X, Y)$ は共分散を，$\mathrm{E}\,(\cdot)$ は期待値を示す。また，(13.6) 式の $\mathrm{Var}\,(\cdot)$ は分散を示す。

$$\mathrm{Cov}\,(X, Y) = \mathrm{E}\Big[\big(X - \mathrm{E}\,(X)\big)\Big]\Big[\big(Y - \mathrm{E}\,(Y)\big)\Big] \tag{13.5}$$

$$r = \frac{\mathrm{Cov}\,(X, Y)}{\sqrt{\mathrm{Var}\,(X)}\sqrt{\mathrm{Var}\,(Y)}} \tag{13.6}$$

　相関係数は，扱いやすい反面，もとのデータが持っていた変数それぞれの散らばりの情報は失われている。

　一方，「要因 X を変化させたときに要因 Y も変化する場合の，要因 $X \rightarrow Y$ の関係を因果関係」と呼ぶ。因果関係は，相関関係よりも注意して取り扱わなければならない。

　X の変化が Y の変化に影響を与えている（因果）なら，X と Y には相関があるだろう。たとえば，夏が近づくとビールの販売量が増加する，という因果関係があれば，気温上昇とビールの販売量には相関があるはずである。しかし逆に，「相関関係は必ずしも因果関係を反映しない」と考えなければならない。したがって，相関関係から両者の関係を見る場合にはその議論は丁寧に検討しなければならない。つまり，因果関係があれば普通は相関関係が出るだろうが，相関関係にあることがただちに因果関係を示すわけではないのである。因果関係の分析を行う際に回帰分析を用いる場合も同じで，回帰係数が有意でもただちにそれが因果関係の存在を意味するわけではない。すなわち，相関と因果は別の概念だと考えなければならないのである。

　X と Y に有意な相関が検出された場合，X と Y の因果関係は，以下の 4 つのうちのいずれかに分類できる。

```
─────────── 相関関係の分類 ───────────
(1)  $X \to Y$ の因果

(2)  $Y \to X$ の因果

(3)  疑似相関（偶然の相関）

(4)  潜在的な第3の要因による見かけ上の相関（$Z \to X$ と $Z \to Y$
    の因果関係が成立しており，本当は $X$ と $Y$ は無相関，など）
```

　上記の(1)と(2)に関して X と Y の間に相関があるだけでは，X が原因で Y を引き起こしたのか，あるいはその逆なのかはわからない。ただし，常識的にどちらかに絞れる場合もある。たとえば，X が Y よりも時間的に先行しているとか，気温上昇がビールの販売量を増加させることはあっても，ビールの販売量が増加したことによって気温が上昇することはない，などである。(3)は，因果関係はないが，たまたま相関を計算したら有意になってしまったという場合で，これは相関係数の危険率（$P < 0.05$）によって，評価のなかに織り込むことができる。(4)は最も厄介なケースで，X と Y のそれぞれが何か別の要因と関係しているために，X と Y の間に因果関係はないが，見かけ上相関が現れるというケースである。隠れた要因についてはいくつかあったり，経路も複雑になっていることがありうる。**図 13.9** には，これらの関係を模式的に示した。

　図 13.9 は相関と因果が一致するケースはどのような場合かを理解するのに役立つ。はじめに，相関から疑似相関であるケースを取り除く。しかしそれで相関と因果が一致するわけではない。その範囲には，$X \to Y$ 以外の $Y \to X$ や $Z \to X$ と $Z \to Y$ などが含まれている。これを排除してはじめて，X, Y の相関は $X \to Y$ の因果に一致する。実際の因果性の判定には，さまざまな手続きがある。その辺りの話題に関しては Pearl（2009）などのより上級の文献を参照してほしい。

　マーケティング・リサーチでは，因果性を検証したいことが多い。これは，マーケティング・リサーチが，消費者の行動を明らかにしたり，リサーチ結果にもとづき業務を改善することを目的としているため，当然の帰結とも言える。相関を把握するだけでは，それらの目的に対応できないからである。しかし，因果性の判定を注意して行わないと誤った判断になることは，この **Column** を読んでもらえば理解してもらえるはずである。また，相関

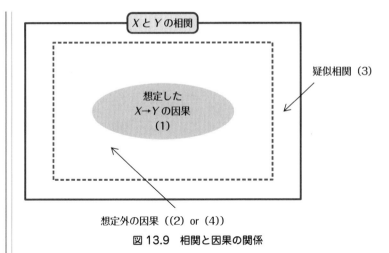

想定外の因果（（2）or（4））

図 13.9　相関と因果の関係

関係と因果関係は，誤解して使用されていることも多い。そのため，この点の理解を深めつつ，実際のマーケティング・リサーチを行ってほしい。なお，本章で解説したアソシエーション分析は，形式上は因果関係の形式になっているが厳密には因果性が成立するとは言えない。その点には，十分に留意してほしい。

（参考文献）　Pearl, Judea（黒木学訳）（2009）『統計的因果推論──モデル・推論・推測』共立出版。

第**14**章

Chapter **14**

定性調査データの分析
潜在変数の構造分析

$\boxed{1}$ アンケート調査による潜在構造の分析

　第2章で説明したように，企業が独自に行う一次データを取得するための調査は，直面する問題を解決するための情報源としてきわめて重要である。さらに，競合を意識したポジショニングのために，消費者が持つブランド・イメージを的確に理解すること，利用者がどのようにブランドやサービスを評価しているかを知ること，および顧客満足度などを的確に把握することが，今日ますます重要になってきている。とくに顧客満足度は景気に先行する指標として知られており，サービスの品質評価は企業ばかりでなく，病院や役所など公的機関のサービスの改善や利用料金設定にとっても重要な意味を持つようになってきた。

　これらは通常，アンケート調査による質的データとして取得され，消費者が購買などの行動に至る購入意向や態度などの心理プロセスや，ブランドやサービスの評価構造を理解することなどを目的として設定される。従来の調査では，質問項目の評価の単純集計や項目間のクロス集計などから平均的評価値を求めるなどといった関係性の大まかな理解が，アンケート調査で行われる分析においては常であった。他方，近年では，質問項目間の相関関係をもとに背後に潜在する複数の構成概念を仮定することで，これらの間に内在する因果関係を探る分析手法が発展してきた。その結果，原因を特定化して目的を制御した

り予測したりすることが可能となっている。

　一次データの取得を目的としたアンケート調査は，調査表の作成および郵送
や回収など一般的にコストが高かったが，IT の発展に伴って Web 上で調査を
行うことも可能となり，コストの面でも効率的な調査が可能となってきた。

　本章では，アンケート調査による質問項目の背後に対象とする問題に関す
る直接的には観測されない潜在変数を仮定し，これらの潜在変数間の関係を
探り，その量的関係を測定する手法について解説する。具体的な応用例とし
ては，第 4 章 4 節で紹介した顧客満足度指数とサービス評価のモデルである
SERVQUAL を取り上げる。

‖2‖ 調査データと潜在変数の構造

　アンケート調査データの背後に直接的には観測されない概念を仮定し，こ
れらを潜在変数としてモデル化して仮説の検証を行ったり，潜在変数間の量
的関係を測定する枠組みが，マーケティング・リサーチにおいて重要な領域
になってきている。そのなかでも**構造方程式モデル**（SEM：structural equation
moldel）は観測可能な対象（調査項目）と観測できない**構成概念**の関係性や性質
を調べるために有用な統計分析手法である。

　その分析は，観測されない構成概念を**潜在変数**，観測される対象を**観測変数**
とし，それらの関係を方程式で表現して，それらに付随する誤差を導入して複
数の回帰モデルの形をとり，次の特徴を持っている。

―――――― **構造方程式モデルの特徴** ――――――
(1)　潜在変数で表される構成概念間の因果関係が分析できる
(2)　因果関係を直接効果と間接効果に分解でき，さらにこれらをあわせた
　　総合効果が評価できる

　構造方程式モデルは，観測変数間の共分散（あるいは相関係数）の大きさの関
係にもとづいてモデルの構造が決まるので，共分散構造分析と呼ばれることも

ある。本章では，この潜在変数間の構造を捉える分析手法であるリサーチ手法として，構造方程式モデルを学ぶ。

$\boxed{3}$ 構造方程式モデル

3.1 因子分析と構造方程式

まず，第6章で学んだ因子分析をベースにして，構造方程式モデルとその特殊型としての高次因子分析を見ていこう。はじめに，5つの調査項目から2つの共通因子の単純構造を持つ因子分析モデル，

［観測モデル］

$$
\begin{aligned}
Y_1 &= a_{11}f_1 + \varepsilon_1 \\
Y_2 &= a_{21}f_1 + \varepsilon_2 \\
Y_3 &= a_{31}f_1 + \varepsilon_3 \\
Y_4 &= \qquad a_{42}f_2 + \varepsilon_4 \\
Y_5 &= \qquad a_{52}f_2 + \varepsilon_5
\end{aligned}
\tag{14.1}
$$

を想定する。

これに加えて，共通因子 f_1, f_2 の間に，たとえば，f_2 は f_1 によって説明されるとする回帰モデル，

［構造モデル］

$$
f_2 = b_{12}f_1 + \varepsilon
\tag{14.2}
$$

で表される因果構造を想定したものが，構造方程式モデルである。ここで，共通因子 f_1 に掛かる回帰係数 b_{12} は**パス係数**と呼ばれる。また，ε は誤差項を表す。

すなわち，問題の背景に直接的には観測できない潜在変数としての共通因子が複数あり，さらにその共通因子間に因果関係が存在すると仮定したうえで，

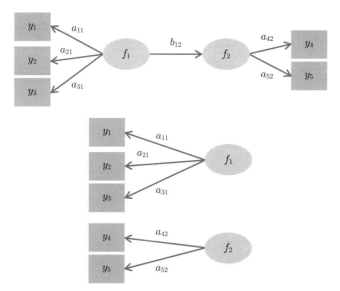

図 14.1　構造方程式モデル（上）と因子分析（下）のパス図

その構造を調査データから探ろうとするのが構造方程式モデルである。観測データから共通因子を抽出する (14.1) 式は**観測モデル**，共通因子間の構造を規定する (14.2) 式は**構造モデル**と呼ばれ，これらをあわせて構造方程式モデルが構成される。

　図 14.1 の上図には構造方程式モデルの構造を図示した**パス図**を描いている。そこでは観測変数は四角，潜在変数の共通因子は丸で変数を囲んでいる。変数間の矢印は因果関係の方向を意味しており，矢印が伸びる元が原因で，矢印の先が向いているほうが結果である。また，回帰モデルでは前者が説明変数，後者が目的変数に対応する。ここでは，まず観測変数 y_1, y_2, y_3 が共通因子 f_1 で，y_4, y_5 は共通因子 f_2 でそれぞれ規定され，それぞれの影響度は因子負荷量 a_{ij} として矢印の上に記されている。さらに共通因子 f_2 は共通因子 f_1 で規定され，その関係の強さがパス係数 b_{12} であることを表している。

　比較のために，**図 14.1** の下図に因子分析の構造をパス図で示してあるので，見比べて違いを理解してほしい。

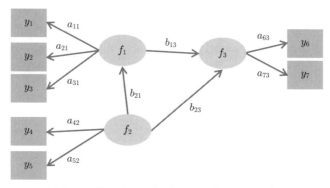

図 14.2 直接効果，間接効果，総合効果を示すパス図

3.2 直接効果，間接効果，総合効果

図 14.1（上図）の構造方程式モデルでは，潜在変数 f_1 が f_2 に与える効果の大きさはパス係数 b_{12} で測定できる。これが**直接効果**であるが，潜在変数を 3 つ以上使った場合には，次のような間接効果も定義できる。

図 14.2 では，3 つの潜在変数を持つ構造方程式モデルを 7 つの観測変数から構成するパス図が描かれている。この場合，潜在変数 f_2 は潜在変数 f_3 の直接の原因となっており，f_2 の f_3 への直接効果は b_{23} で表される。また，これ ばかりでなく，$f_2 \to f_1 \to f_3$ という間接的な関係も存在する。これは**間接効果** と呼ばれ，その大きさは，$b_{21} \times b_{13}$ で定義される。さらに，直接効果と間接効果を合わせた**総合効果**が，$b_{23} + b_{21} \times b_{13}$ で評価される。

4 モデルの識別性と推定

4.1 モデルの識別性

いま (14.2) 式の構造モデルの誤差項 ε が平均 0，分散 σ^2 の正規分布に従うと仮定する。このとき，

$$f_2 = b_{12}f_1 + \varepsilon, \quad \varepsilon \sim N(0, \sigma^2) \tag{14.3}$$

において，両辺を σ で割った表現は，

$$\frac{f_2}{\sigma} = b_{12}\frac{f_1}{\sigma} + \frac{\varepsilon}{\sigma}, \quad \frac{\varepsilon}{\sigma} \sim N(0, 1)$$

$$f_2^* = b_{12}f_1^* + \varepsilon^*, \quad \varepsilon^* \sim N(0, 1) \tag{14.4}$$

となる。新しい潜在変数 f_1^*, f_2^* に対して (14.3) 式のモデルの誤差分散 ($= \sigma^2$) とは異なる誤差分散 ($= 1$) を持つモデルが得られる。これは補論 A の (A.5) 式（342 頁）の性質を利用し，$a = \frac{1}{\sigma}$ と置くことで確認できる。潜在変数はもともと観測できないので，観測データからはいずれの潜在変数かを特定化できない。これはスケール変換について識別性のないモデルと言われる。通常，モデル化に際しては，構造モデルの誤差分散をあらかじめ 1 と置いて定義することで識別性をもたせる。このほか，パス係数 b_{12} で両辺を割ることで基準化して，

$$\frac{f_2}{b_{12}} = \frac{f_1}{b_{12}} + \frac{\varepsilon}{b_{12}}, \quad \frac{\varepsilon}{b_{12}} \sim N\left(0, \left(\frac{\sigma}{b_{12}}\right)^2\right)$$

$$f_2^{**} = f_1^{**} + \varepsilon^{**}, \quad \varepsilon^{**} \sim N(0, \sigma^{**2}) \tag{14.5}$$

とすれば，潜在変数 f_1^{**}, f_2^{**} を持つモデルも識別性を確保できるが，分析においてはパス係数の大きさに主として関心があるため，通常は前述の処理を用いる。

このほか，観測モデルについても識別性の問題が同様に生じるが，観測モデルでは独自因子の分散をモデル適合度として見たいため後者の変換が行われることが多い。具体的には，構造モデルによって他の潜在変数から決定される**内生潜在変数**（ここでは f_2）に関する 1 つのパラメータ（通常は先頭のもの）をあらかじめ 1 と基準化して識別性を担保する。たとえば，(14.1) 式で $a_{42} = 1$ として，

[観測モデル]

$$Y_1 = a_{11}f_1 + \varepsilon_1, \quad \varepsilon_1 \sim N(0, \sigma_1^2)$$

$$Y_2 = a_{21}f_1 + \varepsilon_2, \quad \varepsilon_2 \sim N(0, \sigma_2^2)$$

$$Y_3 = a_{31}f_1 + \varepsilon_3, \quad \varepsilon_3 \sim N(0, \sigma_3^2) \tag{14.6}$$

$$Y_4 = f_2 + \varepsilon_4, \quad \varepsilon_4 \sim N(0, \sigma_4^2)$$

$$Y_5 = a_{52}f_2 + \varepsilon_5, \quad \varepsilon_5 \sim N(0, \sigma_5^2)$$

および,

[構造モデル]

$$f_2 = b_{21}f_1 + \varepsilon, \quad \varepsilon \sim N(0, 1) \tag{14.7}$$

と定義する。さらに f_1 については通常の因子分析と同様,

$$f_1 \sim N(0, 1) \tag{14.8}$$

を仮定する。また観測モデルの誤差項 $\varepsilon_1, \varepsilon_2, \cdots, \varepsilon_5$ は，因子分析と同様互いに無相関であると仮定する。原因となっている潜在変数（ここでは f_1）は，**外生潜在変数**と呼ばれる。

4.2　パラメータの推定

モデルのパラメータ推定は第 6 章で説明した因子分析と同様の手続きをとる。まず共分散行列を構造方程式モデルのパラメータで表現する。上述のモデルでは観測変数 Y_1 の分散は,

$$\mathrm{Var}(Y_1) = a_{11}^2 \mathrm{Var}(f_1) + \sigma_1^2$$
$$= a_{11}^2 + \sigma_1^2 \tag{14.9}$$

と表せる。さらに，Y_1 と Y_2 の共分散は,

$$\mathrm{Cov}(Y_1, Y_2) = a_{11}a_{21}\mathrm{Var}(f_1) + \mathrm{Cov}(\varepsilon_1, \varepsilon_2)$$
$$= a_{11}a_{21} \tag{14.10}$$

と表される。また，Y_5 の分散は，

$$\mathrm{Var}(Y_5) = a_{52}\mathrm{Var}(f_2) + \sigma_5^2$$
$$= a_{52}^2(b_{12}^2 + 1) + \sigma_5^2 \tag{14.11}$$

となる。さらに，Y_1 と Y_5 の共分散は，

$$\mathrm{Cov}(Y_1, Y_5) = a_{11}a_{52}\mathrm{Cov}(f_1, f_2) + \mathrm{Cov}(\varepsilon_1, \varepsilon_5)$$
$$= a_{11}a_{52}b_{12}\mathrm{Var}(f_1) \tag{14.12}$$
$$= a_{11}a_{52}b_{12} \tag{14.13}$$

と表される。他の観測変数についての分散と共分散も，同様に，モデルのパラメータ $\theta = (a_{11}, a_{21}, a_{31}, a_{52}, \sigma_1^2, \cdots, \sigma_5^2, b_{21})'$ によって表現できる。

次に，(6.9) 式（116 頁）のように観測変数のデータから得られる標本相関係数（共分散）をまとめた共分散行列 S とパラメータで表現されたモデルの相関係数をまとめた行列 $\Sigma(\theta)$ の差 $|S - \Sigma(\theta)|$ が最小となるように，θ の推定値を求める。後述する R を用いた分析例で使われるパッケージ「sem」では最尤法が使われ，推定値が数値解析で求められる。

この他，因子分析と同様，PLS 法やベイズ推定も適用されてきている。R でも，PLS パッケージ「semPLS」（現在，CRAN repository から削除）が用意されている。

5 顧客満足度指数：CSI

本節では，構造方程式モデルを用いた分析事例として**顧客満足度指数**（CSI: customer satisfaction index）を紹介する。

5.1 背景：ACSI の目的と利用法

顧客満足度指数の代表的なものは**アメリカ顧客満足度指数**（ACSI: American customer satisfaction index）であり，構造方程式モデルを用いて顧客満足度を測定している。ACSI はミシガン大学国家品質研究センター（NQRC: National

Quality Research Center) によって開発され, 1994 年から毎年, 企業, 産業, 経済セクター, 国家経済についての顧客満足度の結果を発表している。その目的は, 顧客満足度指数との関連性による景気動向予測や, 国レベル, 産業レベル, 企業レベルの顧客視点にもとづく競争力の評価であり, 40 産業, 200 以上の企業および政府のサービスを調査対象としている。そのために, 企業の指標のみならず, これらを順次より上位の階層に積み上げて, 産業の指標, 経済セクターの指標, 国の経済指標を構成するのが特徴であり, (1)国指数, (2)10 セクター指数, (3)40 産業指数, (4)200 企業指数を構成している。実際, 2001〜2006 年の期間で ACSI の高い企業の株式で組まれたポートフォリオの株価上昇率は 144.5% であり, これは S&P500 企業らの 38.9% を大きく上回っていた。また, ACSI の上位 25% の企業と下位 25% の企業間の市場付加価値 (MVA: market value added) を比べた結果, 著しい差が見られたことなどから, 顧客満足と企業の株価の間には正の相関があり, ACSI が景気指標となるとして脚光を浴びた。CSI は欧州や韓国, 中国などアジア諸国でも開発が進められ, わが国でも日本生産性本部が 2009 年より**日本版顧客満足度指数**(JCSI) として調査公表している。

　ACSI の構成にあたっては, まず対象となるサービスを利用したことのある消費者に対して 17 問の質問を行う。そして, この質問項目から 6 つの因子を想定し, それらの因子間に満足度を決定する構造を仮定した構造方程式モデルを利用して, 得られた回答データから, 顧客のロイヤルティにつながる「顧客満足度」の因子を抽出する。ACSI はこのように顧客満足度の変化が収益性や顧客維持率に及ぼす影響を統計的に説明できるモデルを提供するものである。つまり, これ以前の顧客満足度評価においては, 標準化された指数を持っていないため, 製品・サービスの異なる分野を比べることができないこと, 指標と顧客行動を結び付けることができないこと, などの問題点があげられるのに対して, ACSI の利用には次のようなメリットがある。

―――――― **CSI の特徴と利点** ――――――
(1)　製品やサービスの質に対する顧客視点の満足度指標である
(2)　集計により国家レベルの指標とすることができる

(3)　標準化された同一モデルで指数を算出するため，異なる分野の製品・サービスであっても企業間および産業間の比較が可能である

(4)　不満と顧客ロイヤルティを満足度の結果変数として統一的に理解するため，指数と顧客行動の関係を分析することができる

5.2　アンケート調査

　本項では，アンケート調査の質問項目と調査方法を説明する。質問項目の概念と具体的な質問内容についての代表として，製造とサービスの両方を行う民間企業のケースを紹介する。質問項目の概念および具体的な質問内容は**表14.1**に示されている。各質問の回答は 10 点尺度で測られ，高い点数は高評価を表すものとして設定されている。

5.3　調査方法と対象

(1)　調 査 方 法
　ACSI の調査方法は，CATI（computer-assisted-telephone-interviewing）と呼ばれるシステムを利用した電話調査である。回答者は利用した製品・サービスに関して前項の質問項目について回答する。

(2)　回 答 者
　回答者は一般消費者であり，国と地方の家計の標本から無作為抽出で選ばれる。ただし，アルコールやたばこを扱っている企業が存在するため 18 歳または 21 歳から 84 歳の成人を選抜している。回答者数は民間企業ごとに 250 人，政府機関で 260 人を原則としている。

(3)　調 査 対 象
　調査対象の経済部門と産業およびそれらの GDP に寄与する割合が**図14.3**で示してある。調査対象は，1993 年時点では 7 セクター，30 産業，180 企業

表 14.1 ACSI のアンケート調査項目

質問番号	観測変数(質問項目)	潜在変数(指標)
1	期待される総合的な品質(購買前)	顧客期待
2	カスタマイズに対する期待。あるいは，製品やサービスが消費者の個人的な要求をどの程度満たすと思うか(購買前)	
3	信頼性に対する期待。あるいは，どの程度うまくいかないことがあると思うか(購買前)	
4(製品)	製品利用経験においての総合的な品質評価(購買後)	知覚品質(製品)
5(製品)	製品利用経験におけるカスタマイズに対する評価。あるいは，製品は消費者の個人的要求をどの程度満たしたか(購買後)	
6(製品)	製品利用経験における信頼性の評価。あるいは，製品はどの程度うまくいかなかったか(購買後)	
4(サービス)	サービス利用経験においての総合的な品質の評価(購買後)	知覚品質(サービス)
5(サービス)	サービス利用経験におけるカスタマイズに対する評価。あるいは，サービスは消費者の個人的要求をどの程度満たしたか(購買後)	
6(サービス)	サービス利用経験における信頼性の評価。あるいは，サービスはどの程度うまくいかなかったか(購買後)	
9	品質が与えられた場合の価格の評価	知覚価値
10	価格が与えられた場合の品質の評価	
11	総合的な満足	顧客満足
12	期待との不一致(パフォーマンスは期待していたものを超えたか下回ったか)	
13	当該カテゴリにおける消費者の理想とするサービスや製品と比較したときのパフォーマンス	
14	特定の期間の間に顧客は企業に対して苦情を言ったか	不満
15	再購買がされそうかについての評価	顧客ロイヤルティ
16	価格への寛容度，再購買されたときにどの程度値上がりが許されるか	
17	価格への寛容度，どの程度値下がりすれば再購買をしようと思うか	

であり，2005 年では 41 産業，200 以上の企業と政府サービスについて調査が行われている。

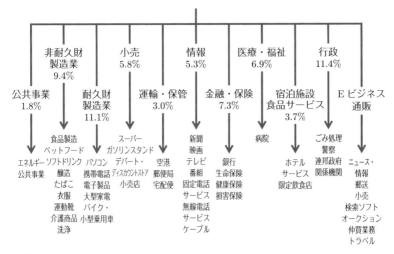

（出所）　NQRC (2005).

図 14.3　ACSI に含まれる経済部門と産業

5.4　ACSI モデルの構造

　ACSI は顧客満足度を構成する 6 つの潜在変数，「顧客期待」「知覚価値」「知覚品質」「顧客満足度」「不満」「顧客ロイヤルティ」の間に因果関係を想定し，その関係をモデル化する。ACSI モデルは，異なる特徴を持つ民間企業部門と公的部門とを別個に扱い，さらに民間部門ではサービスと（物理的）製品を区別して，若干の修正を施す。対象の最も多い民間企業部門のサービス評価は**図 14.4** で表される。

5.5　顧客満足度の点数化

　ACSI の構造モデルは，PLS（partial least squares）法（Wold, 1981, Fornell and Bookstein, 1982）と呼ばれる方法により推定される。「AMOS」などの構造方程式モデルの統計ソフトウェアでは，最尤法や一般化最小 2 乗法などが利用可能な推定法である。

　調査対象 s に対する顧客満足度指数は潜在変数 f_s としてモデルのなかで規

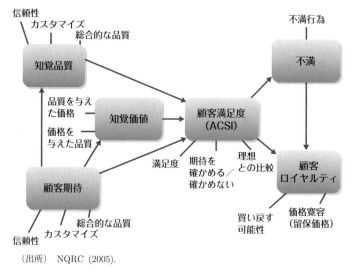

（出所） NQRC (2005).

図 14.4　ACSI モデルの構造図：民間企業

定され，アンケート回答者ごとに因子スコアとして計算される。いま h 番目のアンケート回答者のスコアを f_{hs}, $h=1, \cdots, n$ としたとき n 人の因子スコアを次の式で 100 点満点化したものの平均値で CSI スコアを計算させる。すなわち，

$$\text{CSI スコア} = \frac{1}{n} \sum_{k=1}^{n} \left[\frac{f_{hs} - \min(f_{hs})}{\max(f_{hs}) - \min(f_{hs})} \right] \times 100 \qquad (14.14)$$

5.6　R による顧客満足度の分析

　R コマンダーでは構造方程式モデルを実行できないので，R のコンソールから実行する手順を説明する。その際，第 13 章で説明したアソシエーション分析と同様に，R コマンダーには組み込まれていない R のパッケージを利用する。しかし，第 13 章（273 頁）で説明した R コマンダーのスクリプトウィンドウにプログラムを書き込んで実行する手順は，構造方程式モデルのパッケージの場合，プログラム中の日本語の扱いに関してエラーが出る場合があるので，本章では R コマンダーは用いずに R の環境を使用する。その場合，R コマンダーのスクリプトウィンドウで行う手順を，R のコンソールで実行す

表 14.2　相関係数行列

	y01	y02	y03	y04	y05	y06	y07	y08	y09	y10
y01	1	-	-	-	-	-	-	-	-	-
y02	0.836	1	-	-	-	-	-	-	-	-
y03	0.788	0.841	1	-	-	-	-	-	-	-
y04	0.532	0.569	0.646	1	-	-	-	-	-	-
y05	0.459	0.420	0.378	0.318	1	-	-	-	-	-
y06	0.597	0.625	0.714	0.597	0.482	1	-	-	-	-
y07	0.608	0.639	0.681	0.604	0.454	0.708	1	-	-	-
y08	0.762	0.790	0.821	0.645	0.343	0.662	0.647	1	-	-
y09	0.629	0.597	0.666	0.570	0.271	0.563	0.588	0.741	1	-
y10	0.660	0.581	0.663	0.472	0.436	0.626	0.612	0.694	0.736	1

るだけの違いであり，手順の内容はほとんど変わらない。

使用する分析モデルは，前項で説明した ACSI モデルを簡略化し，顧客満足度を顧客期待と知覚品質の 2 つで説明するモデルとする。その場合，知覚品質は 4 つの質問項目，顧客満足度と顧客期待はそれぞれ 3 つの質問項目であり，合計 10 個の観測変数がある。

まず，構造方程式モデルの R のパッケージ「sem」をダウンロードしてインストールしておく必要がある。次にデータの入力であるが，パッケージ「sem」では 2 通りの方法がある。1 つは，表 14.2 のように観測変数間の相関係数行列がすでにあることを前提とし，これをプログラムに入力する方法である。この場合，相関係数行列は対角成分が自身の相関係数で 1 $(r_{kk} = 1)$，また非対角成分は $(r_{ij} = r_{ji}, \ i \neq j)$ の関係から対角成分に関して対称であるので，対角成分を含む左下部分のみを入力する。もう 1 つは，観測変数のデータを直接読み込み，その後，変数間のすべての相関係数を計算して相関係数行列を作成し，それを分析に利用する方法である。構造方程式モデルは，観測変数間の相関係数行列の値によって，すべてのパラメータを計算する。

以下説明する 2 つの実行例では，これら 2 通りの入力方法をそれぞれ利用して，手順を説明する。

R での実行手順

いま 10 変数に関する相関係数が表 14.2 のように計算されている状態から実行手順を説明する。

```
library(sem) # ライブラリの読み込み

# データの読み込み #
co <- readMoments(
  diag=TRUE,
  names=c(
    "y01", "y02", "y03", "y04", "y05", "y06",
    "y07", "y08", "y09", "y10"
  )
)
1
0.836 1
0.788 0.841 1
0.532 0.569 0.646 1
0.459 0.420 0.378 0.318 1
0.597 0.625 0.714 0.597 0.482 1
0.608 0.639 0.681 0.604 0.454 0.708 1
0.762 0.790 0.821 0.645 0.343 0.662 0.647 1
0.629 0.597 0.666 0.570 0.271 0.563 0.588 0.741 1
0.660 0.581 0.663 0.472 0.436 0.626 0.612 0.694 0.736 1
```

図14.5 SEM：相関係数行列入力による分析（SEM-CSI-Cor.R）

(1) Rを起動して，Rのコンソールからパッケージ「sem」を読み込む手続き，

　　"library(sem)"

を実行する。

(2) コンソールのツールバー【ファイル】⇒【スクリプトを開く】で，アンケート調査から計算された**表14.2**のような相関係数行列を変数coに代入するコマンドを**図14.5**のように実行する。ここでは，まず"readMoments"コマンドで変数名および相関係数を読み込む。"names"では観測変数名を"y01"から"y10"まで10次元の列ベクトルで定義し，その下で相関係数行列の下半分を入力している。

(3) スクリプトに**図14.6**のモデルを入力する。ここでは，上で定義した観測変数と4つの因子（潜在変数）との対応関係をそれぞれについて定義している。まず1行目で"specifyModel"コマンドを用いて以下で定義するモデルを"model"という名前で定義する。以下は具体的な定義であり，初めの3行は知覚品質がy01, y02, y03の3つの観測変数から抽出される

```
# モデルの作成 #

# 測定方程式
model <- specifyModel()
  知覚品質 -> y01, NA,  1          # 測定方程式，識別性制約のため係数を 1 に固定
  知覚品質 -> y02, b12, NA
  知覚品質 -> y03, b13, NA
  知覚品質 -> y04, b14, NA
  顧客期待 -> y05, NA,  1
  顧客期待 -> y06, b22, NA
  顧客期待 -> y07, b23, NA
  顧客満足 -> y08, NA,  1
  顧客満足 -> y09, b32, NA
  顧客満足 -> y10, b33, NA
  y01 <-> y01, e01, NA            # 測定方程式の分散設定
  y02 <-> y02, e02, NA
  y03 <-> y03, e03, NA
  y04 <-> y04, e04, NA
  y05 <-> y05, e05, NA
  y06 <-> y06, e06, NA
  y07 <-> y07, e07, NA
  y08 <-> y08, e08, NA
  y09 <-> y09, e09, NA
  y10 <-> y10, e10, NA
  知覚品質    -> 顧客満足,  b1,NA       # 構造方程式
  顧客期待    -> 顧客満足,  b2,NA
  顧客期待    -> 知覚品質,  b4,NA
  知覚品質    <-> 知覚品質,  NA, 1       # 構造方程式の分散設定
  顧客期待    <-> 顧客期待,  NA, 1
  顧客満足    <-> 顧客満足,  NA, 1
```

図 14.6　SEM-R モデル作成（SEM-CSI-Cor.R）

因子であることを意味し，さらに，"知覚品質 -> y01, NA, 1"では知覚品質の y01 に対する因子負荷量は識別性のために 1 としており，パラメータとして定義されない (NA)，"知覚品質 -> y02, b12, NA"では因子負荷量はパラメータ b12 として定義し，推定の際の初期値は与えない（NA）ことなどを表している。"y01 <-> y01, e01, NA"以下の部分は測定方程式の分散（因子分析では独自因子の分散）の設定であり，ここでは分散はパラメータ e01 として定義され，推定の際の初期値は与えない（NA）ことを表している。

(4)　スクリプトに**図 14.7** の分析と出力を行うコマンドを入力する。「分析と出力」の部分では，"result <- sem(model,co,N=100)"において上で

```
# 分析と出力 #
result <- sem(model,co,N=100) # モデル,相関係数,サンプル数の並び
summary(result,
        fit.indices = c("GFI", "AGFI", "RMSEA", "NFI", "NNFI",
                        "CFI", "RNI", "IFI", "SRMR", "AIC",
                        "AICc", "BIC", "CAIC"))
stdCoef(result)      # 標準解の表示
```

図 14.7　SEM-R モデル出力（SEM-CSI-Cor.R）

```
# パス図の作成 #
pathDiagram(result, out.file="csi.txt", ignore.double=FALSE,
edge.labels="values", digits=3,
node.font=c("C:/WINDOWS/Fonts/msgothic.ttc",10))
```

図 14.8　SEM-R パス図出力（SEM-CSI-Cor.R）

定義した "model" を初めに入力した相関係数行列 "co" を用いて，データ
数 "N=100" で推定し，結果を "result" という変数名に代入することを表
している。

(5) パス図作成のパッケージ "pathdiagram" および "DiagrammeR" をイ
ンストールする必要がある。R のコードでは冒頭に install コマンドを記
載している。

なお，図 14.5 から図 14.8 までのスクリプトはテキストファイル "SEM-CSI
-Cor.R" にすべて保存されている（ウェブサポートページからダウンロードでき
る）。各手順については，R のスクリプトウィンドウ（R エディタ）から【編
集】⇒【カーソルまたは選択中の R コードを実行】を選択して実行できる。ま
た，同じく【全て実行】を選択すれば一気に最後まで実行される。

出力の見方

図 14.9 は，R のコンソール上に出力された各種の適合度指標の統計量であ
る。それらのなかでとくに有用な指標を取り上げると，まず "Goodness-of-
fit index" は GFI とも書かれ，回帰分析での決定係数に対応する量である。
これが 0.7483 とあり，74.8% の説明力を持つことを意味する。その下の
"Adjusted goodness-of-fit index" は自由度修正済決定係数とみなせるも

```
Model Chisquare =  195.8478   Df =  35 Pr(>Chisq) = 2.939613e-24
Goodness-of-fit index =  0.7482947
Adjusted goodness-of-fit index =  0.6044631
RMSEA index =  0.2154547   90% CI: (NA, NA)
Bentler-Bonett NFI =  0.7671175
Tucker-Lewis NNFI =  0.7401866
Bentler CFI =  0.7979229
Bentler RNI =  0.7979229
Bollen IFI =  0.8004302
SRMR =  0.5259796
AIC =  235.8478
AICc =  206.4807
BIC =  34.66685
CAIC =  -0.3331539

Normalized Residuals
   Min.   1st Qu.   Median     Mean  3rd Qu.    Max.
 -4.0900  -2.6990  -2.0750  -1.9620  -1.2450   0.2498

 R-square for Endogenous Variables
知覚品質      y01      y02      y03      y04
  0.4417   0.8874   0.9121   0.8988   0.5650    0.5
        y08      y09      y10
   0.9063   0.8433   0.8012
```

図 14.9　SEM 出力：適合度指標

ので，0.6045 とあり，約 60％ の説明力を持つと解釈できる。さらに "RMSEA index" はモデルの予測誤差の評価尺度である。さらに "Bentler-Bonett NFI" は，変数がすべて独立とした場合のモデルと比較してどれくらい当てはまりがよいかを表す指標で，1 に近いほどよい。"Tucker-Lewis NNFI" および "Bentler CFI" は，いずれも統計量 NFI を修正したもので解釈は同じである。

　"AIC，AICc，BIC，CAIC" は，情報量規準からモデルを評価する指標であり，これ自体で良し悪しを判断するものではなく，別のモデルを設定して推定した場合にこれらの量をモデル間で比べ，より小さい値を持つモデルが選択されるべき，という判断となるモデル選択基準である。

　図 14.10 にはモデルの係数およびパス係数の推定値および標準誤差，P 値が出力されている。結果はすべての係数の P 値が 1％ 以下であり有意に推定されていることがわかる。

　さらに最下段には，最尤法でモデルを推定した際，繰り返し計算（Itarations）を 32 回行って解が収束したことが示されている。

```
Parameter Estimates
     Estimate Std Error z value Pr(>|z|)
b12 0.91645  0.043029  21.2985 1.1726e-100 y02  <--- 知覚品質
b13 0.90541  0.043996  20.5792 4.2173e-94  y03  <--- 知覚品質
b14 0.64592  0.061918  10.4318 1.7749e-25  y04  <--- 知覚品質
b22 1.02646  0.083178  12.3406 5.4738e-35  y06  <--- 顧客期待
b23 0.98908  0.084127  11.7570 6.4970e-32  y07  <--- 顧客期待
b32 0.82489  0.046882  17.5950 2.6905e-69  y09  <--- 顧客満足
b33 0.78944  0.048891  16.1470 1.1919e-56  y10  <--- 顧客満足
e01 0.22724  0.044907   5.0603 4.1859e-07  y01  <--> y01
e02 0.14492  0.032890   4.4063 1.0516e-05  y02  <--> y02
e03 0.16540  0.034596   4.7810 1.7447e-06  y03  <--> y03
e04 0.57524  0.085524   6.7261 1.7428e-11  y04  <--> y04
e05 0.71850  0.119479   6.0136 1.8140e-09  y05  <--> y05
e06 0.25701  0.069916   3.6760 2.3689e-04  y06  <--> y06
e07 0.31014  0.071470   4.3394 1.4284e-05  y07  <--> y07
e08 0.22391  0.065355   3.4261 6.1226e-04  y08  <--> y08
e09 0.27364  0.056223   4.8670 1.1333e-06  y09  <--> y09
e10 0.33472  0.061056   5.4821 4.2021e-08  y10  <--> y10
b1  0.64942  0.118426   5.4837 4.1649e-08  顧客満足 <--- 知覚品質
b2  0.28447  0.160957   1.7674 7.7165e-02  顧客満足 <--- 顧客期待
b4  0.88947  0.123916   7.1780 7.0728e-13  知覚品質 <--- 顧客期待

Iterations =   32
```

図 14.10　SEM 出力：パラメータ推定値

パス図の作成

　図 14.11 では，インストールしたパッケージ "Pathdiagram" を用いて推定されたモデルのパス図が描かれている。四角で囲まれた観測変数に付随する双方向の矢印の横に書かれた数値は観測モデルの誤差（因子モデルでは独自因子）の分散の推定値である。係数のうち，原因となる潜在変数（これは外生潜在変数と呼ばれる）の顧客期待と知覚品質と観測変数を結び付ける係数の 1 つが 1 で固定されていることに注意する。これは 4.1 項で説明した識別性の条件である。これに対して，結果となる潜在変数（内生潜在変数と呼ばれる）の顧客満足度の係数には制約がない。

直接効果と間接効果

　顧客期待は顧客満足度に直接に影響を及ぼすばかりでなく，知覚品質を通して間接的にも影響を与える。3.2 項で見たように，これらの効果を区別して，

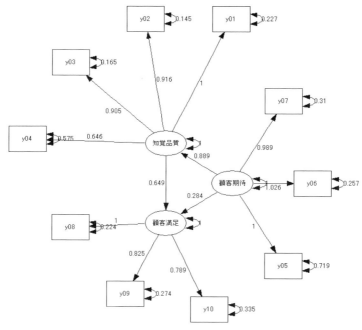

図 14.11　推定された簡略化 CSI のパス図

さらには総合して評価することができる。まず直接効果は，顧客期待から顧客
満足度へ直接伸びる矢印に示されているパス係数の推定値 0.284 である。間接
効果は，顧客期待から知覚品質へ伸びる矢印に示されているパス係数の推定値
0.889 に，知覚品質から顧客満足度へ伸びる矢印に示されているパス係数の推
定値 0.649 を掛けて 0.577 と計算される。

　最後に総合効果は，直接効果と間接効果の和で 0.861 と評価される。

CSI スコアの計算

　さらに (14.14) 式で定義された CSI スコアを求めるためには，アンケート
回答者の顧客満足度の因子スコア f_h を求める必要がある。これは回答者の調
査データから分析を始めて，次の手順で実行することで計算される。

　たとえば，いまアンケート回答者 100 人の場合，各行が 1 人の回答者のレ
コードとして 100 行 10 列（質問項目数）のデータファイルを**表 14.3** のように
"CSIdata.txt" として R のワーキングディレクトリに保存する（これはウェブ

表 14.3　アンケート調査（100人分仮想データ）（CSIdata.txt）

ID	y01	y02	y03	y04	y05	y06	y07	y08	y09	y10
1	8	8	7	9	8	5	5	8	7	6
2	5	5	5	5	10	6	5	5	4	4
3	8	8	7	10	8	7	7	8	7	8
.	.	.	.	.	.	.	.	.	.	.
99	9	8	9	7	7	7	6	9	8	9
100	10	9	9	10	8	8	8	8	6	7

```
# データの読み込み #
data <- read.table("CSIdata.txt", sep = ';', header = T)
co<- cor(data[,1:13])
co[upper.tri(co)] <- 0
- - - - - - - - - - - - - - - - - - - - - - - - - - - - - - - - - - - - -
# 因子スコアの計算 #
fs2<-fscores(result,data)
```

図 14.12　データの読み込みと因子スコアの計算（SEM-CSI.R）

```
# 満足度得点の計算と表示 #
cscore<- (fs2[,1]-min(fs2[,1]))/(max(fs2[,1])-min(fs2[,1]))*100
hist(cscore)
mscore<- mean(cscore)
```

図 14.13　満足度得点計算とヒストグラム作成のコード（SEM-CSI.R）

サポートページからダウンロード可能）。

　次に**図 14.12**の上部に示した手順で相関係数行列を定義する。すなわち，1行目でデータファイルを読み込んで，変数 "data" に格納する。2行目は，"cor(data[,1:13])" によりデータから相関係数行列を計算して変数 "co" に入れる。パッケージ「sem」では，上述のように観測変数の相関係数行列を下三角行列の形で定義してモデルに組み入れる。そこで，データから計算された相関係数行列 "co" を下三角行列とするために上三角要素をゼロとするコマンドが3行目に書かれている。

　さらに "SEM-CSI.R" ファイル内にある R コードのうち，#分析と出力# 部分を実行した後，**図 14.12**の下部に示したように因子スコアを計算するコマンドを入力して実行する。変数 "fs2" にはすべての潜在変数についての回答者の

値（因子スコア）が出力されているので，顧客満足度の潜在変数の列（ここでは第 1 列）のデータを取り出し，(14.14) 式に従って点数を評価すればよい。このRコードが**図 14.13** のコードの 1 行目に書かれており，変数 "cscore" に100 人分の顧客満足度得点（100 点満点）のスコアが格納されている。

いま，このスコアの分布を見るために**図 14.13** のコードの第 2 行目のようにコード "hist" を入力してヒストグラムを書いてみると，**図 14.14** が得られる。

なお，これらのスクリプトはテキストファイル "SEM-CSI.R" にすべて保存されている（ウェブサポートページからダウンロード可能）。

このヒストグラムを見ると，100 人の顧客満足度得点の分布は左右対称ではなく，左に歪んだ分布であることがわかる。

ACSI では，前述のように平均値を代表値としており，**図 14.13** のコードの 3 行目で 100 人分の平均得点 "mscore" が計算され，その値は 61.82757 と出力される。平均値は対称な分布の場合は代表値として適切であるが，それ以外は合理性が低く，中央値（メディアン）がより適切な代表値と言える。実際，この場合で中央値を計算すると（R では "median(cscore)" で計算できる），62.86936 と 1 点の差が現れる。

6 高次因子分析

潜在変数の背後にさらに潜在変数が規定されるモデルは**高次因子分析**と呼ばれる。**図 14.15** には二次因子分析のパス図が描かれている。

二次因子分析は，

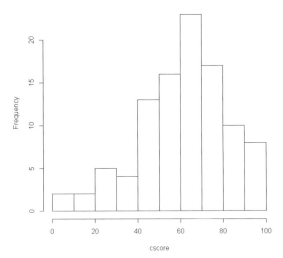

図14.14 満足度得点の分布

[観測モデル]

$$Y_1 = a_{11}f_1 + \varepsilon_1$$
$$Y_2 = a_{21}f_1 + \varepsilon_2$$
$$Y_3 = a_{31}f_1 + \varepsilon_3 \tag{14.15}$$
$$Y_4 = \quad\quad a_{42}f_2 + \varepsilon_4$$
$$Y_5 = \quad\quad a_{52}f_2 + \varepsilon_5$$

に加えて，

[構造モデル]

$$f_1 = b_{13}f_3 + \varepsilon_1' \tag{14.16}$$

$$f_2 = b_{23}f_3 + \varepsilon_2' \tag{14.17}$$

として表される構造を持つ構造方程式モデルと定義できる。

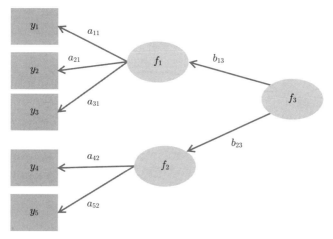

図 14.15　2 次因子分析

6.1　サービス品質の測定：SERVQUAL

　本節では，高次因子分析の事例として，第 4 章 4 節でも説明したサービス品質を測定する「SERVQUAL」と呼ばれるモデルを紹介する。サービスの品質を判断するのはサービスを受ける者の主観的判断であり，前述の顧客満足度では品質評価は重要な要因の 1 つであった。そこで，サービスがいかに評価されているか。すなわち，サービスの品質を構成する要素である評価次元の問題は重要な論点であり，これまでにも多くの研究がなされてきた。そのなかで，Parasuraman, Zeithaml, and Berry（1988）らは，5 つの構成要素を特定化してサービス品質を評価するためのモデル SERVQUAL を提案した。SERVQUAL は，サービス全般に適応できる汎用性をねらいとし，サービス品質を「サービスに対する顧客の期待と実際のパフォーマンスとの差」で定義したことが特徴であり，現在では標準的なサービス品質の測定法となっている。

　そこではサービス品質を潜在変数とし，それが次の 5 つの潜在変数を評価次元として構成されるとしている。

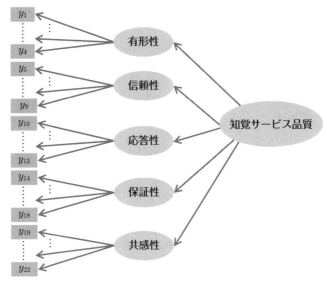

図 14.16 SERVQUAL

┌─ **SERVQUAL の評価次元** ─┐

- 有形性（tangibles）：物理的設備や従業員の外見など
- 信頼性（reliability）：サービスを正確に遂行する能力
- 応答性（responsivness）：顧客への迅速な対応の姿勢
- 保証性（assurance）：従業員の知識など顧客に信用を与える能力
- 共感性（empathy）：顧客に対する配慮

　これらは第 4 章 4 節においても説明され，これら 5 つの評価次元に関する具体的な 22 の質問項目が**表 4.2**（74 頁）に説明されている。これら 5 つの潜在変数の質問項目を観測変数とし，**図 14.16** のパス図のように潜在変数の関係が表される 2 次因子分析を用いて SERVQUAL を拡張して総合的な「サービス品質」を規定しよう。

　実際の調査では，サービス受給経験者に対し，質問項目のそれぞれに 7 点評価を求めて評価データとし，高次因子分析モデルで構造を推定する。潜在変数としての「サービス品質」を顧客満足度と同様に各調査対象者の因子スコアとして求め，これらの代表値としてサービス品質の測定値とする。

```
model <- specifyModel()
知覚品質　 -> 信頼性 , a1, NA #2 次因子
知覚品質　 -> 有形性 , a2, NA
知覚品質　 -> 応答性 , a3, NA
知覚品質　 -> 保証性 , a4, NA
知覚品質　 -> 共感性 , a5, NA
信頼性　 -> y1, NA,  1    #1 次因子
信頼性　 -> y2, b1,  NA
有形性　 -> y3, NA,  1
有形性　 -> y4, b2,  NA
応答性　 -> y5, NA,  1
応答性　 -> y6, b3,  NA
保証性　 -> y7, NA,  1
保証性　 -> y8, b4,  NA
共感性　 -> y9, NA,  1
共感性　 -> y10, b5,  NA
知覚品質　 <-> 知覚品質 , NA, 1
信頼性　　 <-> 信頼性 , d2, NA
有形性　　 <-> 有形性 , d3, NA
応答性　　 <-> 応答性 , d4, NA
保証性　　 <-> 保証性 , d5, NA
共感性　　 <-> 共感性 , d6, NA
y1  <-> y1, e1, NA
y2  <-> y2, e2, NA
y3  <-> y3, e3, NA
y4  <-> y4, e4, NA
y5  <-> y5, e5, NA
y6  <-> y6, e6, NA
y7  <-> y7, e7, NA
y8  <-> y8, e8, NA
y9  <-> y9, e9, NA
y10  <-> y10, e10, NA
```

図 14.17　2 次因子モデル作成（SERVQUAL.R）

6.2　R によるサービス品質の分析

　高次因子分析も，R のパッケージ「sem」を用いて実行できる。

　いま評価次元の潜在変数について質問項目をそれぞれ 2 つにし，10 の質問項目に簡略化した SERVQUAL モデルを考える。調査結果の標本相関係数が与えられているとして，2 次因子分析の推定とパス図の作成をしてみる。

　実行手順については，パッケージの利用から相関係数の入力までは，5.6 項で説明した CSI モデルと同じであり，モデルの入力の部分について，スクリ

```
Model Chisquare =   113.6219   Df =  30 Pr(>Chisq) = 1.171446e-11
Goodness-of-fit index =  0.8580704
Adjusted goodness-of-fit index =  0.7397957
RMSEA index =  0.167796    90% CI: (NA, NA)
Bentler-Bonett NFI =  0.8293413
Tucker-Lewis NNFI =  0.7979446
Bentler CFI =  0.8652964
Bentler RNI =  0.8652964
Bollen IFI =  0.8684744
SRMR =  0.05628039
AIC =  163.6219
AICc =  131.1894
BIC =  -24.53325
CAIC =  -54.53325


Normalized Residuals
      Min.    1st Qu.    Median      Mean    3rd Qu.       Max.
-1.4470000  -0.3827000  0.0000025  0.0021680  0.4919000  0.9483000


R-square for Endogenous Variables
信頼性 有形性 応答性 保証性 共感性     y1     y2     y3     y4     y5
0.4622 0.5052 0.5879 0.4810 0.4569 0.8883 0.6503 0.6345 0.7288 0.6851
    y6     y7     y8     y9    y10
0.7566 0.7544 0.8697 0.8556 0.7480
```

図 14.18　SERVQUAL 出力：適合度指標

プトに**図 14.17** のように修正すればよい。このほか，推定結果の出力および
パス図を描くための出力のコマンドも，CSI の場合と同じである。

なお，これらのスクリプトは，テキストファイル "SERVQUAL.R" にすべて保
存されている（ウェブサポートページからダウンロード可能）。

図 14.18 は，**表 14.4** の標本相関係数を用いた SERVQUAL の推定結果の
モデル適合度指標の出力である。Goodness-of-fit index（GFI）が 0.8581
とあり，85.8％ の説明力であることを示している。そして修正後は，Adjusted
goodness-of-fit index が 0.7398 とあり，約 74％ の説明力を持つと解釈で
きる。

図 14.19 にはモデルの係数およびパス係数の推定値および標準誤差，P 値
が出力されている。結果はすべての係数の P 値が 1％ 以下であり，有意に推
定されていることがわかる。また，最尤推定値を得るための繰り返し計算は
56 回であった。**図 14.20** では，5.6 項の CSI と同様に「EasyGraphviz」を用
いて推定されたモデルのパス図が描かれている。顧客満足度指数と同様，R
の出力の最終部分にパス図を書くための情報が出力されており，これを選択し
て "servqual-path.txt" としてファイルを保存する。「EasyGraphviz」では

表 14.4　相関係数行列

	y01	y02	y03	y04	y05	y06	y07	y08	y09	y10
y01	1.00	-	-	-	-	-	-	-	-	-
y02	0.76	1.00	-	-	-	-	-	-	-	-
y03	0.39	0.32	1.00	-	-	-	-	-	-	-
y04	0.48	0.39	0.68	1.00	-	-	-	-	-	-
y05	0.46	0.28	0.33	0.45	1.00	-	-	-	-	-
y06	0.40	0.45	0.37	0.40	0.72	1.00	-	-	-	-
y07	0.23	0.37	0.42	0.31	0.37	0.47	1.00	-	-	-
y08	0.31	0.39	0.34	0.34	0.42	0.47	0.81	1.00	-	-
y09	0.48	0.23	0.30	0.31	0.33	0.40	0.44	0.48	1.00	-
y10	0.38	0.23	0.40	0.31	0.33	0.30	0.44	0.48	0.80	1.00	-

```
Parameter Estimates
    Estimate Std Error z value Pr(>|z|)
a1  0.64072  0.100999  6.3439  2.2407e-10  信頼性 <--- 知覚品質
a2  0.56617  0.104230  5.4319  5.5743e-08  有形性 <--- 知覚品質
a3  0.63464  0.102350  6.2007  5.6203e-10  応答性 <--- 知覚品質
a4  0.60234  0.102978  5.8492  4.9381e-09  保証性 <--- 知覚品質
a5  0.62525  0.101631  6.1522  7.6413e-10  共感性 <--- 知覚品質
b1  0.85560  0.118278  7.2338  4.6972e-13  y2  <--- 信頼性
b2  1.07175  0.169247  6.3325  2.4130e-10  y4  <--- 有形性
b3  1.05090  0.141231  7.4410  9.9940e-14  y6  <--- 応答性
b4  1.07375  0.123397  8.7016  3.2727e-18  y8  <--- 保証性
b5  0.93499  0.113361  8.2479  1.6117e-16  y10 <--- 共感性
d2  0.47774  0.131280  3.6391  2.7358e-04  信頼性 <--> 信頼性
d3  0.31393  0.095627  3.2828  1.0277e-03  有形性 <--> 有形性
d4  0.28236  0.089185  3.1659  1.5458e-03  応答性 <--> 応答性
d5  0.39155  0.095571  4.0969  4.1865e-05  保証性 <--> 保証性
d6  0.46468  0.116946  3.9734  7.0843e-05  共感性 <--> 共感性
e1  0.11173  0.102862  1.0862  2.7737e-01  y1  <--> y1
e2  0.34974  0.089477  3.9088  9.2767e-05  y2  <--> y2
e3  0.36552  0.098763  3.7010  2.1474e-04  y3  <--> y3
e4  0.27121  0.103895  2.6105  9.0423e-04  y4  <--> y4
e5  0.31487  0.086473  3.6413  2.7130e-04  y5  <--> y5
e6  0.24336  0.088733  2.7425  6.0964e-03  y6  <--> y6
e7  0.24563  0.079261  3.0991  1.9413e-03  y7  <--> y7
e8  0.13026  0.084103  1.5488  1.2142e-01  y8  <--> y8
e9  0.14438  0.088678  1.6281  1.0350e-01  y9  <--> y9
e10 0.25200  0.083493  3.0183  2.5422e-03  y10 <--> y10

Iterations =  56
```

図 14.19　SERVQUAL 出力：パラメータ推定値

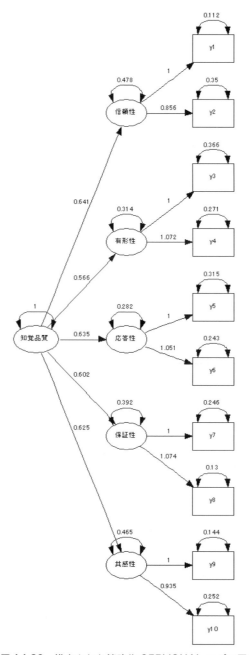

図 14.20 推定された簡略化 SERVQUAL のパス図

これを読み込んで作図させる。

　さらに，サービス品質のスコアを求めるためには，顧客満足度指数と同様の手続きを適用すればよい。

　これにより，サービス間の品質の違いを定量的に評価できる。また，同一のサービスに対して繰り返して調査をすることにより，サービス品質の時系列的変化を捉えることもできる。また同時に，品質に対する5つの構成要素のパス係数の時間的変化を見ることにより，構成要素が品質に与える影響度の時間的変化も評価できる。

まとめ

　本章では，アンケート調査データを用いて，背後にある潜在変数の間の関係を測定する構造方程式モデルについて学んだ。代表的な応用例として，顧客満足度指数（CSI）とサービス品質の尺度である SERVQUAL を取り上げた。

　アンケート調査等による質的データの取得では，通常は心理プロセスやブランドやサービスの評価構造を理解することに調査目的が設定される。そして，従来のアンケート調査では，質問項目の評価の単純集計や項目間のクロス集計などから平均的な特性を捉えるのが典型的処理方法であったが，質問項目間の相関関係から背後に潜在する複数の構成概念を仮定し，これらの間に内在する因果関係を探る分析法が発展してきた。また，その使い勝手のよさからマーケティング・リサーチではその応用が急速に進んでいる。

第 14 章　文献案内

豊田秀樹・前田忠彦・柳井晴夫（1992）『原因をさぐる統計学——共分散構造分析入門』講談社（ブルーバックス）。

　➡　実際に分析を行ううえで求められる知識を身に付けることを念頭にして，構造方程式モデルの基本的な考え方からパス図の見方までを，入門レベルで解説している。

小野譲司（2010）『顧客満足 [CS] の知識』日本経済新聞出版社（日経文庫）。

　➡　本書では，顧客満足の捉え方や心理プロセスなどを説明し，実際の CS 調査の実践までを平易に解説している。

山本昭二（2007）『サービス・マーケティング入門』日本経済新聞出版社（日経文庫）。

　➡　サービス品質の考え方や測定などをわかりやすく解説したものである。

Column⑭ 古くて新しい統計学：ベイズ統計

イギリスの牧師であり同時に数学の研究者でもあったトーマス・ベイズ（Thomas Bayes, 1702～61）が，その名前の由来を持つ**ベイズの定理**（補論 A を参照）を発見したとされる。死後 1763 年に，それがイギリス王立協会の科学学術誌 *Philosophical Transactions of the Royal Society* に数学者プライスによって紹介され，さらに数学者ラプラスらによってその存在が知られるようになった。

このベイズの定理にもとづいて推論を行う統計的推測のアプローチは**ベイズ統計学**と言われる。そこでは，確率を人間が考える主観的な信念あるいは信頼の度合いとして解釈する主観確率を用いることにその特徴がある。これに対して，通常の統計学は，ある事象が起きる頻度の観測結果にもとづいて，無限回繰り返した際の相対頻度として確率を定義する。主観確率の場合でも公理論が成立することを 1954 年の著書 *Foundations of Statistics* でイェール大学のサベージが展開して，ベイズ統計学の理論的基礎を築いた。

一般には，ベイズ統計学には分析者がある対象に対して事前に持っている情報を「事前確率」とし，その後，データを観測して得られる標本情報と結び付けて「事後確率」を計算して情報（知識）の更新を行うのが推測の論理である。すなわち，

事後情報 ＝ 事前情報 ＋ データ情報

この事後確率の導出には積分計算が伴い，近年まで適用できる場合が限定されていた。しかし，1990 年代になって計算機の発展と**マルコフ連鎖モン**

図 14.21 トーマス・ベイズ（左）とピエール–シモン・ラプラス（右）

テカルロ法（**MCMC**: Markov chain Monte Carlo）と呼ばれる計算アルゴリズムの普及によって，この積分計算が一般的状況でも可能となり，さまざまな分野と問題で応用されるようになった。

　ベイズ統計学の特徴は，(1)複雑なモデルの推測が可能であることに加えて，(2)データが少ない状況でも合理的な推測ができることである。たとえば，顧客データベースのように全体としては大規模なデータであっても推測の対象が個人で，そのデータ（購買履歴）が少ない場合などが該当する。この場合，対象となる個人と似た別の個人のデータを活用してうまく推定できるということが，ベイズ統計学における推測のイメージである。すなわち，個人は完全に異質ではなく，共通部分があるとするのである。これは**階層ベイズモデル**と呼ばれ，マーケティングでは第 8 章 5.4 項で説明した消費者の異質性を捉える有効な手法として，学術界ばかりでなく実務においても広く使われている。

　このモデル化の論理は，"Borrowing the strength of neighbors（隣の力を借りる）"とも言われ，マーケティングばかりでなく，人文・社会科学から理工学・医学・生物・農学など自然科学のあらゆる分野で有効に応用されている。大規模データのなかできめ細かい知見が得られるモデルの推定法としての役割を中心として，その適用範囲を急速に広げている。

　またさまざまな結果（現象）から原因を探る推論方式でもあり，これを応用した分析手法のベイジアン・ネットワークは，現象から故障原因を探るモデルとして利用されている。マイクロソフト社の Microsoft Office で初心者ユーザーを優しくナビゲートしてくれるアシスタント「イルカ」はこれを使っていたことで知られている。

（参考文献）　松原望（2010）『ベイズ統計学概説——フィッシャーからベイズへ』培風館。

　　　　Savage, L. J. (1954) *The Foundations of Statistics*, John Wiley & Sons.

第**15**章

Chapter 15

Eコマースとテキスト解析
自然言語処理とトピック分析

1 Eコマースと消費者コミュニケーション

　IoT 社会におけるマーケティングの情報源は，従来の顧客関係性マネジメント（CRM）で使われる顧客データベースに加えてソーシャルメディア上のコミュニティで交わされる消費者同士または消費者と企業とのコミュニケーション情報などへ拡大している。企業内データに加えてソーシャルメディア情報を融合させて分析し，消費者の好みや流行トレンドをいち早くマーケティングに活用する企業が増えている。

　とりわけ現代のビジネスで進展が著しい E コマースにおいては，ソーシャルメディアに投稿されるユーザーによる製品・サービス評価やコミュニケーションなどネットワーク上の情報が消費者や企業の意思決定に大きな影響を与えている。たとえば，E コマースサイトでの購買に伴う製品・サービスの評価やコメントによるユーザーの不満や期待の情報，インフルエンサーによる流行トレンド発信情報など，ユーザーにより生成されるコンテンツ（UGC：user generated contents）としてテキスト・画像・動画など従来のマーケティングリサーチ手法では扱えない，数値でない非構造化データが大規模に存在しており，その活用に向けた取り組みが重要課題とされている。

　本章では Twitter や SNS など UGC のテキストデータを解析してマーケティングに活用する手法を学ぶ。

$\boxed{2}$ テキストデータの取得と前処理

2.1　テキスト解析の準備

　コンピュータ・機械の言語であるプログラミング言語に対して，人間の言語は自然言語と呼ばれ，これを分析する流れは自然言語処理と呼ばれる。

　E コマースを念頭にテキストを分析するには，Web 上の関連ページからテキストを収集することが必要で，これはスクレイピングと呼ばれる。次節で見るように，R では Web サイトのページからテキストをスクレイピングして PC へ保存するパッケージが利用できる。

　つぎに，入手したテキストを，意味を持つ「単語」に分解する形態素解析と呼ばれる前処理が必要となる。形態素は，言語学分野の用語であり，意味を持つ「単語のまとまり」の最小単位のことである。テキストが英語の場合，単語がスペースで区切られているため単語の抽出は比較的容易であるが，日本語テキストの場合は単語への分割がまず必要になる。たとえば，文章「彼は地下鉄で通勤します」を形態素解析すると

　「彼（代名詞）/は（助詞）/地下鉄（名詞）/で（助詞）/通勤（名詞）/し（動詞）/ます（助動詞）」

　という分解がなされる。人間の力で大量の文章を読み形態素に分解するには膨大な時間と手間がかかるが，コンピュータが機械的に分割する形態素解析技術の進化で大きく自然言語処理が発展した。ただし日本語には同じ言葉でも違う意味を持つ単語があり曖昧性が付きまとうため，自動で完璧に解釈できる結果が得られる保証はない。機械による結果を見て，不要な品詞や記号の除去など人間のチェックと修正が必要となる。

　日本語テキストの場合は形態素解析のソフトウェアとして定評のある MeCab がある。次節ではこれを使った形態素解析を使った例を示す。

2.2 Rによるスクレイピングと形態素解析

ウェブサポートページからダウンロードできる "scraping.r" には Twitter からテキストをスクレイピングしてデータとして保存する手順が書かれている。具体的には，①パッケージのインストール，② Twitter からキーワードを "経済" と決めて 1000 件のツイートを収得，③テキスト以外の不要な記号などを削除，④テキストデータを cvs 形式での保存，の手順となる。その場合，②で初めて search_tweets 関数を実行すると，ブラウザが立ち上がってアプリ連携の認証を求められる。また事前に Twitter アカウントを作成しておく必要がある。③では URL や記号，絵文字などが多く含まれており，これらを除去するコマンドが実行される。これら不要な情報を適切に除去することが解釈可能な結果を得るために必要となる。

3 テキストの可視化

3.1 テキスト頻度情報の活用

文書で出現するテキストの頻度情報を可視化するワードクラウドと単語の前後に続いて出現する単語の関係を可視化する N-gram ネットワークを紹介する。

まず，ユーザー間でどのような話題が交わされているかを知るために，テキスト解析の初歩として，収集した文書で出現する単語の頻度を数えて全体を見やすく表示する手法にワードクラウドがある。

3.2 Rによるワードクラウドと N-gram ネットワーク

ウェブサポートページからダウンロードできる "wordcloud.r" では，①保存されたデータを読み込み，② Mecab により頻度集計し，③分解した形態素

図 15.1　ワードクラウド

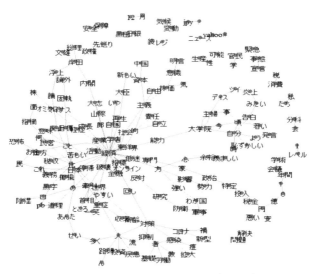

図 15.2　N-gram ネットワーク（$N = 2$）

の中から「名詞」および「形容詞」に絞り，④その頻度情報を用いてワードク
ラウドを作成する。文字の大きさやフォントの色は指定で変更することができ
る。

　この例では "経済" のキーワードを設定したワードクラウドが**図 15.1** に描
かれている。そこでは現れたさまざまな語彙の頻度を数え，頻度の多い語彙ほ
ど中央に大きく表示して特徴をつかみやすく可視化したもので，多くの語彙が

雲のように沸いて見えることからワードクラウドと呼ばれる。そこでは最高頻度の語彙 "経済" が中央に大きいフォントで表現され，次に「コロナ」が関心であったことがわかる。また「日本」，「消費」も頻出している。

　次に前後で共起する単語のペアの頻度を数え，高頻度の関係をネットワークの形で可視化したのが N-gram ネットワークである。R コード 3 では，共起関係の単語数を 2（$N = 2$）として作成した共起ネットワークである。

　図 15.2 において最も頻度の高い「経済」を中心に見ると，指標，低迷，停滞，成長などの単語が続いている。「コロナ」については，対策，禍，感染，新型が接続して出現している。この例では意味は明らかであるが，テキストによっては全体の解釈が難しく，N-gram ネットワークを見ることで文章全体を要約して意味を抽出するのに有用な情報が得られる。

4 トピックモデルによる潜在的意味解析

4.1　トピックモデルの構造

　次に自然言語処理のなかで，文書（テキスト）の意味を解析する潜在的意味解析として代表的なトピックモデルを説明する。これは大量の文書を機械が解読し，トピックごとに各テキストを自動分類するアルゴリズムとして開発された。

　トピックモデルは，各文書の単語が他の単語とどの程度共起したかの情報から，単語の背後にある潜在的意味（これをトピックと呼ぶ）を推測し，さらに大量の文書の意味や解釈を自動的に行うものである。

　文書 d における単語 v が出現する確率を $P_r(v|d)$ としたとき，たとえば，文書 d に出現した単語 v の背後に，T_1：政治，T_2：経済，T_2：音楽の 3 つのトピックの可能性があり（文書 d のトピック分布）また文書全体 $d = 1, ..., D$ で出現する単語が 3 つのトピックごとにどのように分布しているか（文書全体における各トピックの単語分布）の 2 つの情報から決まるとする。

　つまり，各単語はトピックごとに出現しやすさ（単語分布）があり，他方，

各文書は 3 つのトピックの可能性（トピック分布）があるとする。そのとき，例えば文書 d の単語 v が政治トピックから出現する確率は，政治トピックから単語 v が出現する確率と文書 d が政治トピックを含む確率の積

$$P_r(v|\text{政治トピック})P_r(\text{政治トピック} \mid \text{文書 } d)$$

で表されるとする。さらに経済および音楽のトピックの可能性も考慮に入れて，トピックごとの可能性 small （確率）を合計して周辺化することにより文書 d における単語 v の出現確率を下記として表す。

$$P_r(v|d) = P_r(v|\text{政治トピック})p(\text{政治トピック} \mid \text{文書 } d)$$
$$+P_r(v|\text{経済トピック})P_r(\text{経済トピック} \mid \text{文書 } d)$$
$$+P_r(v|\text{音楽トピック})P_r(\text{音楽トピック} \mid \text{文書 } d)$$

このようにトピックモデルは，単語発生の背後に複数の母集団（トピック）を仮定し，これらから発生した確率を文書がトピックを含む確率で重みをつけて平均をとる混合分布モデルの一種である。

━━━ トピックモデルの考え方 ━━━

一般に K 個のトピックをもつモデルは下記で表される。

$$P_r(v|d) = \sum_{k=1}^{K} P_r(v|k)P_r(k|d) = \sum_{k=1}^{K} \phi_{v|d}\theta_{k|d} \tag{15.1}$$

文書 d におけるトピック k の確率 $P_r(k|d)$ と全文書におけるトピック k における単語 v の出現確率 $P_r(v|k)$ の積で，文書 d の単語 v がトピック k であるときの出現確率を表し，トピックすべて $k = 1, \cdots, K$ の可能性を考慮して平均をとり周辺化したものが $P_r(v|d)$ である。

4.2　LDA モデルの推定

トピックモデルの代表的なものに LDA（latent dirichlet allocation: 潜在ディリクレ配分）モデルがある。LDA では $\phi_{i|d}, \theta_{i|d}$ が与えられたとき，単語 v が

トピック k をもつ確率が下記のように簡潔に求められる。

$$P_r(z_{i|d} = k | w_{i|d} = v, \phi_{i|d}, \theta_{i|d}, Data) = \frac{\phi_{i|d}\theta_{i|d}}{\sum_k^K \phi_{k|d}, \theta_{k|d}} \quad (15.2)$$

ここで $w_{i|d}$ は文書 d における i 番目の単語，$z_{i|d}$ は $w_{i|d}$ のトピック番号で k = 1, …, K のいずれかの値をとる離散変数である。

LDA のパラメータ推定は，完全条件付き事後分布をパラメータ $\phi_{i|d}, \theta_{i|d}$ について積分消去して変数を減らす崩壊型 Gibbs サンプリングと呼ばれる計算効率の高い MCMC アルゴリズムが利用でき，文書 d の i 番目の単語 $w_{i|d}$ のトピックが"k"のときに単語 $w_{i|d} = v$ が出現する条件付き事後確率が次のように導出される。

$$P_r(w_{i|d} = v | z_{i|d} = k, \mathbf{w}^{-i|d}, \mathbf{z}^{-i|d}, \alpha, \beta, Data) = \frac{n_{v|k}^{-i|d} + \beta}{n_k^{-i|d} + \beta V} \frac{n_{k|d}^{-i|d} + \alpha}{n_d - 1 + \alpha K}$$

$$(15.3)$$

ここで $n_{k|d}^{-i|d}$ は文書 d の i 番目の単語を除き文書 d でトピック k が現れた回数，$n_{v|k}^{-i|d}$ は文書 d の i 番目の単語を除き全文書でトピック k が単語 v に割り当てられた回数，n_d は文書 d の単語数を表す。分析に先立ち指定する事前分布パラメータ α, β を除いて上式を解釈すると，右辺第 1 項は「文書 d の i 番目の単語を除き，全文書での単語 v がトピック k に割り当てられた比率」であり，第 2 項は「文書 d の i 番目の単語を除き，文書 d の単語数にしめるトピック k が割り当てられた単語の割合」を表す。これらは割り当てられたトピックの回数をカウントするだけで計算できる。さらに z が決まれば，パラメータ事後分布の期待値として推定値

$$\hat{\theta}_{k|d} = E(\theta_{k|d}) = \frac{n_{k|d} + \beta}{n_d + \beta V}, \quad k = 1, \cdots, K \quad (15.4)$$

$$\hat{\psi}_{v|k} = E(\psi_{v|k}) = \frac{n_{v|k} + \alpha}{n_k + \alpha K}, \quad v = 1, \cdots, V \quad (15.5)$$

が計算できる。ここで n_d は文書 d の単語数，n_k は全文書におけるトピック k の単語数，$n_{k|d}$ は文書 d におけるトピック k の単語数，$n_{v|k}$ はトピック k における単語 v の数をそれぞれ表す。

以上のように，LDA のモデル推定はトピックの条件に適合する単語数をそ

れぞれカウントするだけで計算できる簡単な方法である。詳細について興味ある読者は，照井（2018），佐藤（2015），岩田（2015）などを参照するとよい。

5 Rによる商品レビューコメントを用いた製品評価

本節では，消費者レビューコメントを用いた製品評価について説明する。

Amazon の商品レビューでは，5 段階の星による商品評価のレーティングデータとコメントのテキストデータが存在する。これらをスクレイピングして分析し，ユーザーによる商品の評価ポイントを理解する。

まずレビューコメントのみを使い，LDA により潜在的なトピックを抽出する。これは消費者コメントがどのような内容のトピックから構成されてるかを可視化できる。ここでは Amazon のタブレット PC についてのレーティングとレビューコメントを利用する。

ウェブサポートページからダウンロードできる "LDA.r" では，トピックモデルのパッケージ lda を利用する。手続きの流れは以下の通りである。①パッケージ "lda" のインストール，②別に保存されたデータの読み込み，③不要な記号類を除去，④ MeCab による形態素解析を実行して名詞および形容詞のみを抽出，⑤分解後の意味のない単語（"なら"，"から"，"に"，"れ"，"し"，"よ"，…，"的"，"#"，"|"，"、"，"%"）の除外，⑥ lda の実行（トピック数の指定（$K = 5$），事前分布パラメータの指定（$\alpha = 0.1, \beta = 1/K$），⑦各トピックで現れる確率の高い上位単語の出力，⑧文書のレーティングを目的変数，トピック確率を説明変数とする回帰モデルの実行。

図 15.3 にはトピックの数を 5 とした場合の各トピックの確率，つまりトピック分布が描かれている。トピック 2 の確率が最も大きく，トピック 4 が小さい。図 15.4 には，最初の 10 個の文書に含まれるトピックの割合を下からトピック 1〜トピック 5 まで 5 つのブロックで示している。各ブロックに図示されている 10 個の横長の棒グラフは上から文書 1〜10 までのトピック割合を示している。たとえば，一番下のトピック 1 のブロックでは最も比率が高い文書 9 がこのトピック確率が最も高く，その上のトピック 2 のブロックでは，文書 8 が最もトピック 2 の確率が高い。

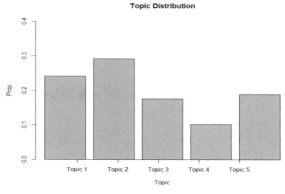

図 15.3 トピックの割合

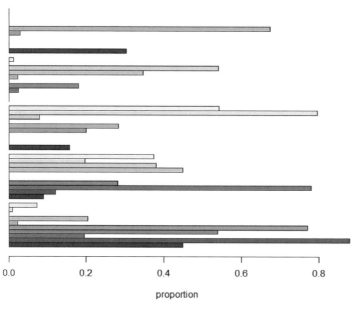

図 15.4 文書におけるトピックの割合

　図 15.5 には各トピックに割り当てられた単語でその確率が高い順に 10 個の単語が示してある。これらによれば，トピック 1：（起動，アプリ），トピック 2：（容量（"gb"），画質），トピック 3：（バッテリー，充電）トピック 4：（android, tablet），トピック 5：（保護，フィルム）などが特徴と解釈できる。

```
             [,1]                [,2]              [,3]               [,4]            [,5]
 [1,] "\"起動\","     ""\"タブレット\"," "\"充電\","      "\"android\","  "\"商品\","
 [2,] "\"アプリ\","    "\"gb\","        "\"時間\","       "\"the\","      "\"良い\","
 [3,] "\"返品\","     "\"ない\","       "\"バッテリー\","   "\"5\","       "\"保護\","
 [4,] "\"それ\","     "\"満足\","       "c(\"バッテリー\"," "\"以下\","     "\"フィルム\","
 [5,] "\"画面\","     "\"円\","        "\"3\","         "\"ghz\","      "\"いい\","
 [6,] "\"対応\","     "\"こと\","       "\"消費\","       "\"今回\","     "c(\"価格\","
 [7,] "\"こと\","     "\"画質\","       "\"反応\","       "\"usb\","      "\"悪い\","
 [8,] "\"インストール\"," "\"万\","     "\"ヶ月\","       "\"tablet\","    "\"ダメ\","
 [9,] "\"ため\","     "\"十分\","       "\"カク\","       "\"10\","       "\"ガラス\","
[10,] "\"bluetooth\"," "\"対応\","     "\"4\","         "\"24\","       "\"無い\","
```

図 15.5　トップワード

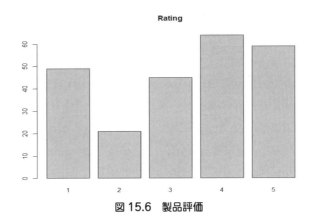

図 15.6　製品評価

　次にレーティングデータの分布を作図したのが**図 15.6** である。全般的に散らばった得点分布を示しているが，4点が最も多く，5点，1点と続き，2点が最も少ない。

　そこで各コメントのレーティングを目的変数 Y，コメントに内在する各トピックの確率を説明変数 X_1, X_2, X_3, X_4 とする回帰モデルを設定して，レーティングを決める要因を探る。その回帰分析の結果が**図 15.7** である。

$$\hat{Y} = 3.2479^{***} - 0.2379X_1 + 1.0195^{**}X_2 - 0.8100^{*}X_3 - 0.1946X_4$$

　説明変数のうちトピック2で1% 有意に推定され，トピック3は5% で有意である。最も確率（頻度）の高いトピック1（起動，アプリ）は，商品の全体的な関心を表現しているものの評価とは有意に結びついていない。正の係数推定

```
Call:
lm(formula = rate ~ ., data = df)

Residuals:
    Min      1Q  Median      3Q     Max
-3.2675 -1.1408  0.1259  1.0490  2.5621

Coefficients:
            Estimate Std. Error t value Pr(>|t|)
(Intercept)   3.2479     0.2159  15.046  < 2e-16 ***
Topic.1      -0.2379     0.3225  -0.738  0.46152
Topic.2       1.0195     0.3271   3.117  0.00206 **
Topic.3      -0.8100     0.3520  -2.301  0.02226 *
Topic.4      -0.1946     0.4487  -0.434  0.66490
---
Signif. codes:  0 '***' 0.001 '**' 0.01 '*' 0.05 '.' 0.1 ' ' 1

Residual standard error: 1.384 on 233 degrees of freedom
Multiple R-squared:  0.1081,    Adjusted R-squared:  0.09281
F-statistic: 7.061 on 4 and 233 DF,  p-value: 2.209e-05
```

図 15.7　トピック回帰の結果

値をもつトピック2は容量，画質が評価を高める要因であり，また負の係数推定値をもつトピック3はバッテリーの問題が評価を下げることを示している。回帰モデル全体の有意性を測る F 検定の結果は有意を示しているが，全体的に回帰の適合度は0.1と高くはないことに注意が必要である。評価コメントのテキスト情報のみで製品評価を行うことには限界があり，適合度を高めるためには，製品属性などの情報を説明変数として追加することを検討する必要もある。また一般に指定するトピック数やパラメータ初期値によっても結果は変わりうるので，試行錯誤のうえで安定的に意味のある分析となるまで一定の探索が必要となる。

ま と め

本章では消費者や企業の行動に影響を与えているソーシャルメディア情報のEコマースへの活用を念頭に置いて，数値ではない非構造化データとしてのテキスト解析手法を解説した。スクレイピングによるテキストデータの取得，形態素解析による前処理，ワードクラウド及び N-gram によるデータの可視化，トピックモデルによる潜在的意味の抽出などを学んだ。説明は基礎的事項であり，関心ある読者は個別の解説書でさらに学んでほしい。また情報が曖昧（fuzzy）な性格を持つため，分析の設定の仕方により結果が大きく変わることもあり，試行錯誤が必要となる。

第 15 章　文献案内

照井伸彦（2018）『ビッグデータ統計解析入門 - 経済学部/経営学部で学ばない統計学』日本評論社。

　▶　トピックモデルに先立つ単語共起情報を用いた行列特異値分解による潜在的意味解析やトピックモデルのベイズ推定に関する学部レベルでの説明がある。

岩田具治（2015）『トピックモデル』講談社。

佐藤一誠（2015）『トピックモデルによる統計的潜在意味解析』コロナ社。

　▶　トピックモデルの数理的側面の詳細な説明と様々な拡張モデルが紹介されている。

Column⑮ 大量文書と迷惑メールの処理

ソーシャルメディアではテキストや画像，音声などがデータの大部分を占める。これらは数値情報の構造化データに対して非構造化データと呼ばれる。機械が文章を自動的に判別分類する初期の AI 手法の代表的な応用例として迷惑メールの分類がある。

$P(迷惑 | メール) < P(通常 | メール)$ $P(迷惑 | メール) > P(通常 | メール)$

図 15.8　ナイーブベイズ分類器による迷惑メールの分類

いま迷惑メール（迷惑）または通常メール（通常）のいずれかである事象について n 個の単語 $w_1, w_2, \cdots, w_n$ から構成されるメールを受信する事象を "メール" とする。そのとき，メールを受信して，それが迷惑メールである確率は，ベイズの定理を用いて

$$P(迷惑 | メール) = \frac{P(迷惑)P(メール | 迷惑)}{P(メール)}$$

と表される。メールが迷惑メールか否かの判別は，この単純なベイズの定理にもとづいて行われ $P(迷惑 | メール) > P(通常 | メール)$ のとき迷惑メールに分類する。このときメールを受信する確率 $P(メール)$ は，迷惑，通常にかかわらず一定でルールに影響を与えないため，分類ルールは

$$P(迷惑)P(メール | 迷惑) > P(通常)P(メール | 通常)$$

と同値になる。$P(迷惑)$ はメールを受信する以前に迷惑メールが発生する確率（事前確率），$P(メール | 迷惑)$ は迷惑メールの場合，メールの単語が出現する確率（尤度）を意味する。これらは，**学習データ**とよぶ過去のデータから構成できる。つまり，過去に受信したメールを迷惑メールと正常メールに人力で分類してデータベースを作成し，まず，たとえば 1,000 通のメー

ルを手動で分類し 200 通が迷惑メールのとき，$P(迷惑) = 0.2$ であり $P(通常) = 0.8$ となる。次に学習データにある 200 通の迷惑メールに含まれる語彙が n_1 個 あり，各語彙 w_j の頻度をカウントして迷惑メールに語彙 が含まれる確率 $P(w_j| 迷惑)$ を計算し，同様に通常メールにある 800 通に含まれる語彙 n_2 個を用いて通常メールに語彙 w_j が含まれる確率 $P(w_j| 通常)$ を計算する。最後に "各単語は独立に発生する" という仮定を置き，受信メールが迷惑メールの場合にメールに含まれる n_1 個の単語の出現確率を

$$P(メール \mid 迷惑) = P(w_1| 迷惑)P(w_2| 迷惑)\cdots P(w_{n_1}| 迷惑)$$

そして正常メールの $P(w_j| 通常)$ も正常メールデータから評価し，上の判別ルールを用いて

$$0.2P(メール \mid 迷惑) \geq 0.8P(メール \mid 通常)$$

のとき迷惑メールと判別する。この単純（ナイーブ）な仮定をおいたモデルはナイーブベイズ分類器 と呼ばれている。仮定はナイーブでも大量データの情報で性能を担保する簡潔なアルゴリズムである。この迷惑メールの自動分類は AI 初期の代表的手法であり，背後にはベイズの定理を用いた潜在変数の状態推定の考え方があり，本章の LDA 分析で見たように，その後の機械学習による自然言語処理や画像解析などの基礎的な要素技術として定着している。

## 第 16 章

カウントデータの分析
ポアソン回帰モデル，負の二項回帰モデル

$\Big\|1\Big\|$ マーケティングにおけるカウントデータ

　第2章で詳述したが，マーケティング分野では「POSデータ」「ID付きPOSデータ」「Webログ・データ」といった自動的に蓄積される二次データの活用が進んでいる。POSデータから得られる「商品ごとの販売個数」，ID付きPOSデータから得られる「消費者ごと，商品ごとの購買個数」「消費者ごとの来店回数」「消費者ごと，購買時点ごとの購買個数」，Webログ・データから得られる「ユーザーごとのサイト訪問回数」「Webサイトのコンバージョン人数（回数）」などのデータは，比例尺度のなかでもその値が実数値をとりうる連続変数と区別し，カウント（計数）データと呼ばれる。一般に，カウント（計数）データとは，ある事象が決まった時間内に起こった回数（非負の整数）を指す。

　カウントデータは，前段の説明でも明らかなようにとびとびの値しかとりえない。1や2の値はとりうるが，1.3や1.5といった値はとりえない。すなわち，カウントデータは，棒グラフのような図で自然に表現可能なデータといえる。

　カウントデータは離散データであり，正規分布のような連続分布の仮定は不適当である。そのため，カウントデータの解析では，離散分布の仮定を置かなければならない。マーケティング分野におけるカウントデータの分析では，離

散分布の一種であるポアソン分布や負の二項分布を用いることが多い。

次節にはカウントデータの回帰モデルを導入する前提として，ポアソン分布と負の二項分布を導入する。

2 カウントデータの確率分布

本節では，Y_i を i 時点の何らかのカウントデータを示す確率変数とし，y_i をその実現値とする。すなわち，確率変数 Y_i は非負の整数値のみをとりうる変数である。ポアソン分布は (16.1) 式で表現できる。

$$f_{POI}(y_i|\lambda) = \frac{\lambda^{y_i}\exp(-\lambda)}{y_i!}, \quad y_i = 0,1,2,\cdots \tag{16.1}$$

式中，λ は平均発生数を示すパラメータであり，ポアソン分布の場合，$\mathrm{E}(Y_i) = \mathrm{Var}(Y_i) = \lambda$ になる。すなわちポアソン分布は，平均と分散が等しいモデルである。**図 16.1** の左図には，$\lambda = 1(\square)$，$\lambda = 2(\triangle)$ および $\lambda = 4(\times)$ の場合のポアソン分布を示した。λ の違いによって分布の形状が変化する。

ポアソン分布は，そもそも稀にしか発生しない事象，たとえば交通事故の発生件数，大量生産品における不良件数等をモデル化する際に用いられる分布である。稀ではないカウントデータの場合，過分散と呼ぶ「平均よりも分散が大きくなる」という現象が生じやすい。上述の通り，ポアソン分布は平均と分散が等しい確率分布であり過分散には対応できず，過分散が生じるような現象は，ポアソン分布で上手にモデル化できない。過分散が生じるような現象では，分散の大きさが調整可能な**負の二項分布**を用いたほうが妥当なことが多い。負の二項分布は，(16.2) 式のように表現される。

$$f_{NB}(y_i|\mu,\theta) = \frac{\Gamma(\theta+y_i)}{\Gamma(\theta)\Gamma(y_i+1)}\left(\frac{\theta}{\theta+\mu}\right)^{\theta}\left(\frac{\mu}{\mu+\theta}\right)^{y_i}, y_i=0,1,2,\cdots \tag{16.2}$$

式中，μ,θ は平均パラメータとサイズパラメータ（> 0）を示す。(16.3) 式が分散となる。$\theta \to +\infty$ のとき，負の二項分布はポアソン分布に帰着される。

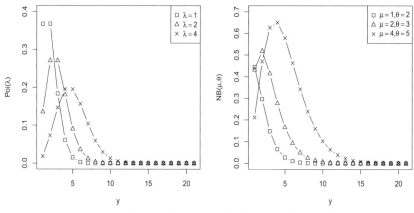

図 16.1　ポアソン分布（左図），負の二項分布（右図）

$$\mathrm{Var}\,(Y_i) = \mu + \frac{\mu^2}{\theta} \tag{16.3}$$

図 16.1 の右図には，$\mu = 1, \theta = 2(\square)$，$\mu = 2, \theta = 3(\triangle)$ および $\mu = 4, \theta = 5(\times)$ の場合の負の二項分布を示した。μ, θ の違いによって分布の形状が変化する。

3 ポアソン回帰モデルと負の二項回帰モデル

　販売個数や予約件数のようにある事象の発生回数を示す，i に関して独立な確率変数を Y_i とし，その実現値を y_i とする。さらに，y_i に影響する $p+1$ 個の説明変数 $\boldsymbol{x}_i = \left(x_i^0, x_i^1, \cdots, x_i^p\right)^t$（$x_i^0$ は通常 1，t は転置を示す）とし，その影響度を示すパラメータを $\boldsymbol{\beta} = (\beta_0, \beta_1, \cdots, \beta_p)^t$ とする。また，k_i は**オフセット変数**と呼ぶ変数であり，一般に目的変数の単位を揃えるために導入される変数である。その意味の詳細は後述するが，ポアソン回帰モデルや負の二項回帰モデルにおいて，オフセット変数は回帰係数を 1 に固定した $\log(k_i)$ をモデルの説明変数とすれば導入できる。

　ポアソン回帰モデルでは，(16.1) 式の平均（分散）パラメータ λ を (16.4) 式で構造化する。

$$\mathrm{E}\,(Y_i) = \lambda_i = k_i \eta_i \qquad (16.4)$$

η_i を説明変数によって構造化する場合，ポアソン回帰では (16.5) 式と考える。

$$\eta_i = \exp\left(\boldsymbol{x}_i^t \boldsymbol{\beta}\right) \qquad (16.5)$$

ポアソン分布の場合，$\lambda_i > 0$ が成立しなければならないため，$\eta_i > 0$ を満たさなければならない（$k_i > 0$ なので）。η_i を (16.5) 式で定式化したのはそのためである。結果的に**ポアソン回帰モデル**は，(16.6) 式のように表現できる。

$$\mathrm{E}\,(Y_i) = \lambda_i = k_i \cdot \exp\left(\boldsymbol{x}_i^t \boldsymbol{\beta}\right) ; Y_i \sim \mathrm{POI}\,(\lambda_i) \qquad (16.6)$$

(16.6) 式中，$Y_i \sim \mathrm{POI}\,(\lambda_i)$ は Y_i が平均 λ_i のポアソン分布に従うことを意味する。λ_i を対数変換すると (16.7) 式になる。

$$\log\,(\lambda_i) = \log\,(k_i) + \boldsymbol{x}_i^t \boldsymbol{\beta} \qquad (16.7)$$

　負の二項回帰モデルでは，(16.2) 式の平均パラメータ μ をポアソン回帰と同様に (16.8) 式で構造化する。

$$\mathrm{E}\,(Y_i) = \mu_i = k_i \eta_i \qquad (16.8)$$

η_i を説明変数によって構造化する場合，負の二項回帰では (16.9) 式と考える。

$$\eta_i = \exp\left(\boldsymbol{x}_i^t \boldsymbol{\beta}\right) \qquad (16.9)$$

負の二項分布の場合も，$\mu_i > 0$ が成立しなければならないため，$\eta_i > 0$ を満たさなければならない（$k_i > 0$ なので）。η_i を (16.9) 式で定式化したのはそのためである。結果的に**負の二項回帰モデル**は，(16.10) 式のように表現できる。

$$\mathrm{E}\,(Y_i) = \mu_i = k_i \cdot \exp\left(\boldsymbol{x}_i^t \boldsymbol{\beta}\right) ; Y_i \sim \mathrm{NB}\,(\mu_i, \theta) \qquad (16.10)$$

(16.10) 式中，$Y_i \sim \mathrm{NB}\,(\mu_i, \theta)$ は Y_i が平均 μ_i，サイズパラメータ θ の負の二項分布に従うことを意味する。負の二項回帰モデルでも μ_i を対数変換すると (16.11) 式になる。

$$\log\,(\mu_i) = \log\,(k_i) + \boldsymbol{x}_i^t \boldsymbol{\beta} \qquad (16.11)$$

ポアソン回帰モデルも負の二項回帰モデルも平均パラメータの対数に回帰構造を取り込むという意味では違いがない。

　オフセット変数の意味を考えるために，ある商品 A の日別の販売個数を考え，日別で比較することをイメージしてほしい。商品 A が i 日と j 日とも 10 個（同数）売れたとして，i 日と j 日で短絡的に同じだけ売れたと判断してよいだろうか？　答えは否であり，購入する可能性のある来店客数が違えば，同数売れたとしても売れ方が異なっていたと判断すべきである。たとえば，i 日と j 日の来店客数が 500 人と 1000 人であったすると，i 日のほうが売れやすかったと判断できる。すなわち，500 人来店して 10 個売れたのか，1000 人来店して 10 個売れたのかで，同数 10 個売れたとしても情報がまったく異なっているのである。オフセット変数は，来店客数のような変数（現象によって異なる）が存在しているのであれば，導入することで目的変数の単位を調整できるのである。(16.7) 式および (16.11) 式の右辺にある $\log(k_i)$ は，前述したとおり，オフセット変数を示し，(16.7) 式および (16.11) 式の右辺のように回帰係数を 1 に固定した説明変数とすればモデルに導入できる。

4 カウントデータを用いた市場反応分析

4.1 事例データ：入力データ

　第 3 節で説明したポアソン回帰モデルと負の二項回帰モデルの考え方にもとづき，R コマンダー内に読み込んだデータを分析する。**図 16.2** は本分析で用いるデータの一部であり，**表 16.1** には個々の変数が何を意味するかを示した。解析では，y を目的変数とし，x1 〜 x6 を説明変数とする。また，k はオフセット変数になる。**図 16.3** は目的変数になる y のヒストグラムである。

4.2 モデルによる分析

　本項には，第 3 節で説明したポアソン回帰モデルおよび負の二項回帰モデ

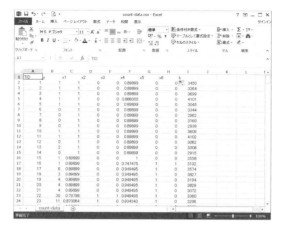

図 16.2　分析で用いるデータ（ファイル名：count-data.csv）

表 16.1　データセット

ヘッダー記号	モデル式用の記号	内容
TID	i	時点 ID
y	y_i	販売点数
x1	x_{i1}	価格掛率（自身）
x2	x_{i2}	エンド（自身）
x3	x_{i3}	チラシ（自身）
x4	x_{i4}	価格掛率（競合）
x5	x_{i5}	エンド（競合）
x6	x_{i6}	チラシ（競合）
k	k_i	来店客数

ルを，4.1 項に示したデータへ適用する手順を紹介する。本項では，以下に示す 4 つのモデル（平均構造のみ示す）を推定し，比較する。Model 1, Model 2 はポアソン回帰モデル，Model 3, Model 4 は負の二項回帰モデルに対応している。また，Model 2, Model 4 は，オフセット変数 $\log(k_i)$ を含むモデルになっている。

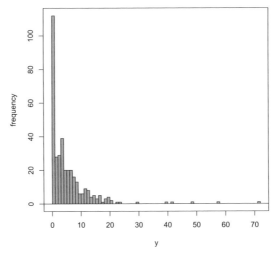

図 16.3 販売点数（y）のヒストグラム

$$\text{Model1} : \log(\lambda_i) = \beta_0 + \sum_{j=1}^{6} \beta_j x_{ij} \tag{16.12}$$

$$\text{Model2} : \log(\lambda_i) = \beta_0 + \sum_{j=1}^{6} \beta_j x_{ij} + \log(k_i) \tag{16.13}$$

$$\text{Model3} : \log(\mu_i) = \beta_0 + \sum_{j=1}^{6} \beta_j x_{ij} \tag{16.14}$$

$$\text{Model4} : \log(\mu_i) = \beta_0 + \sum_{j=1}^{6} \beta_j x_{ij} + \log(k_i) \tag{16.15}$$

ポアソン回帰モデル（Model1, Model2）はRコマンダーのメニューから実行できる．Rコマンダーを用いた「オフセット変数無のポアソン回帰モデル」の推定は以下の手順で行う．【統計量】⇒【モデルへの適合】⇒【一般化線形モデル】の順でクリックし，モデル設定画面を立ち上げ，(16.12) 式を設定画面で入力する．その際，【モデル名を入力】は (16.12) 式にあわせて Model1，【リンク関数族】は poisson，【リンク関数】は log と指定する．**図 16.4** の左図は実際に設定した画面である．「オフセット変数有のポアソン回帰モデル」の場合，設定法は「オフセット変数無のポアソン回帰モデル」とほぼ同様であ

**図 16.4　ポアソン回帰の指定画面：オフセット変数無（左図），
オフセット変数有（右図）**

るが，説明変数の指定を $x1 + x2 + x3 + x4 + x5 + x6 + \text{offset}(\log(k))$ と指定
すればよい。$\text{offset}(\log(k))$ がオフセット変数として来店客数を導入するコマ
ンドである。**図 16.4** の右図が実際の指定画面である。【モデル名を入力】は
(16.13) 式にあわせて Model 2 となっている点とオフセット変数を導入してい
る点以外は，**図 16.4** の左図と同様になっている。

　本書では，R コマンダー上のツールで分析を行うことを基本的な前提とし
ている。しかし，R コマンダー上に負の二項回帰モデルを推定できるツール
は準備されていないため，プログラムを使用しなければならない。具体的に
は，以下に示すプログラムを R コマンダーのスクリプトウィンドウに入力し
て実行しなければならない（なお，次の囲みのプログラムは本書のウェブサポート
ページからダウンロードできる。ファイル名：NBR.R）。

― **負の二項回帰モデルの推定プログラム** ―
```
# 負の二項回帰モデルで用いるパッケージ「MASS」を読み込む。
library(MASS)
# 負の二項回帰モデル（オフセット変数無）のコマンド。
Model3 <- glm.nb(y ~ x1 + x2 + x3 + x4 + x5 + x6, link=log,
```

図 16.5 負の二項回帰の R コマンダー上での実行

```
data=Dataset)
# 推定結果を表示するコマンドである。
summary(Model3)
# 負の二項回帰モデル（オフセット変数有）のコマンド。
Model4 <- glm.nb(y ~ x1 + x2 + x3 + x4 + x5 + x6 +
offset(log(k)), link=log,data=Dataset)
# 推定結果を表示するコマンドである。
summary(Model4)
```

　実際には，スクリプトウィンドウへ上記プログラムを入力して（**図 16.5**）
【実行】とすれば分析を実行できる。

　図 16.6，**図 16.7** には，ポアソン回帰モデルと負の二項回帰モデルの出力画
面をそれぞれ示す。いずれも左図がオフセット変数無，右図がオフセット変数
有の出力画面に対応している。**表 16.2** には，4 つのモデルの回帰係数の推定
結果と AIC を示した。AIC は目的変数となるデータが完全に共通である場合
に，仮定したモデルのなかでどのモデルが一番良いかを判断する際に用いる
情報量規準であり，AIC が最小のモデルが仮定したモデルのなかで最良のモ
デルであると判断する。**表 16.2** に示した AIC で判断すると，Model 4（負の
二項回帰モデルでオフセット変数を含む）が最良のモデルだとわかる。

　表 16.2 中，太字で示したパラメータは有意水準 5% 以上で有意であるこ
とを示す。前述したように AIC で判断すると Model 4 が最も良いモデルと

表 16.2　推定結果の比較（回帰係数と AIC）

パラメータ	Model1	Model2	Model3	Model4
β_0	**1.5460**	**−6.8935**	**2.8752**	**−5.6770**
β_1	**−4.0696**	**−4.0816**	**−5.9642**	**−5.7363**
β_2	**0.9918**	**1.0401**	**0.9681**	**1.0095**
β_3	**0.6838**	**0.6317**	**0.4195**	**0.3962**
β_4	**3.4336**	**3.7104**	**3.7722**	**3.9511**
β_5	0.0500	0.1032	0.1294	0.1700
β_6	−0.2218	−0.2759	−0.0224	−0.1056
$\log(k_i)$	−	1	−	1
AIC	2141.6	2096.2	1765.7	1757.4

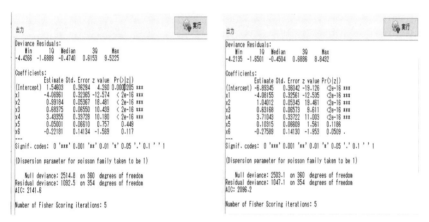

図 16.6　ポアソン回帰の推定結果：オフセット変数無（左図），
　　　　　オフセット変数有（右図）

なるため，その推定結果にのみ焦点を当てると，有意なパラメータは $\widehat{\beta_1} = -5.7363$（価格掛率（自身）の反応係数：想定される符号 −），$\widehat{\beta_2} = 1.0095$（エンド陳列実施の有無（自身）の反応係数：想定される符号 +），$\widehat{\beta_3} = 0.3962$（チラシ掲載の有無（自身）の反応係数：想定される符号 +）および $\widehat{\beta_4} = 3.9511$（価格掛率（競合）の反応係数：想定される符号 +）となっている。いずれも想定される符号条件と合致した推定結果になっている。

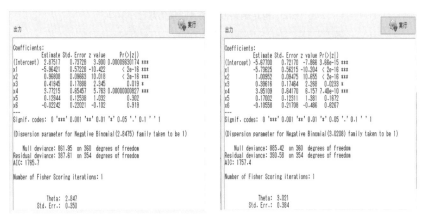

図 16.7　負の二項回帰の推定結果：オフセット変数無（左図），
オフセット変数有（右図）

ま と め

　本章では，カウントデータを解析する際の代表的な解析法である「ポア
ソン回帰モデル」と「負の二項回帰モデル」を説明し，実際の解析例を紹介
した。本章で使用したデータは POS データから取得可能であり，分析内容
は第5章に示した市場反応分析と同様であり，一種の市場反応分析である。
その意味で本章の推定結果のマーケティング的解釈は，第5章を援用でき
る。ただし，第5章は目的変数が連続変数であるのに対し，本章はカウン
トデータであり，第5章と本章の本質的な違いになる。モデル化する変数
のタイプが連続変数なのかカウントデータを含む離散変数なのかといったこ
とは，仮定できる確率分布を規定するため非常に重要である。連続変数に離
散型確率分布を適用することはできないし，逆に，離散変数に連続型確率分
布を適用することはできないのである。マーケティング分野の解析でもこの
点は例外なく当てはまり，実際のデータを活用したマーケティング高度化の
ためにも習得すべき内容である。よく読んで身につけてほしい。

第 16 章　文献案内
岩崎学（2010）『カウントデータの統計解析』朝倉書店。
　　➡　カウントデータの統計解析に関して詳細に整理されている。本書には，0 過剰ポアソン
　　　　回帰モデル／負の二項回帰モデル等も説明されている。カウントデータの統計解析を学習
　　　　する際には有益である。

*Column*⑯　統計モデルと機械学習モデルの比較

　統計モデルと機械学習モデルは，どちらも帰納推論にもとづくデータドリブンのモデルであり，結果からその原因に至るメカニズムを探るという逆問題と呼ばれる問題を解いており，推論の立場では共通している。また，機械学習の基礎理論のほとんどは統計や確率の分野のものであり，その意味でも両モデルの親和性は高く，とくに統計的機械学習は統計モデル，（本書の対象外ではあるが）ベイズモデルとはかなりの部分で共通している（同一）。すなわち，統計モデルと機械学習の違いは，その基礎理論やアルゴリズムにあるのではなく，その活用の目的に違いがあると考えるべきである。

　統計モデルでは，モデルにもとづく予測はもちろん重要ではあるが，予測よりもモデルにもとづく現象のメカニズム理解にとくに強い興味を置く。一方，機械学習では，モデルにもとづく予測が興味の対象であり，重きが置かれる。統計モデルと機械学習モデルのこの興味の違いは，それぞれのモデル化に本質的な違いを生じさせる。

　機械学習モデルでは，特徴量の相互作用を解釈上の意味があるないにかかわらずモデルに投入することで，モデルの予測能力（汎化能力）を高めようとする。一方で統計モデルでは，人間が解釈できる範囲といった制約条件のもとで，モデルの汎化能力の向上を目指す。そのため，統計モデルの汎化能力は，一般に機械学習モデルの汎化能力に及ばないが，統計モデルは，人間が解釈可能なメカニズムに関する知見を獲得できるという利点がある（機械学習モデルでは獲得できない）。モデル化の目的が何らかの予測だけならば，機械学習モデルの枠組みでのモデル化が第 1 選択肢になるし，一方でメカニズム理解が目的ならば，統計モデルの枠組みでのモデル化が第 1 選択肢になる。すなわち，自身が解き明かしたい経営学上の課題の興味に応じて，どちらの枠組みでモデル化するかを決定するのが肝要だといえる。上記以外でも，①S/N 比が小さい場合（データに多くのノイズが含まれている場合），②完全な学習データが準備できない場合，③データのサンプルサイズが大きくない場合，④モデル全体を解釈したい場合，などは統計モデルを選択すべきだし，⑤S/N 比が大きい場合（ノイズを分離しやすい場合），⑥完全な学習データが準備できる場合（膨大な量のまったく同じ結果が繰り返されるデータで学習することができる場合），⑦モデルがブラックボックスでもよい場合（何が起きているかには興味がない場合），などは機械学習モデルを選択すべきである。

補 論

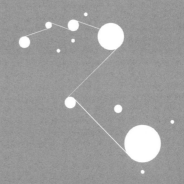

補論 **A**

確率と統計の基礎

　この補論 A では，本書の内容を理解するうえでの基礎となる確率，および統計学の基礎について整理しておく。各章で説明されているモデルを理論的な側面から理解するうえで必要となる基礎知識なので，必要に応じて参照してほしい。

1 確率とその性質

1.1 確率と確率分布

　サイコロを投げて出る目のように，観測する前に起こりうる結果がどのようなものであるかがわかり，なおかつ，起こりうる結果のそれぞれがどのような確率で現れるかがわかっている場合に定まる変数のことを**確率変数**と言う。たとえば，サイコロ投げの場合には，起こりうる結果は出る目で 1 から 6 までの整数であり，それぞれが起こる確率はすべて $\frac{1}{6}$ であることがわかっている。この確率変数を X と書くと，起こりうる確率を与える関数 $p(X)$ は**確率分布**と言われる。サイコロの場合の確率変数は離散値だけをとるので，離散型確率変数と呼ばれ，その確率分布は棒グラフの形をとる。サイコロを投げて出る目の確率変数の確率分布は**図 A.1** 左図で与えられる。

　他方，起こりうる結果が整数でなく実数の場合の確率変数は連続型確率変数

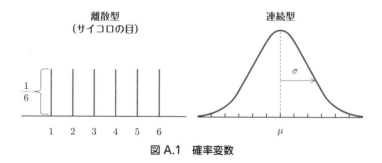

図 A.1　確率変数

と言われ，**図 A.1** の右図のような連続関数で確率分布が与えられる。分布の山の最も高い値を与える（付近の）X の値が，起こりうる確率が最も大きい値である。

1.2　確率変数の期待値と分散・共分散

　まず，離散型確率変数の場合には，確率変数 X の**期待値**は分布の中央を表す尺度である。そして，n 通りの結果 $x_1, \cdots, x_n$ がそれぞれ確率 $p(x_i)$ で起こりうるとき，起こりうる結果とそれぞれが起こる確率を掛け合わせたものの和が期待値であり，次のように定義される。

$$\mathrm{E}(X) = x_1 p(x_1) + x_2 p(x_2) + \cdots + x_n p(x_n) = \mu_x \tag{A.1}$$

また，**分散**は期待値周りでどれくらい散らばっているかを表す尺度であり，

$$\mathrm{Var}(X) = \mathrm{E}(X - \mathrm{E}(X))^2 \tag{A.2}$$
$$= (x_1 - \mu_x)^2 p(x_1) + \cdots + (x_n - \mu_x)^2 p(x_n) = \sigma_x^2 \tag{A.3}$$

で定義される。分散の平方根 σ_x は**標準偏差**といい，確率変数の標準化の際に重要な役割を果たす。

　連続型確率変数の場合には，すべての場合について和をとる代わりに，領域の面積を求める積分が使われる。

　これらの確率分布の特徴量については，a, b を定数とするとき，X を一次変換した $Z = aX + b$ について，定義から以下の 2 つの関係が成り立つ。

$$\mathrm{E}(Z) = \mathrm{E}(aX + b) = a\mathrm{E}(X) + b = a\mu_x + b \tag{A.4}$$

$$\mathrm{Var}(Z) = \mathrm{Var}(aX + b) = a^2\mathrm{Var}(X) = a^2\sigma_x^2 \tag{A.5}$$

さらに 2 つの確率変数 X, Y についての比例的な関連性の尺度である**共分散**は次のように定義される。

$$\mathrm{Cov}(X, Y) = \mathrm{E}((X - \mathrm{E}(X))(Y - \mathrm{E}(Y))) = \sigma_{xy} \tag{A.6}$$

いま，$Z = aX + bY$ としたとき，Z の平均と分散は上記の定義により，

$$\mathrm{E}(Z) = \mathrm{E}(aX + bY) = a\mu_x + b\mu_y \tag{A.7}$$

$$\mathrm{Var}(Z) = \mathrm{Var}(aX + bY) = a^2\sigma_x^2 + b^2\sigma_y^2 + 2ab\sigma_{xy} \tag{A.8}$$

となる。

$\boxed{2}$ 統計的推測：標本分布，信頼区間，仮説検定

標本を確率変数の実現値とみなすとき，標本平均や標本分散などの分布の特性値は，それ自体が確率分布を持つ。これら特性値に関する確率分布は**標本分布**と呼ばれる。

2.1 標本平均 $\bar{X}$ の分布

いま，平均が μ，分散が σ^2 の母集団から抽出された n 個の無作為標本 $\{x_1, x_2, \cdots, x_n\}$ を n 個の確率変数 $\{X_1, X_2, \cdots, X_n\}$ の 1 つの実現値と考えるとき，これら確率変数から定義される**標本平均**および**標本分散**，

$$\bar{X} = \frac{X_1 + \cdots + X_n}{n} \tag{A.9}$$

$$S^2 = \frac{(X_1 - \bar{X})^2 + \cdots + (X_n - \bar{X})^2}{n - 1} \tag{A.10}$$

は，**標本統計量**，あるいは単に**統計量**という。統計量は確率変数であり，標本からある量を計算するルールを意味している。これに対して，観測された標

本を代入して計算された 1 つの値 $\bar{x}$ や s^2 は，小文字表記として統計量と区別し，**統計値**という。

まず，統計量 $\bar{X}$ の期待値と分散は，それぞれ以下の式で評価される。

$$\mathrm{E}(\bar{X}) = \frac{1}{n}(\mathrm{E}(X_1) + \cdots + \mathrm{E}(X_n)) = \frac{1}{n}n\mu = \mu \tag{A.11}$$

$$\mathrm{Var}(\bar{X}) = \frac{1}{n^2}(\mathrm{Var}(X_i) + \cdots + \mathrm{Var}(X_n)) = \frac{1}{n^2}n\sigma^2 = \frac{\sigma^2}{n} \tag{A.12}$$

いま，母集団が正規分布 $N(\mu, \sigma^2)$ に従っているとすると，標本平均 $\bar{X}$ は，厳密に平均 μ，分散 $\frac{\sigma^2}{n}$ の正規分布，

$$\bar{X} \sim N\left(\mu, \frac{\sigma^2}{n}\right) \tag{A.13}$$

に従う。

ここで，$\bar{X}$ を，μ を推定するための統計量として見た場合，その推定の精度を分散 $\frac{\sigma^2}{n}$ で測ることができる。σ^2 は一般に未知であるが，標本数 n が十分に大きい場合には，σ^2 をその推定量 S^2 で置き換えた，

$$\bar{X} \sim N\left(\mu, \frac{S^2}{n}\right) \tag{A.14}$$

が近似的に成立する性質を利用する。n が十分に大きくないとき（$n \leq 30$ などが該当することが多い）は，(A.14) 式は近似的にも成り立たないが，$\bar{X}$ は t 分布に従うことが知られている（2.3 項）。

また，母集団が正規分布に従っていない場合でも，n が大きいときには次に説明する中心極限定理により (A.13) 式および (A.14) 式が近似的に成り立つことが知られている。

2.2　中心極限定理

母集団分布が正規分布でない場合でも，平均 μ と分散 σ^2 を持つ n 個の独立な確率変数 $\{X_1, X_2, \cdots, X_n\}$ からつくられる標本平均統計量 $\bar{X}$ は，n が十分に大きいとき，次の正規分布に従う。

$$\bar{X} \sim N\left(\mu, \frac{\sigma^2}{n}\right) \tag{A.15}$$

この性質を示す定理を**中心極限定理**という。

2.3 パラメータの推定

　母集団パラメータの値を推定するために標本統計量を利用する場合，その統計量を**推定量**と呼ぶ。たとえば，ある母集団の平均パラメータ μ を推定するために無作為標本 $\{X_1, X_2, \cdots, X_n\}$ を使ってつくられる標本統計量 $\widehat{\mu} = \bar{X}$ は，μ の推定量である。母集団パラメータの値を 1 つの標本統計量で推定する方式が**点推定**と呼ばれるのに対し，ある幅を持ってパラメータを推測する方式は，**区間推定**と呼ばれる。そこでは，点推定の際に生じる推定誤差が重要な役割を演じる。

平均に関する信頼区間

　2.1 項では，$\bar{X}$ の分布は平均 μ，分散 $\frac{\sigma^2}{n}$ の正規分布に従うことを説明した。そのとき，これを平均 0，分散 1 に標準化した次の統計量 Z は標準正規分布に従う。つまり，

$$Z = \frac{\bar{X} - \mu}{\sqrt{\frac{\sigma^2}{n}}} \sim N(0, 1) \tag{A.16}$$

となる。このとき，**図 A.2** にあるように平均 μ を中心とした区間に入る確率を考え，それが 95% となる値は標準正規分布表から上側および下側 2.5% 点である ± 1.96 を用いて，次式が成立する。

$$\Pr(-1.96 < Z < 1.96) = 0.95 \tag{A.17}$$

(A.17) 式の右辺の確率は任意に決めることができ，標準正規分布表から対応するパーセント点をみつけることができるが，通常は上記の 95% や 99% が利用される。

　(A.17) 式から，以下のように，μ に関する不等式を展開する。

$$\Pr\left(\bar{X} - 1.96\frac{\sigma}{\sqrt{n}} < \mu < \bar{X} + 1.96\frac{\sigma}{\sqrt{n}}\right) = 0.95 \tag{A.18}$$

これは，繰り返して標本を m 回集めれば，$\{(x_1^{(i)}, \cdots, x_n^{(i)}),\ i = 1, \cdots, m\}$

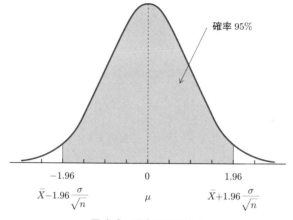

図 A.2 平均の区間推定

となり，これから構成される m 個の推定値 $\bar{x}^{(j)}, (j = 1, \cdots, m)$ について不等式の関係，

$$\bar{x}^{(j)} - 1.96 \frac{\sigma}{\sqrt{n}} < \mu < \bar{x}^{(j)} + 1.96 \frac{\sigma}{\sqrt{n}}$$

が「m 回中 95% の割合で成り立つ」ということを意味している。

1 組のサンプル $\{x_1, \cdots, x_n\}$ を用いて決められた区間，

$$\left[\bar{x} - 1.96 \frac{\sigma}{\sqrt{n}}, \ \bar{x} + 1.96 \frac{\sigma}{\sqrt{n}} \right]$$

は，μ に関する信頼係数 95% の信頼区間と呼ばれる。

ここで，σ は通常未知であり，このままでは区間を特定化できない。そこで母集団の分散 σ^2 を標本分散 s^2 で置き換えた，

$$\left[\bar{x} - 1.96 \frac{s}{\sqrt{n}}, \ \bar{x} + 1.96 \frac{s}{\sqrt{n}} \right] \tag{A.19}$$

は，n が大きいときの**漸近的信頼区間**と呼ばれる。

標本数 n が必ずしも大きくない場合 $(n \leqq 30)$ には，σ を s と置き換えることの影響が無視できなくなる。その場合，Z に対応する量は自由度 $(n-1)$ の t 分布に従うという性質，つまり，t 統計量

$$t = \frac{\bar{X} - \mu}{\sqrt{\frac{S^2}{n}}} \sim t(n-1) \tag{A.20}$$

を使って 95% 信頼区間を導出する。この場合の信頼区間は次の形をとる。

$$\left[\bar{x} - t_{2.5}(n-1)\frac{s}{\sqrt{n}}, \quad \bar{x} + t_{2.5}(n-1)\frac{s}{\sqrt{n}} \right] \tag{A.21}$$

ここで，$t_{2.5}(n-1)$ は自由度 $n-1$ の t 分布の上側 2.5% 点である。

　上で説明した標準正規分布表および t 分布表は，一般的な統計学のテキストの巻末に添付されているが，本書では，R コマンダーまたは R を実行して得られる出力に信頼区間が計算されるので，分布表は掲載していない。分析に求められる精度に応じた信頼係数を与えるだけでよい。

2.4 仮説検定

　母集団の平均 μ が特定の値 μ_0 の値であるか否かに関心があるとき，その仮説（**帰無仮説**と呼ばれる），

$$\mathrm{H}_0 : \mu = \mu_0$$

と，それを否定する仮説（**対立仮説**），

$$\mathrm{H}_1 : \mu \neq \mu_0$$

を設定し，与えられた標本から H_0 か H_1 のいずれかを選択する問題が**仮説検定**である。

　母集団の分散 σ^2 が未知である一般的な場合の仮説検定の考え方および手続きは，次のように行われる。

　まず，(A.20) 式の t 統計量の μ に帰無仮説の値 μ_0 を代入すると，

$$t_0 = \frac{\bar{X} - \mu_0}{\sqrt{\frac{S^2}{n}}} \tag{A.22}$$

となる。これを**検定統計量**と呼ぶ。このとき，t_0 は「H_0 が正しいとき」，自由度 $(n-1)$ の t 分布，

$$t_0 \sim t(n-1) : (\text{H}_0 \text{ が正しいとき}) \tag{A.23}$$

に従う。したがって，検定統計量 t_0 は，H_0 が正しいときには，分布の中央である 0 付近で観測されることが期待される。逆に分布の裾に落ちる大きな値の検定統計量が観測された場合には，「H_0 が正しいという想定が合理的でない」と判断し，帰無仮説 H_0 を棄却して対立仮説 H_1 を受け入れる。

この分布の裾の領域の境界は検定の**臨界値**と呼ばれ，通常対称に設定される右裾と左裾の領域を合計して 5% あるいは 1% となる値が利用される。つまり，有意水準 5% 検定の場合には，観測値 $\bar{x}$ および s^2 を代入した検定統計量の観測値 t_0^* に対して，

$$|t_0^*| > t_{2.5}(n-1) \tag{A.24}$$

のとき，帰無仮説 H_0 を棄却する。このとき検定結果は有意水準 5% で有意であるという。

本書では，R コマンダーによる分析の出力として検定の P 値（関連する各章を参照）が計算されるので，臨界値を t 分布表からみつけだす必要はない。

$\boxed{3}$ ベイズの定理

相互に独立でない 2 つの事象 A および B があり，これらに関する**条件付き確率**を考える。事象 B が起きたときに A が起こる条件付き確率 $\Pr(A|B)$，その逆の条件付き確率 $\Pr(B|A)$ および周辺確率 $\Pr(A)$ および $\Pr(B)$ を用いて，A, B が同時に起こる同時確率は，

$$\Pr(A \cap B) = \Pr(A|B)\Pr(B) \tag{A.25}$$

$$= \Pr(B|A)\Pr(A) \tag{A.26}$$

と表される。ここで，周辺確率 $\Pr(B)$ がゼロではないことを仮定すると，条件付き確率から，

$$\Pr(A|B) = \frac{\Pr(A)\Pr(B|A)}{\Pr(B)} \tag{A.27}$$

という関係が導かれる。この関係は，**ベイズの定理**と呼ばれている。ここで，左辺の条件付き事象が B であるのに対して，右辺に現れる条件付き事象が A と逆転していることに注意しよう。この関係は条件付き確率の性質のみを利用しており，純粋に数学的命題である。しかし，確率に解釈を与えると深い意味を持つことになる。

(A.27) 式の関係の意味を考えるために，たとえば 2 つの事象 A, B の間に因果関係があり，「A が原因で B が結果である」という仮説をわれわれが持っていることを想定しよう。$\Pr(A)$ は，原因として規定する仮説に対する**確信の度合い** (degree of belief) としての確率と解釈する。このとき，まず (A.27) 式の左辺は，結果 B が与えられたときに原因 A となっている可能性（確率），つまり仮説の妥当性を確率として与えるものである。他方，右辺では，結果を観測しない事前の確信の度合い $\Pr(A)$ が結果を観測したことでどのように変化するかを表している。

補論 **B**

Appendix **B**

回帰分析の統計理論
およびその周辺

この補論 B では，本書第 5 章で説明した回帰モデルの理論的側面について補足的に説明する。

1 最小 2 乗推定量とその性質

第 5 章で説明された回帰モデル (5.7) 式に対して，最小 2 乗法による回帰係数 β, α の推定値は次の公式で計算される。

$$\hat{\beta} = \frac{\sum_{i=1}^n (x_i - \bar{x})(y_i - \bar{y})}{\sum_{i=1}^n (x_i - \bar{x})^2} \tag{B.1}$$

$$\hat{\alpha} = \bar{y} - \hat{\beta}\bar{x} \tag{B.2}$$

次に，最小 2 乗推定量の性質について説明しよう。まず，その期待値は，

$$\mathrm{E}(\hat{\beta}) = \beta \tag{B.3}$$

という真の値に等しい性質を持つ。これは，**不偏性**と言われる。そして，分散 $\mathrm{V}(\hat{\beta})$ については，線形で不偏な任意の別の推定量 $\hat{\beta}^*$ とこの最小 2 乗推定量を比較した場合，

$$\mathrm{Var}(\hat{\beta}) \leqq \mathrm{Var}(\hat{\beta}^*) \tag{B.4}$$

が成立する。したがって，最小 2 乗推定量の分散が最も小さいことが証明さ

れている。この性質は**ガウス゠マルコフの定理**として知られており，最小2乗推定量は，**最良線形不偏推定量**（BLUE: best linear unbiased estimator）であると言われている。

さらに，$\hat{\beta}$ の分散は標本の大きさ n が大きくなるにつれて 0 に近づいていく。不偏性とあわせると，n が大きくなるにつれて，標本分布は平均値の周りで集中していき，無限大のときには平均値である真の値に一致する。この性質は**一致性**と呼ばれ，最小2乗推定量は一致推定量である。$\hat{\alpha}$ についても同様にこれらの性質を持つ。

2 回帰係数推定値の標準誤差

回帰係数の推定値 $\hat{\beta}$ は，真の値 β とは必ずしも一致しない。その精度は $\hat{\beta}$ の標準誤差で見ることができる。$\hat{\beta}$ の標準誤差は，$\mathrm{Var}(\hat{\beta})$ の推定値，

$$s_{\hat{\beta}}^2 = \frac{s^2}{\sum_{i=1}^n (x_i - \bar{x})^2} \tag{B.5}$$

の平方根 $s_{\hat{\beta}}$ で計算される。切片のパラメータについても同様の公式，

$$s_{\hat{\alpha}}^2 = s^2 \left(\frac{1}{n} + \frac{\bar{x}^2}{\sum_{i=1}^n (x_i - \bar{x})^2} \right) \tag{B.6}$$

が利用できる。ここで，s^2 は σ^2 の推定値であり，

$$\hat{\sigma}^2 = s^2 = \frac{RSS}{n-2} = \frac{\sum_{i=1}^n e_i^2}{n-2} \tag{B.7}$$

と定義される。これは誤差項の分散を推定しており，この値が小さいほど回帰直線の当てはまりがよいと言える。この分散の推定値の平方根 s は**回帰の標準誤差**と呼ばれる。

例：売上と価格の分析

第5章の**図 5.9**（91頁）では，中段にある Estimate の右隣の列 Std. Error に記載されており，$s_{\hat{\beta}} = 0.3536$，$s_{\hat{\alpha}} = 236.7640$ と示されている。s は，下段の "Residual standard error: 184.1" として計算値が出力されている。

$\Big\|3\Big\|$ モデルの診断

回帰モデルに最小 2 乗法を適用した場合，その推定量が望ましい性質を持つためには，誤差項 ε_i に関して次の仮定が満たされている必要がある。

(1)　$\mathrm{Var}(\varepsilon_i) = \sigma^2, \quad i = 1, 2, \cdots, n$

(2)　$\mathrm{Cov}(\varepsilon_i, \varepsilon_j) = 0, \quad i \neq j$

(1) が成立しない状況は**不均一分散**と呼ばれ，(2) が成立しない状況は**自己相関**（または系列相関）と呼ばれる。これらの仮定が成立しているかどうかの検定法，成立しない場合に発生する問題点や対処法は，第 5 章などの章末の文献案内にあげた「計量経済学」についての参考文献を参照するとよい。

$\Big\|4\Big\|$ 弾　力　性

4.1　**自己価格弾力性**

第 5 章の回帰式 (5.28) 式（103 頁）を x で微分すると，対数の微分 $\frac{d \log(x)}{dx} = \frac{1}{x}$，および合成関数の微分のルール $\frac{d \log(y)}{dx} = \frac{d \log(y)}{dy} \frac{dy}{dx} = \frac{1}{y} \frac{dy}{dx}$ を用いると，

$$\frac{x}{y}\frac{dy}{dx} = \frac{\dfrac{dy}{y}}{\dfrac{dx}{x}} = \beta \tag{B.8}$$

となる。さらに dx を x から x' へ変化させたときの変化量とし，それに対応する y の変化量を dy として理解すると，

$$\frac{dx}{x} \fallingdotseq \frac{x'(変化後) - x(変化前)}{x(変化前)} \qquad \text{(B.9)}$$

$$\frac{dy}{y} \fallingdotseq \frac{y'(変化後) - y(変化前)}{y(変化前)} \qquad \text{(B.10)}$$

であり，それぞれ x, y の相対変化（パーセンテージ変化）を意味している。これらの比で定義される β は，上記の**弾力性**を意味する。

4.2 交差価格弾力性

第 5 章の重回帰式 (5.32) 式（104 頁）の両辺を x_2 で微分すると，

$$\frac{x_2}{y_1}\frac{\partial y_1}{\partial x_2} = \frac{\dfrac{\partial y_1}{y_1}}{\dfrac{\partial x_2}{x_2}} = \beta_2 \qquad \text{(B.11)}$$

が得られる。∂x_2 を x_2 から x_2' へ変化させたときの変化量とし，それに対応する y_1 の変化量を ∂y_1 として理解すると，(B.11) 式の中央の項の分母と分子は，それぞれ x_2 および y_1 の相対変化を意味している。これらの比で定義される β_2 は，上記の**交差価格弾力性**を意味する。

補論 **C**

Appendix **C**

RおよびRコマンダーの準備

1 Rのダウンロード

　この補論Cではまず，Rのインストールについて説明する。以降の説明は，オペレーティング・システムとしてWindowsを対象に説明するが，macOS，Linuxでも大きな違いはない。それらのOSを使用している読者は，適宜他の参考書やWebサイトを参照してほしい。また，Rのバージョンによって手順が少し違うこともあるため，その際は注意してインストールしてほしい。

　Rおよびパッケージは，CRAN（`https://cran.r-project.org/`）よりダウンロードできる。**図C.1**は，ダウンロードサイトの初期画面である。画面上部の【Getting Started】の【download R】をクリックすると**図C.2**が表示される。【Japan】のいずれかをクリックすることで**図C.3**が表示される。

　図C.3はミラーサイトの画面を示す。自身のパソコンのOSに適合するRをダウンロードする。ダウンロードするには，画面上部にある【Download R for Windows】をクリックすれば開始される。

　図C.4は，**図C.3**の次に表示される画面である。【base】をクリックすると**図C.5**が表示される。上部の【Download R-4.2.1 for Windows】（左記は執筆時点の最新バージョン）をクリックし，ファイル「`R-4.2.1-win.exe`」を適当な場所に保存する（**図C.6**）。

図 C.1　ダウンロードサイトの初期画面

~~https://cran.um.ac.ir/~~	Ferdowsi University of Mashhad
https://cran.bardia.tech/	Bardia Moshiri
Ireland	
https://ftp.heanet.ie/mirrors/cran.r-project.org/	HEAnet,Dublin
Italy	
https://cran.mirror.garr.it/CRAN/	Garr Mirror, Milano
https://cran.stat.unipd.it/	University of Padua
Japan	
https://cran.ism.ac.jp/	The Institute of Statistical Mathematics, Tokyo
https://ftp.yz.yamagata-u.ac.jp/pub/cran/	Yamagata University
Korea	
https://ftp.harukasan.org/CRAN/	Information and Database Systems Laboratory, Pukyong National University
https://cran.yu.ac.kr/	Yeungnam University
https://cran.seoul.go.kr/	Bigdata Campus, Seoul Metropolitan Govermment
http://healthstat.snu.ac.kr/CRAN/	Graduate School of Public Health, Seoul National University, Seoul
https://cran.biodisk.org/	The Genome Institute of UNIST (Ulsan National Institute of Science and Technology)

図 C.2　CRAN Mirrors 選択画面

2 Rのインストール

　ダウンロードした「R-4.2.1-win.exe」をダブルクリックし，**図 C.7** が表示されたら【日本語】を選択し，【OK】をクリックすると，**図 C.8** に示すライセンスへの同意画面へ進む。それを確認したら，【次へ (N)】をクリックし，**図 C.9** に示す R のインストール先の指定画面へ進む。インストール先を指定することもできるが，通常はデフォルトのままとし【次へ (N)】をクリックする。

　図 C.10 が表示されたら，インストールしたいコンポーネントを選択し，【次へ (N)】をクリックする。この際，自身の使用している PC が 64bit に対応しているのか，32bit なのかをチェックしたうえで，64bit 版の PC の場合

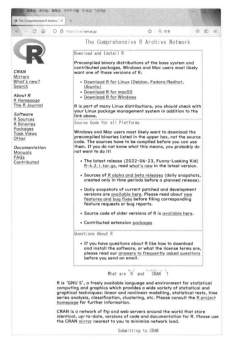

図 C.3　ダウンロードサイトの画面（1）

図 C.4　ダウンロードサイトの画面（2）

は通常すべてチェックし，【次へ (N)】をクリックする。**図 C.11** が表示された
ら，通常はデフォルトのまま【いいえ（デフォルトのまま）】がチェックされ
ていることを確認し，【次へ (N)】をクリックする。**図 C.12** が表示されたら，
そのままで【次へ (N)】をクリックする。**図 C.13** が表示されたら，通常【デ

図 C.5　R のダウンロード

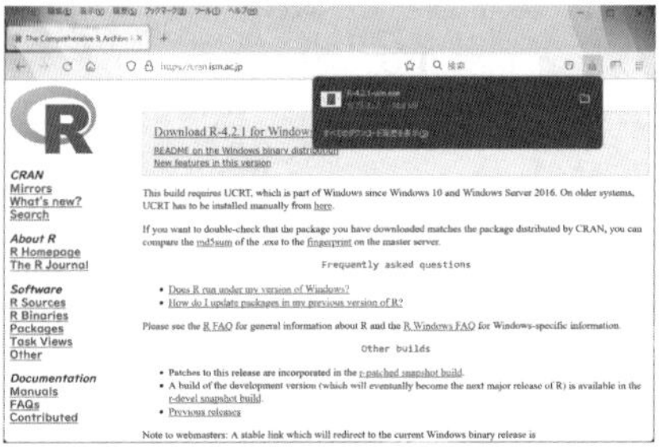

図 C.6　インストールの実行

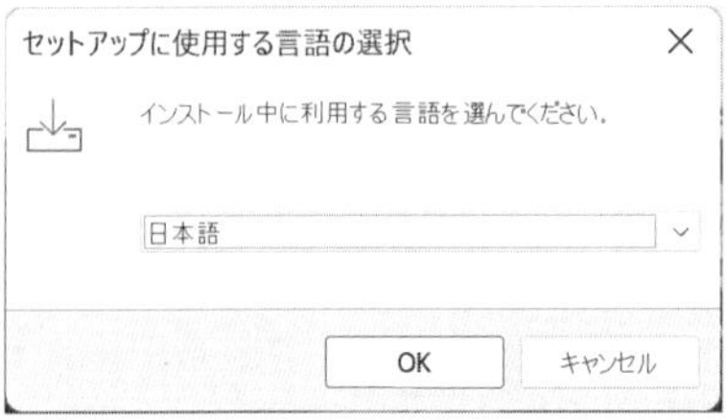

図 C.7　言語選択

図 C.8　ライセンスへの同意画面

図 C.9　インストール先の指定

図 C.10　コンポーネントの選択

スクトップ上にアイコンを作成する (D)】【バージョン番号をレジストリに保存する】【R を拡張子 .Rdata に関連づける】をチェックし，【次へ (N)】をクリックする。以上の手順でインストールが開始され，終了すると図 C.14 が表示される。【完了 (F)】をクリックしてインストール作業が終了する。

図 C.11　起動時オプション　　　　図 C.12　プログラムグループの指定

図 C.13　追加タスクの選択　　　図 C.14　セットアップウィザードの完了画面

3 Rの設定とRコマンダーのインストール

ここでは，R の設定と R コマンダーのインストールの仕方を説明する。

3.1　Rの設定（Windows 版のみ）

　デスクトップ上の R のショートカットをクリックし，R を立ち上げる。**図 C.15** に示すように，【編集】⇒【GUI プリファレンス】の順にクリックすると，**図 C.16** が表示される。【Single or multiple】の "SDI" をチェックし，【Font】で "MS Gothic" を選択し，【Save】をクリックする。次いで，ファイル「Rconsole」を保存するディレクトリを「"C:￥Program Files￥R￥R-4.2.1

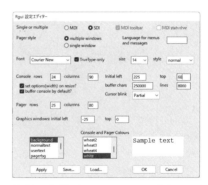

図 C.15　GUI プリファレンスの設定画面(1)　図 C.16　GUI プリファレンスの設定画面(2)

図 C.17　パッケージのインストール画面(1)

¥etc¥Rconsole"」ファイルに上書きする。この処理で「"C:¥Program Files¥R¥R-4.2.1¥etc¥Rconsole"」に保存できないことがある。その場合，「Rconsole」というファイル名で一度どこかに保存し，その後そのファイルを「"C:¥Program Files¥R¥R-4.2.1¥etc¥Rconsole"」に上書きコピーすればよい。

3.2　R コマンダーのインストール（バージョン 2.7-2）

ここでは，R コマンダーのインストールの仕方を説明する。はじめに R を立ち上げ，図 **C.17** に示すように，【パッケージ】⇒【パッケージのインストール】の順にクリックすると，図 **C.18** に示す CRAN のミラーサイト指定画面が表示されるので，"Japan" を指定し，【OK】をクリックする。

図 C.18　CRAN ミラーサイトの指定　図 C.19　ダウンロードするパッケージの選択

　上記のようにミラーサイトを指定すると，図 **C.19** に示すパッケージ指定画面が表示される。必要なパッケージを指定して【OK】をクリックすると，インストールされる。ハードディスクに余裕があれば，すべてのパッケージをイ

図 C.20　Rcmdr のインストール成功画面 　図 C.21　R コマンダーのパッケージの読み込み

図 C.22　パッケージ指定画面

ンストールしておくと便利である。R コマンダーに関しては，アドインも含めて多くのパッケージが提供されているので，必要に応じてインストールする。なお，R コマンダー本体のパッケージ名は「Rcmdr」なので，R コマンダーを使用するためには最低でもそのパッケージはインストールしなければな

図 C.23　警告メッセージ

図 C.24　追加インストールの指定画面

らない。ここでは,「Rcmdr」だけを指定してインストールする。**図 C.20** が表示されれば, インストールが成功している。以上で R コマンダーもインストールされる。

　次に Rcmdr パッケージを R 上で読み込む。その際の手順は, R を起動し,【パッケージ】⇒【パッケージの読み込み】の順にクリックする (**図 C.21**)。次に, **図 C.22** が表示されるので【Rcmdr】を指定し,【OK】をクリックする。

　R コマンダーの初回起動時に**図 C.23** が表示される。【はい (Y)】をクリックすると, **図 C.24** が表示されるので, インターネットに接続できる環境で作業している場合は,【CRAN】にチェックを入れ,【OK】をクリックする。以上で準備は完了である。

4 | macOS で R コマンダーを使用するための準備

　第 1 節, 第 2 節および第 3 節に示した R のダウンロード, インストールおよび R コマンダーのインストールに関しては, Windows, macOS で大きな違いはない。ただし, macOS 版の R コマンダーの使用についてはいくつか注意すべき点がある。以降には, とくに注意すべき点に絞り紹介する。

4.1　XQuartz のインストール

　macOS 上で R コマンダーを動かすためには, XQuartz というソフトをインストールしなければならない (この処理は Windows では不要)。

　XQuartz は, (https://www.xquartz.org/) よりダウンロードできる (**図 C.25**)。ダウンロードしたファイル (**図 C.26**) をダブルクリックしてインス

図 C.25　XQuartz のダウンロードサイト　　図 C.26　ダウンロードしたファイル

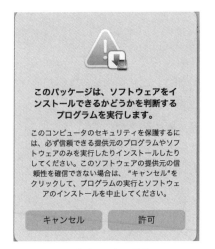

図 C.27　許可画面　　　　　　　図 C.28　XQuartz のインストール許可画面

図 C.29　大切な情報　　　　　　　図 C.30　使用許諾契約（1）

トールを開始する。図 C.27〜図 C.32 の順に表示される画面において，【許可】や【続ける】をクリックし，XQuartz のインストールを完了させる。インストールが成功すれば，図 C.33 が表示される。

図 C.31　使用許諾契約（2）　　　　　図 C.32　インストール

図 C.33　インストール完了画面

4.2　macOS 上でのパッケージインストールの補足

　本項では，macOS 上でのパッケージインストールのやり方を紹介する。処理は，第 3 節に示した内容とほぼ同一であるが，GUI の違いがあるので基本的な処理に絞り紹介する。

　macOS 上の R でパッケージをインストールする場合，R を起動し，**図 C.34** に示すように上部のツールメニューの【パッケージとデータ】の中の【パッケージインストーラ】をクリックし，**図 C.35** のパッケージインストーラを起動させる。次に**図 C.35** の左側上部にある【一覧を取得】をクリックすると，**図 C.36** の CRAN ミラーサイトの指定画面が立ち上がるので，【Japan(Tokyo)

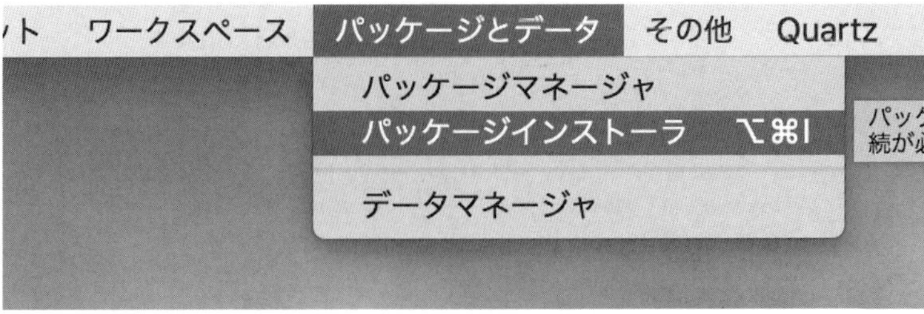

図 C.34　パッケージインストーラの起動

図 C.35　パッケージインストーラ初期画面

[https]】を指定し，再度【一覧を取得】をクリックするとパッケージ一覧が
表示される．**図 C.37** は，パッケージ名に「Rcmdr」という言葉を含むパッ
ケージのみを指定して表示したものである．パッケージのインストールは，
図 C.37 のように一覧に示されたパッケージからインストールしたいパッケー

Iceland [https]

India [https]

Ireland [https]

Italy (Padua) [https]

Japan (Tokyo) [https]

Malaysia [https]

Mexico (Mexico City) [https]

図 C.36　CRAN ミラーサイトの指定

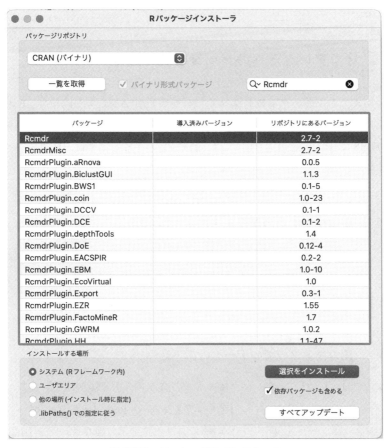

図 C.37　パッケージのインストール

図 C.38 Rコマンダーの起動 　　図 C.39 　データのインポート画面（1）

ジを指定し，画面右下にある【依存パッケージも含める】にチェックを入れた
うえで，【選択をインストール】をクリックすれば実現できる。

5 Rコマンダーへのデータの読み込み

　前節までの手順を踏めば，Rコマンダーが使用できるようになる。Rを立
ち上げ，Rコンソール上で「library(Rcmdr)」と入力し【Enter】を押すか
（図 C.38 参照），前述の通り図 C.21，図 C.22 の手順を踏めば，Rコマンダー
を起動できる。

5.1　Rコマンダーのツールメニュー

　Rコマンダーを立ち上げると，上部にツールメニューが表示される。この
ツールメニューからさまざまな処理を選択できる。表 C.1 にはツールメニュー
に含まれる項目を示した。

5.2　Rコマンダーでのデータの読み込み

　本項では，Rコマンダー上へのデータの読み込み方を説明する。Rコマン
ダーを立ち上げ，【データ】⇒【データのインポート】⇒【テキストファイルま
たはクリップボード，URL から】の順にクリックする（図 C.39）と，図 C.40
の画面が表示される。
　ハードディスク上のどこかに格納してあるファイルを読み込む場合，【デー

表 C.1　R コマンダーのツールメニュー

ツールメニュー	機能の項目
ファイル	作業ディレクトリの変更，スクリプトファイルを開く・保存・名前をつけて保存，R マークダウンファイルを保存・名前をつけて保存，出力を保存・ファイルに保存，R ワークプレースの保存・名前をつけて保存，R コマンダーの終了
編集	R マークダウン文書の編集，マークダウンコマンドの最後のブロックの削除，切り取り，コピー，貼り付け，削除，検索，全てを選択，取り消し，やり直し，ウィンドウをクリア
データ	新しいデータセット，データセットのロード・結合，データのインポート，パッケージ内のデータ，アクティブデータセット，アクティブデータセット内の変数の管理
統計量	要約，分割表，平均，比率，分散，ノンパラメトリック検定，次元解析，モデルへの適合
グラフ	色パレット，インデックスプロット，ドットプロット，ヒストグラム，密度推定，幹葉表示，箱ひげ図，QQ プロット，対称箱ひげ図，散布図，散布図行列，折れ線グラフ，条件付き散布図，平均のプロット，ドットチャート，棒グラフ，円グラフ，3 次元グラフ，グラフをファイルに保存
モデル	アクティブモデルを選択，モデルを要約，モデルの係数の比較，計算結果をデータとして保存，赤池情報量規準 (AIC)，ベイズ情報量規準 (BIC)，逐次モデル選択，部分モデル選択，信頼区間，ブートストラップ信頼区間，デルタ法による信頼区間，仮説検定，数値による診断，グラフ
分布	乱数生成関数のシード，連続型と離散型に分けて正規分布，t 分布，カイ 2 乗分布，F 分布，2 項分布，ポアソン分布など
ツール	パッケージのロード，Rcmdr プラグインのロード，オプション，Rcmdr オプションの保存，補助ソフトウェアのインストール
ヘルプ	R コマンダーのヘルプ，R コマンダー入門など

タセット名を入力】に入力し，ファイル内に変数名がある場合はそこにチェックを入れる。次に，【データファイルの場所】は "ローカルファイルシステム" にチェックを入れ，【フィールドの区切り記号】で該当するものにチェックを入れ，【OK】をクリックする（図 C.40）。そうすると，図 C.41 の画面が開くので，読み込むファイルを指定して【開く (O)】をクリックする。この手順で R コマンダー上にデータが読み込まれる。

　一方，エクセルやテキストファイルなどからクリップボードにコピーしたデータも読み込むことができる。その場合，（他の設定は上記と同じで）図 C.40

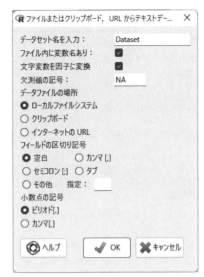

図 C.40　データのインポート画面（2）

図 C.41　データファイル指定画面

に示す画面で，【データファイルの場所】を"クリップボード"にチェックを入れ，【OK】をクリックすれば，Rコマンダー上にデータが読み込まれる。

6 Rコマンダーでの日本語の使用に関する留意事項

　本節には，Rコマンダー上で日本語を使用する際の留意事項を示す。Rコマンダーを使用していくうえでよく見かけるエラーに"**不正なマルチバイト文字があります。**"と表示されるものと，"**エラー**"とだけ表示されるものがある。これは多くの場合，データファイル（ファイル名，ファイルの中身）に使用された2バイト以上の文字（全角文字）によって引き起こされるエラーである。このエラーは，下記のような状況で発生することが多い。ただし，下記の状況であったとしてもOSやR，Rコマンダーのバージョン，各種設定によって発生しないこともある。その点に留意して読んでほしい。

─── **日本語の使用に関連してエラーが発生しやすい状況** ───

(1)　ファイル名に日本語が使用されている

(2)　ファイル内のヘッダーに日本語が使用されている（とくに，全角日本語文字と半角英数文字が混在している場合）

(3)　ファイル中のどこかに全角のスペースが入ってしまっている場合

(4)　MacOS で作成したファイルを WindowsOS 上の R コマンダーで使用する，またはその逆の場合

(5)　R コマンダー上でグラフを作成する場合に，軸のラベルを自動（<AUTO>）ではなく，日本語を自身で入力し指定する場合

上記の状況に対応するためには，下記のような手段を講じてみるとよい。

─── **エラーの回避手段** ───

(1)　ファイル名に関しては日本語を用いず，半角英数文字を使用する

(2)　ヘッダーに日本語を使用する必要がない場合は，すべて半角英数文字に変換する。ヘッダーに日本語を使用したい場合は，全角日本語文字と半角英数文字が混在していないかチェックし，混在している場合はすべて全角に統一する。ただし，全角の数字を使用するとエラーになる可能性があるので，その場合は数字を漢数字に置き換える

(3)　全角スペースに関しては，すべて削除する

(4)　文字コードに関して MacOS，WindowsOS とも基本的には UTF-8 とする。

(5)　データファイルが分析に使用する OS と異なる OS で作成された場合，ファイルの文字コードを変換することでうまくいくことが多い。MacOS（文字コード：UTF-8）で作成したファイルを WindowsOS（文字コード：Shift-JIS）で使用したい場合 UTF-8→Shift-JIS と，逆の状況では Shift-JIS→UTF-8 と変換すればよい。WindowsOS であれば，メモ帳でファイルを開き，「名前を付けて保存」をクリックし，保存する際に指定の"文字コード"を選択すれば変換できる。

　本節では，Ｒコマンダー上での日本語の使用に関する留意事項を説明した。上述の処理で，日本語に関するエラーは回避できることが多い。しかし，もし上記で日本語に関するエラーを回避できない場合，日本語の使用をあきらめて半角英数文字のみでファイルを作成し，処理することを勧める。なぜならば，Ｒコマンダー上の日本語処理問題を解決するには，根本的に困難な点も多く，1ユーザーの立場では対応ができないことも存在しているからである。この点には留意してＲならびにＲコマンダーを使用してほしい。

引用・参考文献一覧

アーカー，デービッド・A.（陶山計介ほか訳）（1994）『ブランド・エクイティ戦略——競争優位をつくりだす名前，シンボル，スローガン』ダイヤモンド社。(Aaker, D. A., *Managing Brand Equity: Capitalizing on the Value of a Brand Name*, Free Press, 1991)

アーバン，G. L. = J. R. ハウザー = N. ドラキア（林廣茂ほか訳）（1989）『プロダクトマネジメント——新製品開発のための戦略的マーケティング』プレジデント社。(Urban, G. L., J. R. Hauser, and N. Dholakia, *Essentials of New Product Management*, Prentice-Hall, 1987)

岩崎学（2010）『カウントデータの統計分析』朝倉書店。

岩田具治（2015）『トピックモデル』講談社。

上田隆穂・江原淳（1992）『マーケティング』新世社。

上田隆穂・黒岩祥太・戸谷圭子・豊田裕貴編（2005）『テキストマイニングによるマーケティング調査』講談社。

コトラー，フィリップ（恩藏直人監修）（2001）『コトラーのマーケティングマネジメント：ミレニアム版』ピアソン・エデュケーション。(Kotler, P., *Marketing Management*, The Millenium ed., Prentice-Hall, 2000)

佐藤一誠（2015）『トピックモデルによる統計的潜在意味解析』コロナ社。

佐藤忠彦・樋口知之（2013）『ビッグデータ時代のマーケティング——ベイジアンモデリングの活用』講談社。

丹後俊郎・山岡和枝・高木晴良（2013）『ロジスティック回帰分析——SAS を利用した統計解析の実際〔新版〕』朝倉書店。

照井伸彦（2008）『ベイズモデリングによるマーケティング分析』東京電機大学出版局。

照井伸彦（2010a）『R によるベイズ統計分析』朝倉書店。

照井伸彦（2010b）「メディア広告の効果と役割——シングルソースデータを用いたモデル分析」『日経広告研究所報』44 巻 5 号，4-11 頁。

照井伸彦（2018）『ビッグデータ統計解析入門——経済学部／経済学部で学ばない統計学』日本評論社。

永田靖・吉田道弘（1997）『統計的多重比較法の基礎』サイエンティスト社。

中村陽人（2008）「サービス品質の次元——テキストマイニングによる自由記述アンケートの定性分析」『横浜国際社会科学研究』第 13 巻第 1・2 号，43-57 頁。

Pearl, Judea（黒木学訳）（2009）『統計的因果推論——モデル・推論・推測』共立出版。(Pearl, J., *Causality: Models, Reasoning, and Inference*, Cambridge University Press, 2000)

福田剛志・森本康彦・徳山豪（2001）『データマイニング』共立出版。

ベリー，マイケル・J. A. = ゴードン・S. リノフ（江原淳ほか訳）（2005）『データマイニング手法——営業，マーケティング，CRM のための顧客分析』海文堂出版。(Berry, M. J. and G. S. Linoff, *Data Mining Techniques: For Marketing, Sales, and Customer Relationship Management*, 2nd ed., Wiley, 2004)

ロジャーズ，エベレット（三藤利雄訳）（2007）『イノベーションの普及』翔泳社。(Rogers,

E. M., *Diffusion of Innovations*, 1st ed., Free Press, 1962)

Bass, F. M. (1969) "A New Product Growth for Model Consumer Durables," *Management Science*, 15 (5), 215-227.

Fornell, C. and F. L. Bookstein (1982) "Two Structural Equation Models: LISREL and PLS Applied to Consumer Exit-Voice Theory," *Journal of Marketing Research*, 19 (4), 440-452.

Luce, R. D. and J. W. Tukey (1964) "Simultaneous Conjoint Measurement: A New Type of Fundamental Measurement," *Journal of Mathematical Psychology*, 1 (1), 1-27.

National Quality Research Center (NQRC) (2005) "American Customer Satisfaction Index (ACSI): Methodology Report," Stephen M. Ross School of Business at the University of Michigan.

Parasuraman, A., V. A. Zeithaml, and L. L. Berry (1988) "SERVQUAL: A Multiple-Item Scale for Measuring Consumer Perceptions of Service Quality," *Journal of Retailing*, 64 (1), 12-40.

Wold, H. (1981) *The Fix-Point Approach to Interdependent Systems*, North-Holland.

索　引

◆著者紹介

照井 伸彦（てるい・のぶひこ）【第 1, 3, 5, 6, 8, 11, 12, 14, 15 章，補論 A, B】
　1990 年，東北大学大学院経済学研究科博士後期課程修了，経済学博士
　現　　在，東京理科大学経営学部ビジネスエコノミクス学科教授
　主　　著：『経済経営のデータサイエンス』（共著），共立出版，2022 年。『ビッグデー
　　　　　タ統計解析入門——経済学部／経営学部で学ばない統計学』日本評論社，2018 年。
　　　　　『統計学〔改訂版〕』（共著），有斐閣，2015 年。『R によるベイズ統計分析』朝倉書
　　　　　店，2010 年。『マーケティングの統計分析』（共著），朝倉書店，2009 年。『ベイズ
　　　　　モデリングによるマーケティング分析』東京電機大学出版局，2008 年。

佐藤 忠彦（さとう・ただひこ）【第 2, 4, 7, 9, 10, 13, 16 章，補論 C】
　2004 年，総合研究大学院大学数物科学研究科統計科学専攻修了，博士（学術）
　現　　在，筑波大学ビジネスサイエンス系教授
　主　　著：「経営学のためのデータサイエンスの周辺——計量経営学のすすめ」，『組織
　　　　　科学』第 55 巻第 3 号，4-20 頁，2022 年。「一つの説明変数に対する複数の異質性係
　　　　　数をもつ階層ベイズ回帰モデル」（共著），『日本統計学会誌』第 52 巻第 1 号，1-31
　　　　　頁，2022 年。『マーケティングの統計モデル』朝倉書店，2015 年。『ビッグデータ
　　　　　時代のマーケティング——ベイジアンモデリングの活用』（共著），講談社，2013 年。

現代マーケティング・リサーチ——市場を読み解くデータ分析〔新版〕
Modern Marketing Research: Data Analysis for Marketing Decisions, New edition

2013 年 11 月 25 日　初版第 1 刷発行
2022 年 11 月 25 日　新版第 1 刷発行

著　者	照　井　伸　彦	
	佐　藤　忠　彦	
発行者	江　草　貞　治	
発行所	株式会社 有　斐　閣	

郵便番号 101-0051
東京都千代田区神田神保町 2-17
http://www.yuhikaku.co.jp/

印刷・大日本法令印刷株式会社／製本・大口製本印刷株式会社
©2022, Nobuhiko Terui, Tadahiko Sato. Printed in Japan
落丁・乱丁本はお取替えいたします。
★定価はカバーに表示してあります。
ISBN 978-4-641-16608-0